JN137989

The Public Anthropology of Recovery after the Triple Disaster in Japan

Collaboration with the Victims of the Earthquake, Tsunami, and Fukushima Nuclear Disaster

震災復興の公共人類学

福島原発事故被災者と津波被災者との協働

関谷雄一・高倉浩樹=編

東京大学出版会

The Public Anthropology of Recovery after the Triple Disaster in Japan:
Collaboration with the Victims of the Earthquake,
Tsunami, and Fukushima Nuclear Disaster
Yuichi SEKIYA and Hiroki TAKAKURA, Editor
University of Tokyo Press, 2019
ISBN978-4-13-056118-1

はじめに

　国立国会図書館オンラインで「東日本大震災」と検索をかけると，45,512 件の資料がヒットし，その中に 4,979 の図書，52 の博士論文が含まれる．さらに，「福島，原発，事故」で検索をかけると，1,388 件の資料がヒットし，その中には図書が 199 件，博士論文が 3 件あることが分かる．試しに他の語を検索すると，「太平洋戦争」27,979 件，「高度経済成長」2,319 件，「石油ショック」1,205 件，「金融危機」5,306 件，「阪神・淡路大震災」7,629 件，「少子高齢化」3,255 件，「東京オリンピック」2,220 件となった（2018 年 10 月 5 日現在）．このように簡易な検索をかけただけでも，東日本大震災・福島原発事故が日本社会にとって歴史上の一大事件であることが間接的に理解できる．

　携帯電話，インターネット，SNS など，高度に発達したコミュニケーションツールの普及により，私たちは以前にもまして，より多くの情報を瞬時に得ながら便利で安心・安全な暮らしができているはずだ．しかし，東日本大震災・福島原発事故が起きた当初，人々を苦しめたのは圧倒的な情報不足と混乱であった．日々の暮らしが便利で安心・安全であると思っていたのは，私たちの錯覚だったのか．いや，むしろ震災・原発事故を機に今日に至るまでも，学術・実践社会の双方の営みの中から生み出されている，膨大な関連資料や情報が物語るのは，情報化社会の中にあっても，適切に情報収集・分析・判断をし，行動に移すためには多くの時間と労力が必要である，という教訓なのではないだろうか．

　本書はそうした教訓も意識しつつ，様々な人々を巻き込んで少し時間をかけながら編まれた研究書である．かの史上一大事件を扱うにはやや出遅れ気味で，小さい成果かもしれないし，既に図書館にある同系列の専門書を扱った本棚に，もう 1 冊ただ加えるだけなのかもしれない．それでも申し述べるなら，本書の特色は日本でも黎明期にある公共人類学を実践したことにある．さらには，東日本大震災と福島原発事故をテーマにした災害の人類学的研究にも資することも期待している．加えて本書は，東日本大震災と福島原発事故を題材に，そうした災害に対し人々がどのような対応

ができるのか，行政や民間組織，企業や学術団体が協働して立ち向かうためにはどのような工夫が必要なのかを実践しながら考えてきた専門家と一般市民により執筆された協働の民族誌である．

　日本中の人々が，少なくともこの7年間，それぞれの状況の中で，身近に起こりうる災害について，より多くを考え行動してきた．残念ながら2018年に入っても，災害は続いている．島根県西部地震，大阪府北部地震，平成30年7月豪雨，台風12号，20号，21号，北海道胆振東部地震，台風24号そして，今夏の猛暑も諸災害からの復旧作業に甚大な影響を与えた．こうした状況を踏まえるなら本書はリアルタイムで大きな問題となっている日本の災害問題と向き合っており，単なる，もう1冊目の，災害研究書とは少し差異化できるのかもしれない．本書は研究者だけでなく同時代を生きる一般の読者も射程に入れた議論を展開している．執筆者たちは災害に対峙することに関心を寄せる幅広い層の人々に，この本を読んでもらえることも期待している．

　本書のもう一人の編者，高倉浩樹さんが，本書の「結び」で東日本大震災を機に，人類学として研究しなければならない領域が拡大し，社会実装性を研究する意味において本書が一つの在り方を示しているとみていることに深く同意したい．また，本書第7章を担当してくださった山下晋司さんは，4年前に編集された『公共人類学』で，「アカデミズムを越えて現実の社会の改善に貢献しようとする新たな挑戦（山下晋司（編）（2014）『公共人類学』東京大学出版会．iより）」を呼び掛けてくださったが，本書がそれに少しでも応えていることを編者として心より祈っている．

　高倉さん，山下さんはじめ，多忙な研究・教育業務の傍らで期日通りに丁寧に原稿作成に応じてくださった執筆者全員に，心より感謝している．また，この本の成り立ちの協働性ゆえに，原稿の見直しの過程で執筆者だけでなく，本書が収めた様々な場面で関わって下さった方々にも原稿の校閲，修正指摘などをお願いした．忙しい中の丁寧なご対応に，執筆者を代表して心より御礼申し上げる．また本書の実現にあっては，東北大学東北アジア研究センターより編集に関し学術的支援を受けた．加えて，同大指定国立大学災害科学世界トップレベル研究拠点災害人文学領域の助成も受けて出版の運びとなった．改めて東北大学関係者の皆様にも厚く御礼申し上げたい．最後に，本書の企画を二つ返事で引き受けてくださった東京

大学出版会の阿部俊一さんに，深謝申し上げる．阿部さんが応答してくれなければ，この本は日の目を見なかったであろう．

2018 年 11 月吉日
関谷雄一

震災復興の公共人類学

目　　次

はじめに　i

序　論　災害に抗する公共人類学への誘い 関谷雄一　3

1　はじめに　4
2　人類学による災害研究　5
3　日本の人類学における災害研究　9
4　公共人類学と協働の民族誌　14
5　協働型社会の台頭と災害の公共人類学　16
6　本書の構成そして課題と展望　19

I　震災復興の映像アーカイブ化

第1章　灰色地帯を生き抜けること
　　　　――「つくば映像アーカイブ」から考える 箭内　匡　31

1　「言葉」から「イメージ／映像」へ　32
2　つくばにおける生の繋がり　34
3　灰色地帯を生き抜けること　38
4　灰色の近代の中で――公共について　45

第2章　避難者のセーフティネット作りから映像アーカイブ
　　　　制作への発展 武田直樹　55

1　つくば市への避難者について　56
2　セーフティネット作り　60
3　映像アーカイブ制作　62
4　アーカイブから可視化されたセーフティネット作り　70
5　セーフティネット作りに見出された課題　79
6　考察とまとめ　84

第3章　『立場ごとの正義』——自主避難者の視点から映像を撮る

田部文厚　87

1. 記録映像『立場ごとの正義〜原発事故によるつくば市への避難者と支援者，地域行政，広域行政の声』の背景　88
2. 『立場ごとの正義』の内容　91
3. 制作後に考えたこと　101

第4章　災害に抗する市民の協働

関谷雄一　105

1. 震災直後の「災害ユートピア」　106
2. 災害に抗する市民の協働　110
3. 市民の協働による大学セミナー　112
4. まなび旅・福島　115
5. 避難先における協働　119
6. ウクライナ市民の協働　121
7. 東雲の会の協働　124
8. おわりに　127

II　福島第一原発事故被災者に寄りそう実践の試み

第5章　原発事故避難者受け入れ自治体の経験——ソーシャル・キャピタルを活用した災害に強いまちづくりを目指して

辻内琢也・滝澤柚・岩垣穂大（研究協力：佐藤純俊）　133

1. 「積極的受け身」と公共人類学　134
2. 「福島県地域づくり総合支援事業」から「埼玉県共助社会づくり支援事業」へ　136
3. 『東日本大震災と原発事故災害に学ぶ災害弱者対策事業』の概要　138
4. 富岡町役場職員から見た原発事故災害　140
5. 杉戸町役場職員から見た原発事故災害　147
6. ワールドカフェの知見　153
7. 防災に向けたソーシャル・キャピタルの醸成　157
8. おわりに　163

第6章　当事者が語る ── 一人の強制避難者が経験した福島第一原発事故
トム・ギル・庄司正彦　169

はじめに　170
パート1：大震災前の長泥　172
パート2：大震災発生時　175
パート3：第一避難　180
パート4：賠償金が出る　183
パート5：原発事故総合感想　188

第7章　まなび旅・福島 ── 公共ツーリズムの実践
山下晋司　195

1　はじめに　196
2　東日本大震災後の新しい観光スタイルの出現　197
3　まなび旅・福島　198
4　東京電力福島第一原発ツアー　201
5　ヘテロトピアとしての福島　203
6　死をめぐる公共ツーリズム　204
7　再帰的ツーリズム　206
8　福島第一原発という世界遺産　207
9　結語　208

III　津波被災地の生活再建の現場から

第8章　現在から過去へ，そして未来へ ──「復興」への手探りの協働
木村周平・西風雅史　215

1　はじめに　216
2　対象地域　217
3　協働　222
4　「復興」への道？──震災7年目の現時点で　229
5　おわりに ── 公共人類学について　234

第9章　津波被災後の稲作農業と復興における在来知の役割
　　　　　　　　　　　　　　　　　　　　　　　　高倉浩樹　239

1　はじめに　240
2　地震と津波　241
3　方法　243
4　近年の技術動向　246
5　在来知　248
6　考察　255
7　結論　258

第10章　震災とデス・ワーク
――葬儀業による死後措置プロセス支援の展開　　田中大介　263

1　死と遺体を受けとめる　264
2　葬儀業の概要　265
3　福島県南相馬市――鎌田商店　268
4　福島県白河市――あおき，および福島県三春町――菊川屋　273
5　震災におけるデス・ワークの社会的位置づけ　280
6　おわりに　283

むすび　289

索　引　295

震災復興の公共人類学
福島原発事故被災者と津波被災者との協働

序論

災害に抗する公共人類学への誘い

関谷 雄一

1 はじめに

議論を始めるに当たり，表題の主旨について述べる．まずは「災害に抗する」ことについて．かつて人類学者ピエール・クラストルは，南米グアヤキの人々による族長支配体制による小さな政治単位を維持しようとしてきた歴史を，権力集中を妨げ国家に抗する闘いの歴史であると説明した［クラストル 1989］．本題，そして第 4 章の表題も「抗する」という言葉を使い，クラストルの議論を暗示している．ただ，その意味は，災害に際し，市民が国家権力や体制に抗うことを指すわけではない．言うまでもないが，現代社会は国家なしでは成立しえないし，大規模災害では国家が枢要な役割を果たしている点は自明である．

哲学者の高橋哲哉は，今回の東京電力福島第一原子力発電所事故による災害を機に，原子力発電そのものが日本国家による「犠牲のシステム[1]」で，沖縄の米軍基地と同様に構造的な問題を再検討すべきであると論じた．高橋は，誰が犠牲を強いて誰が犠牲になるか，といった犯人及び被害者探しではなく，ポスト・フクシマの歴史的課題として原発のような「犠牲のシステム」をいかに適切に終焉させるかが肝要であるとする［高橋 2012］．本書で取り上げられる諸論考に示される，抗う市民の取り組みとは，高橋が指摘する「犠牲のシステム」のような構造的問題への知的・実践的抵抗を指す．すなわち災害を機に可視化された，抗い難い「犠牲のシステム」に向かおうとする構造に対し，国家権力や行政に依存せずに，自ら主体的に立ち向かう市民による公共領域における闘いに焦点が当てられる．

次に「公共人類学」とは，公共領域に関与する人類学である［山下 2014］．詳しくは本章第 3 節以下で触れるが，本書に寄せられたすべての章の考察は，コンテキストやアプローチそしてテーマも異なるものの，人類学の視座に軸足を置いて災害に抗する公共領域の在り方を問うものである．問いかけているのは人類学者だけではないし，災害への抗し方が様々であることも，多様な場面に沿った個々の議論を通して示している．類似した観点から，つい最近『復興に抗する――地域開発の経験と東日本大震災後の日本』と題された研究書も出ている［中田・高村 2018][2]．中田英樹と高村竜平らの取り組みが，開発・被災・復興の歴史における連続性と断絶性への専門家によるアカデミックな両睨みを行っているのに対し，本書は，人類

学に軸足を置きながらもアカデミズムのみならず当事者や実践者を巻き込んで改めて議論をする．従来のアカデミズムの敷居を超えて議論をしようとする背景には，「社会に貢献しなければ，人類学は生き延びることができない」［山下 2014: i］という危機意識がある．そうした意味で，本書への導入を表現するならば，それは災害に抗する公共人類学への誘いとなる．以下，人類学による国内外における災害研究の学的潮流を概観し，災害に抗する公共人類学が意味するところを明らかにしつつ，本書の議論へと読者を誘うこととする．

2　人類学による災害研究

　人類学による災害研究は，人類学者がフィールドで突然に起きた自然災害と向き合うなど，かなり偶発的状況の中で始まった．やがては大災害と正面から向き合い，起こる問題を固有の文化的あるいは社会的文脈の中での説明づけを試みながら，人類社会にとっての災害の普遍性を探る試みに発展した．近年は，他領域における災害研究と協働しながら，より学際的なアプローチで，主に発展途上国における災害やリスクとその対策の在り様を探る試みも出てきた．概して人類学による災害研究は様々な災害を題材に，主として参与観察と質的研究を通して，エティック，イーミックそれぞれに学術研究を重ね，その成果を社会的貢献に反映させる努力も続けている[3]．

　1947年末と翌48年初めに西太平洋上のヤップ島を襲った台風は，島の人々にとり，まれなことではなく，今までも襲ってきており，これからも襲ってくるような自然の災害であった．実際に，島では何人か怪我人が出ただけで済んだ．しかしながら，当時ヤップ島を調査していた人類学者デイヴィッド・M・シュナイダーによれば，島の人々にとり，台風とはいつも襲ってくるものではあっても，疫病，津波，地震，雷といった，通常あまり起こりえない自然の驚異と同じようなカタストロフィーであった．台風はヤップ島の人たちの様々な災因論の象徴的対象として位置づけられ，カタストロフィーとして認識されていることをシュナイダーは説明した．シュナイダーのこの論考は，人類学者による災害研究の始まりとして定位できる［Schneider 1957］．

初期の研究の中には，1952年に米国マサチューセッツ州のウォーチェスターを襲ったトルネードの被害について，米国科学アカデミー・国立研究委員会の委託で行ったアンソニー・F・C・ウォレスによる調査もある．この調査は，米ソ冷戦時代に脅威となっていた米国国内の都市に想定される核攻撃に際し，どのような対応が望ましいかを考えるために計画された．ウォレスは，ウォーチェスターにおけるトルネードの被災者たちや救助に当たった人たちへの質的調査を通して，突然に起こるカタストロフィーへの段階的な対応・復興モデルを構築した．時空間を捉えたこれらのモデルのパターンも設定し，のちにこうしたパターンを彼自身の研究上重要な概念である「再活性化（revitalization）」で指示される現象を分析するために活用していくこととなる．ウォレスらによるこの研究［Wallace 1957］は，災害そのものを研究対象とした文化人類学による初めての本格的研究とされる．

　次にウィリアム・I・トリーは，ケニアとエチオピアの国境に住まう遊牧民族ガブラの民族誌的研究を行っていた人類学者であるが，彼の関心は自然災害の社会文化的側面や災害に対処する制度の比較研究であった．1970年代にあって，発展途上国における自然災害によって引き起こされたカタストロフィーが，当該低開発国のGNPの3％を超える損害をもたらしていることを指摘しながら，当時の人類学者による自然災害に関わる研究を俯瞰する論考を記した．それまで人類学者たちは，自然の脅威にさらされている人々を長きにわたって調査し，人々の死，厳しい飢餓や疾病，氾濫や干ばつ，ハリケーンやその他もろもろの地形上の災害，病気の蔓延などについて民族誌的記述の中で触れてきた．ヌアー，ナヴァホ，トゥルカナ，ドブ，ロジそしてティコピアといった世界各地の民族社会が災害と向き合う様子の描写は，環境の危機に向き合った際，それぞれの社会に対応できる仕組みが確かに存在することを示している．しかし，自然災害がもたらす社会文化的側面への影響や災害に向き合う人間の行動を調べたり，それに基づいて災害による危機から脱するための計画的行動を促すような深い考察は，人類学者によって1950年代まで本格的に行われてこなかったことも指摘される．トリーによれば1970年代にアフリカのサヘル地域や東アフリカで起きた干ばつによる大規模な被害がきっかけとなり，そうした地域に住んでいる牧畜民や農耕民の研究をしている人類学者たちの論

文の中に徐々に自然災害に関わる記述が増えてきた．トリーは当時の先行研究の中で見出される自然災害に関わる考察を分類し，災害へのアプローチの違いから2つの流れを指摘した．1つ目は，災害と対峙する社会が備え持っている，危険で厳しい状況に持ち応えながら，正常な状態を保とうとする機能，すなわち社会の「恒常性回復」システムに注目する研究である．今1つは，近代化の波にさらされながら，災害を機に社会変化を余儀なくされる社会が示す「発展的」システムである［Torry 1979］．

1999年にはアンソニー・オリバー＝スミスとスザンナ・M・ホフマンが，『怒れる地球 —— 人類学的視座から見た災害』という俯瞰的論文集を出版する［Oliver-Smith and Hoffman 1999］．オリバー＝スミスとホフマンによると，社会科学が災害に関心を向け始めたのは，20世紀の初め，サミュエル・プリンスによる米国のハリファックス港における軍事施設の爆発がもたらした社会変化に関する研究がその始まりであった．1980年頃には，災害が社会にとって遍在的かつ周期的に発生するもので，ある程度は人間自身が引き起こすものであるという新たなる視座が注目されるようになる．災害には自然的側面とともに社会文化的側面もあることが議論されるようになった．社会文化的側面への注目は，災害の歴史的過程にも関心を呼び起こし，人類学が，自然・社会の双方の領域の問題で起因する災害を理解するのに理論的にも方法論的にも優れて有効な学問であることが判明した．

人類学による災害研究には，考古学及び歴史学，政治エコロジー，社会文化的側面及び行動学，応用及び実践の4つの潮流が見られることをオリバー＝スミスとホフマンは指摘している．考古学及び歴史学のアプローチにおいては，災害の自然及び社会文化的過程が丹念に分析される．その過程で考古学的遺物や歴史学的文献の分析を通して災害の史的背景だけでなく，災害後の文化的調整も可視化される．災害前の社会の様子を理解することが，その社会が持つリスクや強迫そして限界を明らかにすることにつながるのである．政治エコロジーのアプローチは，文化的エコロジーや政治経済といった視座と人類学が合流することによって成立したもので，人間社会と環境は断ち切ることができない関わり合いを持つという前提に立ち，災害が人間の自然に対する働きかけや介入により引き起こされている側面を追究しようとするものである．また，社会文化的側面及び行動学の

アプローチは，人間の社会や文化が災害によって被る影響に始まり，環境との関わり合いに至るまで幅広い領域から考察をする．災害時の行動や反応の分析，リスクや災害の文化的解釈，災害後の社会文化的変化などが主な論点とされる．そして最後に応用及び実践のアプローチは，災害に関わる研究成果を企業，産業，行政そして市民活動の様々な場で実践的に活用し，災害予防や対策などに役立てる領域の取り組みである．『怒れる地球』においてオリバー＝スミスとホフマンたちは，災害を環境と文化との史的で深い関わり合いの中で捉え直すことを説いている．すなわち様々な事例を基に，自然や技術に含まれる破壊的な要素と，人類社会の脆弱性が相まって引き起こされる一連の事象として災害を分析することを提唱している．また，人類の社会や文化に見出される永続性を認めながらも，災害が引き起こす細かいレベルの変化は決して小さくはないことも指摘している．

　2010年には，グレゴリー・バトンが30年に及ぶ彼の災害に関わる人類学的研究に基づいて『災害文化 ── 人災と自然災害のつめ跡に残された知識と不確実性』という論文集を出版する［Button 2010］．彼は災害の後で注目される，不確実性をそこにただ事実として存在するものではなく，戦術的なイデオロギーの産物として捉えている．そして，災害のつめ跡で作り出され，変更され，そして制限される知識が，災害に関わる言説を政治化する過程を分析しようとしている．ラブ・キャナル，スリー・マイル島，ウーバン水質汚染事件，9.11，エクソンバルディーズ号原油流出事故，ハリケーン"カトリーナ"，テネシー川流域開発公社所有のキングストン化石燃料発電所による石炭灰流出事件などを取り上げながら，災害に見舞われたときに向き合うことになる不確実性を捉え直す視座の構築を試みる．

　バトンの主張によれば，個々の事件をそれ自体取り出すことは不十分であり，災害を他の社会文化的事象と同じように，長期にわたる史的過程の中で位置づけ，比較分析をすることが大事であり，民族誌的研究はそうした事例研究を可能にする手法となっている．同書の前半を構成する6つの民族誌的論考は，災害研究に関わるバトンによる新しい視座を示すものである．続く4つの章は，災害に関わる知識と不確実性がどのように作り上げられ，権力により差し押さえられてしまうのかを分析している．さらに最終章では，同書が出版されようとしたときに起こった，BP社によるメキシコ湾原油流出事故も紹介され，同書で繰り返し検討されてきた問題群

の再確認と，不確実性と知識のイデオロギー的な押しつけがなおも繰り返されて今日に至っていることが示されている．

2017年にロベルト・E・バリオスが研究書『情動を統治する――新自由主義と災害復興』を出版する．ハリケーン"ミッチ"に襲われたホンジュラス南部，ハリケーン"カトリーナ"後のニュー・オーリンズ，ミシシッピ川の氾濫後のイリノイ南部オリーヴ・ブランチ，メキシコのグリハルヴァ川の地滑りの後のチアパス州と，中南米から米国中西部の各地の災害復興現場を調査した成果が示される．バリオスはポスト構造主義，政治経済論，民族誌そして当事者のナラティヴに込められた思想の数々を自在に駆使しながら，既定の災害復興が当事者たちの情動をいかに蔑ろにしてきたかを考察する．バリオスは災害と向き合う人々の情動に注目することで，研究者や実践者たちが当事者の想いに寄り添った復興の形を追求できることを説いている［Barrios 2017a］．同じバリオスによる「カタストロフィーが示すものは誰に対する何であるか？――人新世における危機と災害の人類学」と題されたレビューも Annual Review of Anthropology で発表される［Barrios 2017b］．このレビューで彼は，危機（crisis）と災害（disaster）が，様々な文脈でかなり混同されながら言及されてきたとし，前者が主としてモダニストたちにより歴史上の一局面を指す概念として，後者は主として人類学者たちにより，人類が引き起こした過ちの歴史の終結点として捉えられてきたことを指摘している．過去40年間の災害の人類学的研究を振り返りながら，バリオスは，危機概念が可視化した，歴史の一局面としてのカタストロフィーや，災害研究が明らかにしてきたような社会や政治的文脈によって左右されてしまうカタストロフィーの双方に注意を向けながら，カタストロフィー研究の重層性を捉えることが重要であるとする．

3 日本の人類学における災害研究

日本の人類学における本格的な災害研究は，清水展による『噴火のこだま――ピナトゥボ・アエタの被災地と新生をめぐる文化・開発・NGO』を嚆矢として位置づけることができる．清水は1991年6月のピナトゥボ火山の大噴火で甚大な被害をこうむった，先住民アエタの被災と生活再建

の歩みを，彼らとともに現場にいながら，あるいは日本に帰ってからも彼らと連絡を取り合いつつ，描いていった．清水が注目したのは被災を契機として，アエタが民族としての新生と呼びうる状況を作り出してきた経緯であった［清水 2003］．また，国立民族学博物館の林勲男は 2004 年 12 月のスマトラ島沖地震で甚大な被害を受けたインドネシア，スリランカ，インド，タイの 4 カ国での現地調査をもとに，被災地の救援，復興，発展（開発）の課題について，文化人類学，防災，都市計画，建築など多角的な見地から論じた論文集を出している［林 2010］．いずれも，それまでの欧米流の災害研究の流れに沿った形で，学際的に他領域における災害研究と協働をしながら，主として発展途上国における災害とその対策やリスクの多面性を捉えようとする試みである．

　東日本大震災をきっかけに，多くの文化人類学者たちが被災地に出かけ，支援をしながら関わりを持ってきた［ギル他 2013; 竹沢 2013; 辻内 2013］．日本文化人類学会においても 2011 年には市野澤潤平，木村周平，清水，林が「資料と通信──東日本大震災に寄せて」という記事を『文化人類学』第 76 巻第 1 号に寄せ［市野澤他 2011］，人類学者として災害に向き合う姿勢を提言し，その延長線上で林らが，2013 年には同会誌第 78 巻第 1 号に「《特集》災害と人類学──東日本大震災といかに向き合うか」という特集を組み，被災者や被災地に参与した 6 名の執筆者による 4 編の実践的研究が紹介された［川口ほか 2013; 猪瀬 2013; 内尾 2013; 木村 2013b; 林・川口 2013］．

　竹沢尚一郎が大槌町そして釜石市箱崎半島におけるボランティア活動と，質的調査をもとにして 2013 年に出版したのが，『被災地を生きる──吉里吉里・大槌・釜石奮闘記』である．竹沢は，東日本大震災の直後から，自ら赴くままに，家族を連れて岩手県に出向き，被災者支援をしながら，調査活動を行った．初めは津波で流された書類やアルバムの整理をするボランティアをしていたが，そのうちに大槌町の復興まちづくり組織に参加するようになった．まちづくりは彼にとって初めての経験ではなく，それゆえ戸惑うメンバーを支援したり，話し合いに参加したり，集会参加を呼び掛けるビラ配り，資料作り，被災直後の行動や避難所の運営の仕方に関するインタビューをしたりしながら調査活動の範囲を大槌町から釜石市箱崎半島の集落まで広げていった．このような活動を始めた原点には，竹沢

自身が三陸沿岸の人々の，お互いに助け合いながら立ち上がろうとする真情に魅かれたからだとしている．現地の視座から復興過程を綴った竹沢のこの研究は東日本大震災を機に日本の人類学者が取り組んだ先駆的災害研究の1つである［竹沢 2013］．

　さらに，菅豊（民俗学）は2013年に，『「新しい野の学問」の時代へ──知的生産と社会実践をつなぐために』という研究書を著した[4]．菅は，東日本大震災を機に被災地に出かけてフィールドワークを次々に実施する学者や研究者たちに対して被災地の人々がどう思っているかということにまず思いをはせる．「『俺たちは，学者のモルモットじゃない』と語る被災地の人々の声があります」と同業者たちに，被災者側の視座に立った警鐘を鳴らす歴史社会学者で日本思想史も研究している山内明美によるブログのテキストを引用しながら議論を始めている．同書の目的は，菅自身の経験に即して，フィールドワーカーとして現実の社会と向き合いながら考究した，新しい知的生産と社会実践の「方法論」を紹介することであった．

　同書の第1部では菅自身が，新潟県小千谷市東山地区にて，この地域に継承されてきた牛の角突きを手掛かりにした調査を始め，おりしも2004年に新潟県中越地震が発生してからは被災地としてのフィールドという観点からも調査をし，徐々に菅が地域の人たちとラポールを築きながら深い関係性を持ち始めたプロセスを詳細に記述している．第2部では菅の専門である，民俗学の一般的な概要が「野の学問」としての特徴とともに紹介されていく．野の学問という表現については下記のように定義している．

　すなわち「野の学問」という表現の意味は，その学問の在野性であり，現場におけるフィールド科学性であり，人々に資する実践性であり，権力や権威，そしてアカデミズムといった「何もの」かへの対抗というエッセンスに求められるのである［菅 2013: 5-6］．

　このような「野の学問」としての民俗学の特性を踏まえつつ，さらには現代の学問において顕在化してきた新たな動き，「学問の公共性」論や「科学技術社会」論といった，現在の知識生産が社会に開かれていく状況とその必要性に関わる検討をしている．第3部では，アカデミズムの外側で人々が主体となって取り組む知識生産と社会実践を紹介している．菅の言葉ではこれが「新しい野の学問」として，研究者，専門家だけでなく公共部門，市民，NPO，企業なども含めた多様なアクターによる協働的な

知識生産と社会実践のガバナンス運動となっているのである．菅は同書を通してこうした協働型の実践研究の方法論を示そうとした［菅 2013］．言うまでもないが，菅が前述の引用部分で指摘している「何もの」とは，本章の冒頭で触れた高橋が定義する「犠牲のシステム」に通底する要素がある．

　2014 年には高倉浩樹（文化人類学）と滝澤克彦（宗教学）が，『無形民俗文化財が被災するということ —— 東日本大震災と宮城県沿岸部地域社会の民俗誌』という論文集を出版する．この論文集は，宮城県沿岸部（気仙沼・南三陸，石巻・女川，東松島・七ヶ浜，多賀城・仙台・名取，岩沼・山元）に広がる津波被災地の約 23 地区を対象とした，無形の民俗文化財に関わる調査分析研究論文を取りまとめたものである．もともとは，高倉と滝澤が所属していた，東北大学東北アジア研究センターが，2011 年度から 2012 年度にかけて宮城県の委託事業として「東日本大震災に伴う被災した民俗文化財調査」を実施したことがきっかけとなっている．

　この調査によって集められた膨大な聞き書き資料それ自体は，『東日本大震災に伴う被災した民俗文化財調査』として 2011 年度，2012 年度の報告書 2 冊が刊行されており，インターネットでもダウンロードできる．調査者全員による調査日数は全 152 日間にわたり，約 220 人から，400 字詰め原稿用紙で 1,465 枚の記録を収集した労作である．

　さて，2014 年に出版された方の論文集は，調査事業の成果のもう 1 つの形として，調査者が，聞き書き資料のデータを踏まえて，自らの視点で何が分かったのかを，記述的なエスノグラフィーとして提示した分析編の成果である．無形民俗文化財 —— 民俗芸能，祭礼，年中行事，生業など —— の震災前の状態と，被災実態，復興の過程を明らかにしたうえで，さらに考察を加えている．個々の地域社会に継承されてきたそれらの無形民俗文化財がそもそも地域社会の中でどのような存在だったのか，そして復興過程にあっていかなる意味を持ちうるのか，ということを問いかけながら答えを出そうとする作業が記されている．

　個々の事例に加えて興味深いのは，「結」の部分で行われているこの調査事業と，人類学の関与の意義についての高倉の考察である．東日本大震災直後に，多くの人類学徒が一市民，一研究者としてどのように関わっていくのかという大きな課題に向き合った．そのころ高倉らが中心になって

開催された日本文化人類学会東北地区研究懇談会でも議論されたものの，人類学的知見は東日本大震災の被災に対して直接的には役に立たないのではないかという否定的な議論が支配的であった．そうした中で，支援の現場から人類学的な専門性が直接求められたのが，無形民俗文化財行政であった．それゆえに調査事業が成立したという見方を高倉は否定しない．

高倉の主張は，「大災害によって地域社会が大きな被害を受けたときに，民俗文化財行政を外部者として見るのではなく，むしろ民俗文化財行政を好ましく改善するという目的をもって近づくことを職業的人類学者は自分たちの行動の選択肢の1つとして保持する必要がある」[高倉 2014: 308] という示唆に富むもので，実践を通して見出すことのできた，災害の人類学の新たなる到達点を示している．

さらに，2015年には，前出の清水と木村が編著『新しい人間，新しい社会——復興の物語を再創造する』を京都大学学術出版会による「災害対応の地域研究シリーズ」の第5巻として出版する．同シリーズは第1巻と第2巻ではスマトラ島沖地震・津波を取り上げ，第3巻ではここ数十年のアジア，第4巻では世界全体を100年単位で考え，スコープを空間的・時間的に広げながら災害対応に関わる議論を展開してきた．第5巻では防災よりも減災，減災よりも復興，生活基盤・社会インフラの再建，生活の復興に注目した研究論文が集約される．そして地域としては世界全体から日本にスコープが戻ってくる．災害という非日常を扱う意味で従来型研究に対し新しい視点を投げかける地域研究の取り組みとなっているだけでなく，とりわけ東日本大震災以降，語られてきた創造的復興，生活復興，人間復興という，既定路線の復興に対するオルタナティブを求める現場の視座からの要求に応答している論考が寄せられている．被災地域研究を研究者と当事者を巻き込んだ実践的で協働的な場と捉える同書の視座は，本書においても継承されている [清水・木村 2015]．

ところで，東日本大震災において特徴的なことは，自然災害だけではなく，原発事故を伴ったものであったことである．原発被災者の研究はこれまでも人類学において行われてきた [Zonabend 1993; Walker 2005; ペトリーナ 2016など]．目に見えない放射線と向き合う人々の葛藤から創出されたのは，当事者たちのたゆみない協働と情報共有によるリスクの可視化であることがこれらの先行研究により示されている．原子力施設をめぐる民

族誌に関しては本書第 1 章を執筆している箭内匡が，上記のゾナベンドの研究を取り上げながらイメージの人類学[5]という領域から捉え直すことの重要性を指摘している［箭内 2016］．福島原発事故の被災者と関与する人類学的な取り組みは，これまであまり例がないが［猪瀬 2013］，被災者と研究者が，関与し協働することにより，より多くのことが解決できることが，原子力災害を研究する際でも重要であることが明らかとなっている．

4　公共人類学と協働の民族誌

　これまで見てきた災害の人類学的研究の数々が示す 1 つの確実な方向性として，災害復興に直接還元する成果を伴った研究活動を目指すことが指摘できる．とりわけ東日本大震災を機に日本の国内外の人類学者たちが，フィールドと接点を持つ際に，ボランティア活動や公的事業に参画しながら，住民たちとラポールを築きつつ取り組んでいる様子は前述した通りである．

　こうした，公共社会に寄り添うような人類学の実践的な取り組みを極めた領域が，公共人類学である．21 世紀に入ってから米国を手始めに，公共実践の場において貢献することに主眼を置いた公共人類学的研究が標榜されるようになった［Borofsky 2011］．山下晋司によれば公共人類学は米国において，1990 年代後半に登場した．その背景として前掲のボロフスキーの議論を踏まえながら米国では人類学が今日的社会の中で存在感を示しえていないことが，同国の公共人類学の台頭の最大の理由だと山下は論じている．一方で歴史的にも長いスパンで発展してきた応用人類学の流れを汲みながら，同国では公共人類学が応用人類学の下位分野だとする見方も紹介しつつ山下は応用人類学が，「理論」と「応用／実践」の二分論の上に成立しているのに対し，公共人類学を「あくまで理論と実践を統合し，実践のなかに理論的営為も含ませようとする」新しい試みであることを述べている［山下 2014］．

　山下は日本におけるより社会的還元性の強い人類学の試みにも触れながら，さらにこれからの公共人類学が展開される場所としての公共領域として 6 つのものを挙げる．すなわち，国家的，ローカル社会的，企業 CSR 的，国際的，草の根的，震災ボランティア的領域と定義している．本書は

山下が，国家という古い公共に対して，民が表に立った，この「新しい公共」に注目している．「公共人類学とは，公共的課題に関与し，理論的・実践的に取り組むことで，社会に貢献する人類学であり，それを通して人類学の公共性を推進しようとするものである」[山下 2014]．日本の文化人類学においても，災害を題材にした公共人類学的研究は，本書の第8章を執筆している木村によるトルコにおける防災をめぐる公共活動の人類学的研究[木村 2013a]が「公共人類学」を冠した最初の民族誌とされている．

山下も強調しているように，災害の公共人類学において，関与とともに今1つ重要な点は，協働である[山下 2014]．インフラや交通機関，情報通信技術が発展した現代において，人類学的質的研究を協働型にする可能性は，人々により開かれたものになっている．被災地へのフィールドワークに，研究者が学生を連れて行き，被災者の話を聞いたり被災者とともに現場を回ってみたりして体感し学習することは，今般の東日本大震災でも多く行われ，研究報告も出ている[川口ほか 2013; 山下 2014]．また，映像やインターネットを使った，研究対象と人類学者の参加型・協働型の情報発信の形も身近な選択肢にあることも，協働の可能性を大きくしている[伊藤 2015; 分藤ほか 2015]．

ルーク・エリック・ラシターによれば，人類学者と現地の人々との協働作業は，もともと民族誌的研究について回ってきたものであり，それほど新しいことではない．しかし，研究対象である人々と人類学者との意識的な協働作業で生み出されてきた民族誌はそう多くはない[Boas and Hunt 1970; Dwyer and Muhammad 1987]．そこには技術的な困難さや倫理の問題も付きまとってきた．たとえば，福島真人も文化人類学者にとっての「説明の様式」としての民族誌に関する重要な論考の中で，民族誌が対話的で現地の人との共同作業であるという主張があるレベルまでは正しいが，そのような共同作業や協働のおかげで，現地の人の中にも誤認／再認を促す機会を与えてしまうことへの注意をかなり早い時期に喚起している[福島 1992]．さて，ラシターはさらに，倫理やモラル上の責任，民族誌的忠実性，分かりやすい書き方そして協働の読解と編集がすべて満たされなければ，協働の民族誌を成り立たせる基盤すら築くことはできないとも指摘している．本当の意味での協働の民族誌を完成させるためには，個人の次元では協働による研究を協働による社会実践につなげていくことを目指し，

学問領域の次元ではそうした協働的実践を，今立ち上がりつつある公共人類学という既存の学問領域とアカデミズムから脱皮しようとする試みにまで，つなげていく必要があるとラシターは述べる［Lassiter 2005a; Lassiter 2005b］．

　災害の公共人類学的研究においては，支援，生活再建，復興といった見通しが立ちにくい共通の持続的問題意識を扱うことになる．そうした問題を人類学者が自分の問題として取り上げながら，研究対象となるインフォーマントと協働しつつ，お互いが対等のコンサルタントとなって，調査をし，民族誌を編集し，その先のことまでも一緒に検討していく協働の民族誌の姿勢が極めて有効である．

5　協働型社会の台頭と災害の公共人類学

　文明評論家のジェレミー・リフキンが2014年に『限界費用ゼロ社会——〈モノのインターネット〉と共有型社会の台頭』なる書を出版する．21世紀を迎えた今日，資本主義社会の凋落とともに，今生まれつつあるのが，協働型コモンズで展開される，共有型経済だとする．「……10世紀以上にわたって人間の本性に関する説得力のある物語を提供し，商業や対人関係や政治といった面で日々の社会生活を支える包括的な構成体系を維持してきた資本主義体制が，すでに頂点を極め徐々に衰退し始めている……．事例が散見される程度だが，協働型コモンズにおける共有型経済は上げ潮に乗っており，2050年までには世界の大半で，経済生活の最大の担い手となる見込み」［リフキン 2015: 10］である．

　リフキンは，この経済パラダイムの大転換の原動力としてIoT〈モノのインターネット〉に注目する．IoTはコミュニケーション，エネルギー，輸送の〈インテリジェント・インフラ〉を形成し，効率性や生産性を極限まで高める．それによりモノやサービスを1つ追加で生み出すコスト〈限界費用〉は限りなくゼロに近づき，将来モノやサービスは無料になり，企業の利益は消失して，資本主義は衰退を免れない．その代わりに台頭するのが共有型経済である．人々が協働でモノやサービスを生産し，共有し，管理する社会の在り方が実現されることを予想している．

　こうした共有型経済を下支えするのが，協働型コモンズであるとされる．

コモンズ自体は，世界で最も長い歴史を持つ制度化された資源の自主管理活動の場である．現代のコモンズも，生活の最も社会的な側面に関わる場で機能しており，何十億の人々が関与していて，様々な団体や管理組合，機関が民主的に管理することで成り立っている．リフキンはコモンズの自主管理が，社会関係資本を生み出していることも見逃さない．コモンズは人々を隷属状態に保つ専制的な封建体制の下で生き延びるための，適応力のある経済モデルであることから始まり，産業革命以降は都市の労働者と中産階級が，共有資源の利権を分かち合う，ソーシャルコモンズへと移行し，現在，資本主義の凋落とともに，「他者と結びついてシェアしたい」という原動力の下で再稼働しようとしていることを強調する．

リフキンのこの協働型コモンズの台頭論は注目に値する．リフキンはその原動力を IoT に見出しているが，大事なのは IoT を可能ならしめる，協働型コモンズや共有型経済を成り立たせようとする動機が様々な場面で現代の人々の間で広く普及しているという事実である．IoT のようなテクノロジーの進展を題材に，経済活動の在り方を可視化する見方は確かに有効であると思われる．しかし，テクノロジーの有効性を下支えするのは人間や社会の質的な変革であり，テクノロジーはそうした変革を増幅させるきっかけを作るに過ぎない［外山 2016］．そのことはリフキンも承知している．協働型社会にあって災害に抗する市民には，どのような活路が見出されるのだろうか．この問いは本書のテーマの 1 つである．

人間や社会にとり，災害がもたらすカタストロフィーと向き合うような研究は，そもそも当事者・社会との協働なくして成り立たない．21 世紀に入って，人類学は公共人類学という新たな実践型研究スタイルを見出そうとしている．公共人類学において極めて重要なキーワードが協働である．協働型の研究とは，研究活動そのものをコモンズと捉え，専門家や当事者たちがともに問題解決を目指して取り組む新しい研究のモデルである．その成果は協働の民族誌となり，その先の協働へとつながる可能性を秘めている．本書で扱う災害復興に関わるそれぞれの実践的研究で，顕著に現われるアプローチの特徴として，協働型の体制が基盤にあることが指摘できる．とくに第 4 章では災害に抗する市民と研究者が協働することにより，あたかも震災復興の公共人類学という協働型コモンズを志向する仕組みを維持機能させてきた過程を明らかにしようとしている．

災害の公共人類学において期待される実践の仕組みとは，研究対象者をはじめから巻き込んだ形で展開する特徴を持つ．協働型を特徴とするその仕組みは，質的調査を通じて関係性を深め，問題意識を共有し，望まれる解決策を研究者と現場の人々がともに対等に協働するコンサルタント同士となって，試行錯誤をして実践的に研究していく．その作業は協働型であるがゆえに，時として成果は分散し，水平展開型になることを避けられないながらも，持続的に取り組むことで，時間はかかるが期待される成果は大きい．こうした協働型・分散型そして水平展開型の仕組みは，協働型コモンズを資源にした共有型経済を享受する現代社会の形にも適合している．

　本出版企画の基盤研究となった「震災復興の公共人類学——福島県を中心とした創造的開発実践」においては，福島第一原発事故の被災地・被災者たちに研究の焦点を当て，多角的視点からその過程を検証し，公共人類学という実践的アプローチも導入しながら様々な関係者とともに研究作業を進めてきた．つくば市に避難してきた福島県民へのインタビュー調査から始まり，避難者と地元組織が協働しながらセーフティネットの構築を行ってきた．またセーフティネット構築に携わった方々へのインタビューとその記録映像の編集，そして映像アーカイブ作り，さらにはそのイメージの理論的分析そして情報発信（通称：つくば映像アーカイブ）も行った．他方，つくば市関係者インタビューへの学生の参加，学生と研究者を交えた原発事故後の福島県へのスタディーツアー実施（通称：まなび旅・福島），関係者の大学への招聘と特別セミナーの開催，無形文化財の調査研究と生活再建及び支援を結びつけた活動，アカデミズムにおける国内外への情報発信もこなした．

　この研究活動が試みたことは，公共に資するアカデミックな実践活動を協働型で展開していくことであった．3年間でその研究活動が実現できた震災復興支援のための活動を振り返ると，初期のつくば市への避難者に対するインタビューは，避難者と地元社会の様々なアクターを結びつけ，同市における「セーフティネット」構築のきっかけ作りに貢献した．さらに，セーフティネット構築に関わったアクターの経験や教訓の語りを捉えた映像アーカイブは，学びを次世代につなげる貴重な記録となるであろう．

　アカデミズムの面では，外部者である調査者が，被災者が向き合っている現実を理解し，情報収集をしながら持続的な関係構築を試みる貴重な場

となった．加えて，アカデミズムによる調査研究が，困難と向き合う人々と協働しながら行動を促すエンパワーメントの機能を果たしうることも明らかとなった．このように研究活動が，当事者たちとの協働型過程を経て，まなび旅や無形文化財保護活動，映像アーカイブ作りという具体的な社会実践として結実した．これらひとつひとつの成果こそ，協働の民族誌としてみなすこともできる．

6　本書の構成そして課題と展望

　本書は序論以下 3 部，10 章によって構成されている．第Ⅰ部は，原発事故により茨城県つくば市に避難してきた福島県民に対するセーフティネット作りと，その関係者へのインタビュー記録の映像アーカイブ化に焦点をあてた 4 章の考察によって構成される．第 1 章「灰色地帯を生き抜けること――『つくば映像アーカイブ』から考える」は，つくば市での福島からの避難者と支援者の経験を長時間のインタビュー映像に収めた「つくば映像アーカイブ」（その詳細は第 2 章で述べられる）を議論の素材としつつ，「イメージの人類学」の立場から理論的考察を行う．原発事故が引き起こしたのは，白でも黒でもない「灰色」の状況の広がりであり，そこで人々はその「灰色」の広がりを個人として「生き抜ける」ことを強いられた．箭内は，ガブリエル・タルドの経済心理学を参照しつつ，つくば市における避難者と支援者の営みの全体を「生きるための資本」の集積と捉える．こうした理論的考察は，箭内によれば，復興とは何か，公共とは何か，といった大きな問いに深いところから答えていくための土台にもなりうるものである．

　福島第一原子力発電所事故に伴う，福島県民の広域避難により，茨城県つくば市には，県内の市町村では最多の約 500 名（約 200 世帯）が，避難生活を余儀なくされた．これらの多くの避難者に対して，受け入れ側となるつくば市側，避難元となる福島県側とが，多重に密に連携を図りながら，それぞれの強みを活かして多様な「セーフティネット作り」を行ってきた．第 2 章「避難者のセーフティネット作りから映像アーカイブ制作への発展」では，武田直樹が行ってきたセーフティネット作りの詳細が述べられるとともに，セーフティネットの構築過程とその在り方そしてそれを記録

した映像アーカイブの意味について，セーフティネットに関わり，映像アーカイブにも登場した当事者たちのナラティヴに忠実に寄り添いながら，武田が自身の実践について考察してきたことが述べられる．武田のセーフティネット作りや映像アーカイブ制作そのものが，災害被災者に対する支援の形を追究し，残していくという意味において公共性の高い取り組みであることは自明である．しかし，ここで注目されたいのは，武田自身が述べているように，映像アーカイブ制作を通して当事者たちがセーフティネットの自助・共助・公助の形，すなわち災害時における公共的支援の在り方について，実践と考察を通して確かな手ごたえを得ていることである．

第3章「『立場ごとの正義』――自主避難者の視点から映像を撮る」では「つくば映像アーカイブ」取材で収録したつくば市民の支援者，福島県から避難しつつ支援側に移行した人たち，行政の立場から支援に関わった福島県，茨城県，つくば市の方々の考えや行動，震災時の体験・記憶について取り上げる．撮影編集に携わった田部文厚が福島県郡山市から自主避難者としての立場からインタビューし，被写体から発せられる「言葉」としての文字情報には含まれない，映像ならではの表情，抑揚から見えてくる「想い」を通してそれぞれの立場からの「公・公共・個人」を考察する．田部自身が述べているように，当事者として考えたとき，被災・避難・支援の問題は，外からの視線では見えにくい，きれいごとでは済まない部分を含んだものである．公的な一般論の次元では捉えきれない部分を，田部による記録映像と自らの立場を駆使して明らかにしようとした，公共性が隠し持つ欺瞞への批判的考察でもある．

第4章「災害に抗する市民の協働」では関谷雄一が災害に抗する市民の協働を追究する．福島第一原発事故を機に，つくばや東京に避難してきた人たちへのインタビューから明らかになった避難者同士の協働や，避難先やその他の場で新たに築かれつつある生き延びるための協働，ウクライナ共和国のチェルノブイリ原発被災者により今もなお，災害に抗する市民によって継続される協働，そのような市民との協働しながら得られた学びの成果と実践へのつながりを，台頭する協働型社会という枠組みから分析してみる．そして本書自体も，そうした協働の中から生まれた一連の研究実践活動であることを示唆していく．

第Ⅱ部では福島第一原発事故被災者に寄り添う実践の試みについて，3

つの考察が展開される．第5章「原発事故避難者受け入れ自治体の経験──ソーシャル・キャピタルを活用した災害に強いまちづくりを目指して」は，辻内琢也・滝澤柚・岩垣穂大らよる災害弱者対策事業に関わる考察である．2011年3月15日，福島県富岡町職員は住民たちとともに一次避難先の福島県川内村で原子力発電所の2度目の爆発の情報を得，「国内友好都市」関係を結んでいた埼玉県杉戸町からの救援で，170名が埼玉県へと避難した．この章では，「2015年度埼玉県共助社会づくり支援事業」の一環である『東日本大震災と原発事故災害に学ぶ「災害弱者」対策事業』の活動の詳細を述べている．埼玉県杉戸町・宮代町・幸手市の3自治体職員と，福島県富岡町職員，そして筆者ら大学研究者・学生の3者が協働して，2011年当時の災害対応を見直し，新たにソーシャル・キャピタルを活用した災害に強いまちづくりを目指したプロジェクトの全貌を示す．辻内らが強調するのは，関係者たちが「自分のできる何か」を少しずつ出しながらソーシャル・キャピタルを形成した過程である．その姿勢こそ，辻内らが「積極的受け身」と呼ぶもので，公共人類学的な実践において「関与と協働」「応答」［清水 2014］を可能にしていく上で，極めて重要である．

　第6章「当事者が語る──一人の強制避難者が経験した福島第一原発事故」は，トム・ギルと飯舘村の庄司正彦による協働の民族誌である．かつて「サバルタンは語ることができるか」とガヤトリ・C・スピヴァクは疑問を投げかけたことがある［Spivak 1988］．東日本大震災の被災者はグラムシが造語した「サバルタン」（社会的，政治的，地理的に疎外された人々）という言葉に当てはまる．大震災以降，震災を語るのは主に学者，ジャーナリスト，政治家であり，当事者が発言するとき，その語りは感性的な「証言」であり，学者などのプロがそれを理性的に解釈するという役割分担が見られる．この章では当事者と学者の壁を壊し，社会人類学者のギルと福島第一原発事故を直に経験した農民の庄司が共同でその事故の意味を探る考察である．ギルの要点をついた質問に対し，庄司が丁寧に回答をしていく様子からは2人の厚い信頼関係をうかがい知ることができるとともに，庄司がギルとの協働の民族誌を通して，個人的な当事者意識に軸足を置きながらも，現在のフクシマの「サバルタン」たちが置かれている状況を限りなく客観的に証言することに徹していることも見逃せない．ギルの人類学者の

姿勢や魂が，庄司に乗り移っているかのようにも受け止められるこの章の展開の在り方こそ，協働の民族誌が導く公共人類学の新たなる地平である．

第7章「まなび旅・福島――公共ツーリズムの実践」では観光（ツーリズム）の視点から，2011年の東日本大震災に伴う東京電力福島第一原子力発電所事故以後の福島を山下が検討する．とくに山下が関係しているNPO法人「人間の安全保障」フォーラム（HSF）の「まなび旅」というプロジェクトからこの課題を取り上げ，被災地と外部世界をつなぐ観光（ツーリズム）を通して，開かれた問いとしてのフクシマを考える．M・フーコーの「ヘテロトピア」にもなぞらえることができるフクシマへの旅は，公共領域の問題点を学び，考え，解決に向けて行動を起こすことさえもツーリストたちに可能にさせる．このような旅を山下は「公共ツーリズム」と呼ぶ．公共ツーリズムは，被災地のみならず，少子高齢化が進む日本の地域社会にとって，人の移動と外部世界との交流を促進させ，地域及び国を創っていく可能性を持っていると山下は述べる．

第Ⅲ部は福島第一原発問題から少し範囲を広げ，津波被災地の生活再建の現場から行われた公共人類学・協働をテーマにした考察が3つ展開される．第8章「現在から過去へ，そして未来へ――『復興』への手探りの協働」では東日本大震災後の岩手県大船渡市三陸町綾里地区での，被災した地域住民と，文化人類学者を含めた研究者（都市計画学，防災学，建築史学，防災情報学など）との協働について論じる．その活動は市役所への提言書作成から空き家での博物館展示に至るまでの多様なものだが，そこでは成功もあれば失敗もあった．この章においては，木村と西風雅史による，2人の相互的な「対話」が記述されている．前浜における手探りの復興活動は，キムラ（仮名）をはじめとする「大学の先生たち」とナライ（仮名）が事務局長を担う前浜地区復興委員会との協働で進められていった．その一連の過程で出された諸成果は，一見成功しているように見えるが，キムラとナライの振り返りの中で，地域住民の視座からすると，為されるべきことはもっとあったことが明らかにされてゆく．木村と西風は起こったことを振り返りつつ，公共人類学における取り組みの在り方に対して，1)（フィールドと関わる）人類学のモードの多様化，2) 新たなつながりを作ること，3) 関わり続けること，そうするなかで，無理のない形で，現地に別のリズムを作り出すことが課題であると説く．

災害リスク低減研究においては，防災だけでなく，災害後の復興における在来知の役割の解明は重要である．第9章「津波被災後の稲作農業と復興における在来知の役割」は高倉により，東日本大震災による津波被災地の農業復興に関する在来知が人類学的に解明されるとともに，その知見を災害復興政策にどう貢献できるかが探求される．宮城県南部の農家の事例を対象に，津波による圃場への影響と，地域住民による農業再建における社会文化過程を検討した．その結果，彼らの在来知は，環境・成長過程・生物的応答の3つの構造的特質を持っていることを明らかにした．前者2つは集合的・伝統的な性質であるのに対し，最後は個人的・進取的であり，その組み合わせが変化への適応を生み出す．この章で高倉が明らかにするのは，被災後の宮城県の稲作農家の実践の詳細とともに，在来知には周知の継続性に加え，動態的な性質もあるということである．農業復興政策においては在来知のこの動態的な部分への支援が重要となる．政策立案者が，在来知の適切な管理と運営による農家のレジリエンス強化を目指すのであれば，個々の農家の実践を学び直す，地道な作業も必要であることも高倉は示唆している．高倉による在来知解明の試みは，調査・研究分析・成果の還元と政策提言に至るまで，関係者との協働により行われた公共人類学のモデル的な実践でもある．

　第10章「震災とデス・ワーク――葬儀業による死後措置プロセス支援の展開」は東日本大震災における死後措置プロセス，すなわち死を契機とした看取り・遺体処置・葬儀・埋火葬・死亡手続・供養などから構成される一連の過程を題材として，甚大な死亡事象と遺体の発生をめぐって現場で生じた多元的な問題に光を当てる．同時に，筆者である田中大介が，死と遺体を扱う専門家としての葬儀業の取り組みに着眼し，その支援活動や業務連携に関する各種の事例を通じて，大規模広域災害における「死への対処」に関する知見を紡ぎ出すことを試みる．田中の考察を通して明らかになるのは，震災におけるデス・ワークのアンビバレントな社会的位置づけである．「公共的な生」を取り巻く命題から死という出来事が乖離したもののように感じられたり，本書におけるこの章の登場さえも違和感を覚えたりする読者もいるかもしれない．しかし，田中はあえて「公共的な死」というフレーズも持ち出しながら，公共において常に誰かがどこかで死と遺体を受け止めているという現実に公共性の極致があることを主張す

る．田中の調査に応じた葬儀業の関係者たちのナラティヴを通して明らかにされたのは，彼らの取り組みが公共性を有しながらも成功物語には決してなりえないという現実だ．

　公共人類学の理論的考察は，すでに刊行されている山下による専門書［山下 2014］に詳しいが，冒頭でも少し触れたように，本書の各章は，それぞれに災害に抗する公共人類学を論じている．公共人類学の論点として，第1章の自立と公共，第2章は復興の自助・共助・公助の在り方，第3章では公共の欺瞞，第4章における公共と協働型コモンズ，第5章の積極的受け身，第6章は当事者と公共，第7章の公共ツーリズム，第8章では研究と実践のリズムの調和，第9章は公共における在来知，そして第10章の公共的な死をそれぞれに重要な点としている．そして各章は被災者の暮らしに関与し，協働しながら民族誌を創り出すアプローチを共通してとっている．また，「応答する」［清水 2014］という点から考えても，各執筆者が人類学者として，あるいは現場に巻き込まれた当事者として，それぞれに現場からの呼びかけに応じた実践と考察を行っている．加えて，冒頭でも少し触れたように，いずれの章も災害を受け止める，という受け身的な姿勢から一歩踏み込んで災害に抗する，ことを試みた市民による実践と考察であることも改めて強調したい．

　最後に協働の民族誌という方法論について，とりわけ第2章が人類学外の専門家による広義の「エスノグラフィー」であり，第3章も映像製作者による作品の解説と，自主避難者としての体験をまとめたもので，厳密な意味でのアカデミックな考察ではない．さらには，第6章が人類学者と強制避難者との対話という形をとり，第8章は人類学者と当事者との相互的な「対話」が共著となった成果である．他の人類学者による章も含め，いずれもが前述したラシターの定義による協働の民族誌の必要条件を満たしているが，十分条件を克服するためにはそれぞれの章で指摘される様々な課題が残されている．

注
1) 高橋は，「犠牲のシステム」の一般的な定式を次のように示す．「犠牲のシステムで

は，或る者（たち）の利益が，他のもの（たち）の生活（生命，健康，日常，財産，尊厳，希望等々）を犠牲にして生み出され，維持される．犠牲にする者の利益は，犠牲にされるものの犠牲なしには生み出されないし，維持されない．この犠牲は，通常，隠されているか，共同体（国家，国民，社会，企業等々）にとっての『尊い犠牲』として美化され，正当化されている」（高橋 2012: 42）．
2) 同書では農業経済学や文化人類学そして歴史学などの専門家たちが，東北地方だけではなく，日本各地の地域を取り上げ，地域固有の生活史から描く多様な開発・被災・復興の過程を描き，「開発」や「復興」の名のもとに，押しつけられる開発主義に多様に「抗する」人々の姿を描き出すことに成功している．
3) 国内外の災害の人類学的研究を網羅的に取り上げることは不可能であり，本章では代表的な文献を取り上げ，学説の潮流が追跡できるよう示した．
4) 日本民俗学は文化人類学の隣接領域で，フィールドワークを行い，そこから知的な発見を構築していく作業を展開している意味では，まったく同じ性質を共有しているので，災害に関する民俗学的研究では先頭を行く菅の論考も取り上げる．
5) 箭内による，文化・社会というこれまでの中心的概念に頼らず，イメージ概念を軸とした今日的な人類学の全体像の捉え直しに関しては，箭内による最新の著作に詳しい（箭内 2018）．ゾナベントの民族誌に関わる説明は，同書第 9 章に記されている．

参考文献
【和文文献】
市野沢潤平ほか（2011）「東日本大震災によせて」『文化人類学』76（1）: 112-116.
伊藤悟（2015）「人類学的映像ナラティブの一探究――民族誌映画制作における協働と拡張される感覚」（〈特集〉人類学と映像実践の新たな時代に向けて）『文化人類学』80（1）: 38-58.
猪瀬浩平（2013）「『放射能が手に届いた気がしたんだ』――原子力災害における〈リアリティ〉の構成をめぐる人類学的考察」（〈特集〉災害と人類学――東日本大震災にいかに向き合うか）『文化人類学』78（1）: 81-98.
内尾太一（2013）「東日本大震災の公共人類学事始――宮城県三陸地方における被災地支援の現場から」（〈特集〉災害と人類学――東日本大震災にいかに向き合うか）『文化人類学』78（1）: 99-110.
川口幸大・関美菜子・伊藤照手（2013）「東日本大震災に関連したフィールドワークを行うこと／それを指導すること――『文化人類学実習』の授業を事例に」（〈特集〉災害と人類学――東日本大震災にいかに向き合うか）『文化人類学』78（1）: 111-126.
木村周平（2013a）『震災の公共人類学――揺れとともに生きるトルコの人びと』世界思想社．
木村周平（2013b）「津波災害復興における社会秩序の再編――ある高所移転を事例に」（〈特集〉災害と人類学――東日本大震災にいかに向き合うか）『文化人類学』78

(1): 57-80.

ギルトム・シテーガブリギッテ・スレイターデビッド（2013）『東日本大震災の人類学――津波，原発事故と被災者たちの「その後」』人文書院．

クラストルピエール（1989）『国家に抗する社会――政治人類学研究』（叢書 言語の政治）渡辺公三訳，水声社．

清水展（2003）『噴火のこだま――ピナトゥボ・アエタの被災と新生をめぐる文化・開発・NGO』九州大学出版会．

清水展（2014）「2. 応答する人類学」『公共人類学』山下晋司（編），pp. 19-36，東京大学出版会．

清水展・木村周平（編）（2015）『新しい人間，新しい社会――復興の物語を再創造する』（災害対応の地域研究 第5巻）京都大学学術出版会．

菅豊（2013）『「新しい野の学問」の時代へ――知的生産と社会実践をつなぐために』岩波書店．

高倉浩樹（2014）「結 東日本大震災に対する無形民俗文化財調査事業と人類学における関与の意義」『無形民俗文化財が被災するということ――東日本大震災と宮城県沿岸部地域社会の民俗誌』高倉浩樹・滝澤克彦（編），pp. 290-311，新泉社．

高倉浩樹・滝澤克彦（編）（2014）『無形民俗文化財が被災するということ――東日本大震災と宮城県沿岸部地域社会の民俗誌』新泉社．

高橋哲哉（2012）『犠牲のシステム 福島・沖縄』集英社新書，集英社．

竹沢尚一郎（2013）『被災後を生きる――吉里吉里・大槌・釜石奮闘記』中央公論新社．

辻内琢也（2013）『ガジュマル的支援のすすめ――一人ひとりのこころに寄り添う』早稲田大学出版部．

外山健太郎（2016）『テクノロジーは貧困を救わない』松本裕訳，みすず書房．

中田秀樹・髙村竜平（編）（2018）『復興に抗する――地域開発の経験と東日本大震災の日本』有志舎．

林勲男（編）（2010）『自然災害と復興支援』みんぱく実践人類学シリーズ Vol. 9，明石書店．

林勲男・川口幸大（2013）「序」〈特集〉災害と人類学――東日本大震災にいかに向き合うか」『文化人類学』78（1）: 50-56.

福島真人（1992）「説明の様式について――あるいは民俗モデルの解体学」『東京大学東洋文化研究所紀要』116: 292-361.

分藤大翼・川瀬慈・村尾静二（編）（2015）『フィールド映像術』100万人のフィールドワーカーシリーズ Vol. 15，古今書院．

ペトリーナアドリアナ（2016）『曝された生――チェルノブイリ後の生物学的市民』粥川準二監修，森本麻衣子ほか訳，人文書院．

リフキンジェレミー（2015）『限界費用ゼロ社会――〈モノのインターネット〉と共有型経済の台頭』柴田裕之訳，NHK出版．

箭内匡（2016）「イメージと力の人類学――あるいは人類学はなぜ思想的営みであり続けるべきなのか」『現代思想』（総特集 人類学のゆくえ）44（5）: 177-189.

箭内匡（2018）『イメージの人類学』せりか書房.
山下晋司（編）（2014）『公共人類学』東京大学出版会.

【欧文文献】

Barrios, Roberto E. (2017a) *Governing Affect: Neoliberalism and Disaster Reconstruction*, University of Nebraska Press.

Barrios, Roberto E. (2017b) What Does Catastrophe Reveal for Whom?: The Anthropology of Crises and Disasters at the Onset of the Anthropocene, *Annual Review of Anthropology*, Vol. 46: 151-166.

Boas, Franz, and George Hunt (1970) *The Social Organization and the Secret Societies of the Kwakiutl Indians*, Johnson Reprint Corp.

Borofsky, Robert (2011) *Why a Public Anthropology?* Kindle E-book.

Button, Gregory (2010) *Disaster Culture: Knowledge and Uncertainty in the Wake of Human and Environmental Catastrophe*, Routledge.

Dwyer, Kevin and Faqir Muhammad (1987) *Moroccan Dialogues: Anthropology in question*, Waveland.

Lassiter, Luke E. (2005a) *The Chicago Guide to Collaborative Ethnography* (Chicago Guides to Writing, Editing & Publishing), University of Chicago Press.

Lassiter, Luke E. (2005b) Collaborative Ethnography and Public Anthropology, *Current Anthropology* 46 (1): 83-106.

Oliver-Smith, Anthony, Susannah M. Hoffman (1999) *The Angry Earth: Disaster in Anthropological Perspective*, Routledge.

Schneider, David (1957) III: Typhoons on Yap, *Human Organization* 16 (2): 10-15.

Spivak, Gayatri Chakravorty (1988) Can the Subaltern Speak?, *Marxism and the Interpretation of Culture*, Cary Nelson and Lawrence Grossberg eds., pp. 271-313, University of Illinois Press.

Torry, William I. (1979) Anthropological Studies in Hazardous Environments: Past Trends and New Horizons with CA comment, *Current Anthropology* 20 (3): 517-540.

Walker, J. Samuel (2005) *Three Mile Island: A Nuclear Crisis in Historical Perspective*, University of California Press.

Wallace, Anthony F. C. (1957) Mazeway Disintegration: The Individual's Perception of Socio-Cultural Disorganization, *Human Organization* 16 (2): 23-27.

Zonabend, Françoise (1993) *The Nuclear Peninsula*, Cambridge University Press. Editions de la maison des sciences de l'homme.

I

震災復興の映像アーカイブ化

第 1 章

灰色地帯を生き抜けること
―― 「つくば映像アーカイブ」から考える

箭内 匡

1 「言葉」から「イメージ／映像」へ

> チェルノブイリは私たちが解き明かさねばならない謎です．もしかしたら，二一世紀への課題，挑戦なのかもしれません．人は，あそこで自分自身の内になにを知り，なにを見抜き，なにを発見したのでしょうか？　（『チェルノブイリの祈り』1))

　ベラルーシの作家スベトラーナ・アレクシエービッチは，1986年のチェルノブイリ原発事故から10年後，事故をめぐる人々の語りを集めた『チェルノブイリの祈り』という著作をまとめるにあたって，チェルノブイリは「私たちが解き明かさねばならない謎」だと書いた．福島をめぐる経験はそれに比肩しうる「謎」であり，今世紀への「課題，挑戦」であるはずである．この第1章では，福島からつくばへの避難者の支援に関わった人々の語りを集めた「つくば映像アーカイブ」2) をもとにしながら，この「謎」について考えてみたい．

　最初に，表題の「灰色地帯を生き抜ける」という言葉について説明しておこう．「灰色」とは「白」でも「黒」でもない中間色であり，「灰色地帯」とは──『哲学とは何か』におけるジル・ドゥルーズとフェリックス・ガタリの用法に従えば──「生」と「死」が，「安全」と「危険」が明確に分別されないような中間的な場所のことである（なお，ここでの白黒に善悪の意味は含まれていない)3)．2011年の原発事故は，東日本の広い地域に住む人々を，多かれ少なかれ「灰色地帯」に投げ込む出来事であった．そして「灰色地帯を生き抜ける」とは，そうした灰色の場所に投げ込まれ，そこで格闘し，気がついたら──うまくいけば──灰色が白に近づいていた，前よりも呼吸が楽になっていた，というような意味である．自分が自分であるのかさえ不分別になってしまう，そうした経験を表すうえで，近年よく使われる「生き抜く」という言葉は主体的すぎる．それゆえ，奇妙な言い方かもしれないが，ここでは「生き抜ける」──この「抜ける」とは「駆け抜ける」のそれと同じ意味である──という言葉を使ってみることにしたい．

震災から年月が積み重ねられる中，原発事故をめぐる現実の全体を「白」の状態に戻そうとする努力は様々な形でなされてきた．それが実際に多くの「白」を生み出してきたことも事実である．しかしもう一方で，「灰色が灰色であり続ける」という現実もまた確かに存在する．そしてそうした灰色の現実が，「白」という着地点をあらかじめ定めた途端に，未
・・・・・
来完了的に否定され，不可視化されてしまうことも指摘しなければならない．本章の出発点として私が指摘したいのは，この独特の思考上の困難を意識しながら，実際に存在してきた様々な濃淡を持つ「灰色」を見据え，そこから素直に現実を捉え直すことの必要性である．

　灰色を灰色として考えることは難しい．国家にとっても，当事者にとっても，また当事者でない一般の人々にとっても，「白」と「黒」を峻別する方が扱いやすく，ある意味で安心できる．さらにいえば，そもそも我々
・・
が用いる言葉というもの自体，物事を「ある」と「ない」で峻別する傾向がある（低線量被曝の問題が非常に厄介なのはこの点とも関わっている[4]）．しかし，まさにそうであるからこそ，「白黒」をつける手前で踏みとどまって，現実の中の様々な灰色の濃淡を，その濃淡のままに眺めてみなければならない．言葉ではなく，言葉になる前のイメージ ── 映像はそれに触れるための手がかりになる ── に向かうことではじめて，我々は現実の「謎」に本当に近づくことができるのである[5]．

　つくばにおける避難者支援に関するインタビュー映像集である「つくば映像アーカイブ」が特に興味深いのは，一方で，原発事故が作り出した灰色地帯における経験がそこに濃厚に反映されているからであるが，他方では，武田直樹が第2章で述べているとおり，避難者の受け入れ先であるつくば市という場所自体が，独特の中間的な ── 中間色としての灰色にも似ていなくもない ── 特徴を持った場所であるからである．学術研究都市であるつくば市は，全国から少なからぬ人が移り住んできて，そこから去っていく土地柄である．福島から地理的にも文化的にも遠くなく，しかしすぐ近くであるわけでもない．都市的な利便性はあるが大都市ではなく，東京から遠くはないがすぐ隣でもない．「つくば映像アーカイブ」では，福島県から避難してきた人々がつくばという場所に馴染んでいった経験，そしてとりわけ，そのような避難者を人々が横並びの姿勢で支えていった経験 ── 行政・民間・大学・避難者自助組織を問わず ── が生き生きと語ら

れている．その内容の輪郭や具体的内容は，アーカイブ制作を率いた武田による第 2 章とそれに関連するウェブサイト[6]，映像撮影・編集を担当した田部文厚が本書のために制作した作品『立場ごとの正義〜原発事故によるつくば市への避難者と支援者，地域行政，広域行政の声』[7]，さらに同じ田部による本書第 3 章から知ることができるだろう．この第 1 章では，そうした具体的内容への一つの導入として，「つくば映像アーカイブ」から私が受け止めたことを，理論的考察を交えながら論じてみたい．その際，「つくば映像アーカイブ」のウェブサイト（第 2 章参照）や『立場ごとの正義』の中では提示されていない内容も積極的に援用することで[8]，本章に，このアーカイブの豊かさを改めて示すとともに，続く第 2 章・第 3 章を補完する役割をも担わせたいと思う．

2 つくばにおける生の繋がり

2.1 様々な繋がりからの切断

　まずは映像作品『立場ごとの正義』の冒頭にもある，中村希雄氏の経験から始めたい．中村氏は双葉町のご出身で，2011 年 3 月 11 日は NTT の設備記録写真を撮る仕事をされていた．地震発生後，中村さんは大急ぎで家族のもとに戻ろうと海側の道を車で進み，その途中で巨大な津波に呑み込まれてしまう．

> 5, 6 メートルの防波堤に波が当たってしぶきが上がって，2, 30 メートルかな．ナイアガラの線香花火じゃないけど，上にあがってきらきら輝いているんですよ．ものすごくきれいで．携帯電話で撮りたいくらいだったけど，そんな余裕ないから……ああーっと美しさに見とれてたんだけど，早く逃げにゃいけないから……「それが乗り越えてきたら終わりだ」と思ったら，とうとう来ちゃったから……「これはダメだ」と思ったね[9]（『立場ごとの正義』）．

偶然の出来事にも助けられて，中村さんは辛うじて津波から抜け出し，寒さに凍えながら山の中を彷徨したあと，町にたどり着いて九死に一生を得る．しかし，原発事故のため双葉町を出て各地を転々とする中でも「半

分死んでいた」ままで，昨日自分でやったことも覚えていないという状態だった（「アーカイブ」10)）．中村さんはその後ようやく自分を取り戻し，埼玉県の騎西高校を経て，最終的な避難先となるつくば市に向かうことになる．双葉町から少なからぬ避難者がつくば市に移る中，中村さんは，町からの要請により，双葉町つくば自治会の会長を務められた．

「つくば映像アーカイブ」のためのインタビューに応じられた浜通りからのもう一人の避難者は古場容史子氏である．浪江町の社会福祉協議会で仕事をされていた古場氏は，地震と原発事故の混乱の中で，夜中までおむすびを作ったり，看護をしたりしたあと，息子さんが大学に通っているつくばに，ご主人とともに避難されている．しかし，何が何だかわからない中で，突然浪江町での生活から切り離されてしまった古場さんは，ただ「壁を見ている」状態に陥ってしまう．古場さんは後に「元気つく場会」という自助グループを立ち上げられるバイタリティーと人望のある方だが，その方にして，一年近くも全く身動きが取れなくなってしまったのである．

> もう本当に，そういう意味でノイローゼ状態でした．主人も出かける，息子も大学にいっちゃう，となると，私はもう一人で，ただ一人で壁を見ているっていう世界でしたね．バッグ1個でこちらに来て，何も持ってませんでしたし，「ここで長く住むわけではないだろう」って頭にあるんです．ここで生活しようって生活用品を揃えていくという意味では，「ああ，これも買ったらダメだ，これも買ったらダメだ……無駄遣いをしないでいなきゃいけない．でもどうなるんだろう，どうしよう……」．ずうっと何ヶ月も壁を見て問い続けだったんです（「アーカイブ」）．

ある場所で暮らすこととは，そこにある事物や人々との密接な繋がり――繋がりの深さや浅さ，またそれを意識するかしないかにかかわらず――の中で暮らすことである．原発事故によって突如の避難を強いられた人々がまず経験したのは，そうした繋がりの全体がまるごと切断されて将来の展望も見えず，身動きできなくなってしまう事態だったと思われる．そのような事態はまた，中村さんや古場さんの場合のように極限的な形でなくても，地震・津波・原発事故という一連の出来事の影響を受けた多数

の人々が大きな衝撃とともに経験したことであるだろう．そのような状態から脱出することはできるのか．できるとすれば一体どのようにしてなのか．

　そうした問いを考えるうえで，いばらきコープ生活協同組合の松尾掌氏が「つくば映像アーカイブ」の中で語られている次のエピソードは一つのヒントになるものだと思われる．つくば市のある茨城県は，沿岸部が津波被害を被り，また県北地域を中心に原発事故の影響も受けた被災県でもあった．いばらきコープ生活協同組合はそうした中，助け合いの組織としての理念にもとづき，震災直後から従業員たちができる限りの対応を自発的に行っていった．

> ［いばらきコープの］ひたちなかや水戸のお店は，［震災直後から］自分たちで物を外に出して，とにかく売れるものを端から売っていったんですね．（……）3月15日，16日ぐらいでしょうか，組合員の方が——あの頃水が配られていましたので——給水所で並んでいる時，生協のトラックが走っていくのを見て喜んでくれる方がいらっしゃった．その方は「ああそうか，普段の暮らしに戻っていけるんだ」と感じられたんですね．普通に動くということ自体が励みになる．（……）水戸の店はそれまで競合店も出ていて苦戦していました．3.11以降は，宅配もそうですが，生協の売り上げがぐっと伸びたんですね（「アーカイブ」）．

2.2　つくばで形成された新たな繋がり

　日常的繋がりの大部分を失った形でつくばにやってきた避難者の人々に対して，つくば市では，民間からも，行政からも，また大学からも精力的な支援の動きがあった．その具体的内容については，現場を熟知した武田による第2章の記述，また手触りのある言葉で語られた田部による第3章の記述をお読みいただきたい．武田は第2章で，NPOフュージョン社会力創造パートナーズにおける自身の経験も背景の一つとして，こうした過程に生まれてくる行政と民間と当事者との間の繋がりの生成の全体を，「セーフティネットの構築」という概念をもとにモデル化してもいる．ここでは，「つくば映像アーカイブ」に収められた様々なインタビューに繰

り返し現れる一つのモチーフを，具体例とともに点描してみたいと思う．そのモチーフとは，行政・民間・大学といった立場の違いはあれ，つくばの人々が福島からの避難者と横並びの姿勢で，様々な繋がりを築いていったことである．

　つくば市千現1丁目の「ふれあいサロン・千現カフェ」は，その代表を務められてきた今井健之氏によれば，近所に避難してきた同年齢の福島の人たちと「同じシニアという立場」から交流し，友達づきあいをする，という趣旨のものだった．今井さんは「ストレスを少しでもここで発散してもらえればいいなと．少しでも楽しんでもらえればいいなあ，あと，つくばのいいところも知ってもらいたいなあと思って」（『立場ごとの正義』）活動されてきた．さらに，千現カフェという場所に限らずに日常の中で繋がることが，避難者の方々にとって大事だったようだと語られる．

> 街で会うでしょ，たとえば西武で会ったときに「山田さん！」って声掛けるの．これが一番嬉しいんですって．この間は百均で――あの人は前田さんだったかな――「前田さん！」って．びっくりして，（……）「いやあ，呼んでもらえて嬉しかった」って言ってくれましたね．（……）なかなか，名前で呼んでもらえるというのがないんだそうです．ほとんどないんだそうです．たぶん僕もそうだと思うんですよ．いないんだもの，知ってる人がそんなに（「アーカイブ」）．

　他方，二ツ森千尋氏は，同じ小学校に子供を通わせる母親として，「ママ友」の立場から，福島からきたお母さんたちを支える「ルピナスの会」を立ち上げられた．二ツ森さんは，つくば独特の土地柄のおかげで，子供たちが分け隔てなく同じ子供として付き合うことができたと述べられている．

> ほかの子供たち自身が，［親が］転勤して，転校してつくばに来ている子供たちが多かったので，そういう意味では，子供の世界という素晴らしいところで，「福島からきたから」とか，そういうことなく（……）子供がすんなりと溶け込むことができたということが，お母さんの話題の中でもいつもいつも出てきたように思っているんですね

(『立場ごとの正義』).

「ルピナスの会」はそうした子供たちの触れ合いと成長を背景に，学校からのサポートも得て，母親たちが支え合う活動を展開していったのである．

筑波大学体育系教授の長谷川聖修氏の主宰による「うつくしま体操教室」の活動もきわめて印象的なものである．長谷川教授は専門のコーチング学の立場から，身体を動かし，また身体で触れ合うことを通して日常を営むという，人間の日常の原点に戻るような体操の捉え方を提唱してきた[11]．「ラジオ体操第一」を参加者がお互いに触れ合うようアレンジした「なかよしラジオ体操」，不安定な動きを通じて笑いやコミュニケーションを生み出す「Gボール」を使った運動は，そうしたアイデアの現れである．避難者の人々は「うつくしま体操教室」で，自分自身の身体を動かす中で周囲の人々と直接触れ合う，という経験に触発されながら，つくばでの生活の中に新たな繋がりを見出していったのである[12]．

なお，「うつくしま体操教室」や筑波大学の学生組織 Tsukuba for 3.11，また武田直樹の所属する筑波学院大学の活動など，つくばにおいては避難者の支援に大学が積極的な役割を果たした点も見のがせない．双葉町つくば自治会の中村氏は，避難者の立場から，「つくばは社会力という学問が広がっている」こと，そしてまた，つくばには「みんなが認め合う．あまり踏み込んでこない．知らんぷりもしない」という馴染みやすい雰囲気があったことの重要性を強調されている（「アーカイブ」）．

3　灰色地帯を生き抜けること

> なんだったかしら，忘れないでおこうと思ってたんだけど……特徴的なこと……ああ，思い出したわ．チェルノブイリ，そして，まだ経験したことのない新しい感情，私たちひとりひとりには個人の生活があるんだということ．」（『チェルノブイリの祈り』[13]）

3.1　様々な分断

もう一方で，「避難者の人々」という言葉で現実を安易に一括りにしてしまわないことも重要である．福島県職員として茨城県への避難者支援を

担当した佐原一史氏は《立場ごとの正義》の中で，災害というものは通常は共通の土台によって人々を結ぶところがあるのに対し，放射能災害では人々が様々に分断されてしまうという独特の難しさがあったと述べている．難しさの第一は東京電力からの賠償の問題である．賠償金の金額は強制避難者の間でも様々に異なり，さらに自主避難の場合には皆無であって，そうした違いが避難者同士の関係をむしろ分断してしまう．さらに同じように賠償金をもらっても，それを新たな事業に活かす人もいれば浪費してしまう人もいる（これには震災以前の職業や事業経験の有無とも深く関わっている[14]）．第二に放射線被害の受け止め方による分断がある．そこには家族の事情——とりわけ子供を持つ親にとって放射線被害の不安はやるせないものである——や職業的・経済的事情も大きく影響するし，さらには様々な選択が時間の経過の中で生み出してきた経済的・心理的・社会的帰結などものしかかってくる．戻るのか戻らないのか，あるいは，どのような見通しのもとで（一定の範囲で）「戻ること」が可能なのか，という問いへの向き合い方は，避難元の状況の移り変わりや，避難先での生活の安定の度合いも様々である中，文字通り千差万別なものになってくる．

　本節冒頭の引用にもあるように，『チェルノブイリの祈り』の語り手の一人は，社会主義国家ソ連の集団主義の中で生まれ育った人々に対して，チェルノブイリ原発事故が「ひとりひとりには個人の生活がある」という現実を鋭く突きつけたことを印象的な形で語っている．「それ以前は，必要ないと思っていたことを，こんどは人々は考えはじめたのです．自分たちがなにを食べるか，子どもになにを食べさせるか．健康に危険なものはなにで，安全なものはなにか？　ほかの場所に引っ越すべきか，否か？　ひとりひとりが決めなくてはなりませんでした」［アレクシエービッチ 2011: 186］．とはいえ，原発事故は，実際にはソ連的な集団主義を生きていた人々にとってのみ衝撃的なのではなかった．2010年代の日本は，個人主義の浸透という面では1980年代のソ連と比較にもならないが，原発事故が突きつけた「ひとりひとりには個人の生活がある」という事実さは同じくらい重いものだったと考えられる．

　この点からみて，「つくば映像アーカイブ」の撮影を，郡山市からの避難者である田部が担当したのは非常に有意義なことであった．原発事故前までは郡山の「田部商店」の経営者として，また事故の後には自主避難者

として，常に個人が自分で考えて対応しなければならない立場から生活を送ってきた田部は，ただ映像制作の専門家として撮影に臨むのではなく，インタビュー対象となった方々と，カメラを間に置いて一人の個人として深い対話の作業を行った．こうした姿勢は「つくば映像アーカイブ」で田部氏が採用した映像的アプローチにも見てとることができる．背景を極端なまでに簡素化することで，その映像は個人個人の語りと表情，そしてその奥にある頭の中のイメージを鮮やかに伝えてくれるものになったのである（この点については第3章も参照）．

3.2　白と灰色——帰還先としての福島

ところで，福島からの避難者の方々が置かれてきた状況を考えるためには，避難元であり，理論上の帰還先である福島の状況についても概観しておかねばならない．「避難」という状態は，そこから脱して到達するべき「未来」と常に表裏一体の関係にある．その「未来」が不確定ないし不安定であり続ける限り，避難生活もそのまま不確定ないし不安定なものであり続ける．

「白」と「灰色」のイメージはこの状況を把握するうえで助けになるだろう．一方で，原発事故から数年が経過した現時点においては，組織的な除染などの結果，帰還困難地域を除けば，住民の日常の生活圏とみなされる場所の多くで空間放射線量は大きく下がってきている．福島県の広い範囲の地域が「白」に向かって推移してきたのは現実であり，そうした流れの中で，環境省と福島県の共同運営による「除染情報プラザ」は2017年に「環境再生プラザ」と改称されている．しかしこうした見方が一面的であり，堭実を一定の手続きによって表象化する中でのみ明瞭に立ち現れてくる見方にすぎないこともまた事実である[15]．現実の自然には，山や谷や川や森があり，様々な土壌があり，様々な建造物や土地利用の形態がある．とりわけ広大な森林地域については，本格的な除染作業を行うことはおそらく永遠に不可能である．その意味も含め，放射性物質が生み出す様々な濃淡の灰色のまだらは，帰還困難区域の内外で，依然として大きく残存していると考えざるをえない．

農学者の森敏と写真家の加賀谷雅道は，2011年から様々な物の放射線を特殊な方法で画像化してきたが，2015年と2016年に浪江町の森林や道

路端で採取された植物の放射線像は，そうした状況の一端を印象的な形で示すものである．モミの幼木やイラクサ，フキノトウやスイカズラなど，様々な植物——新たに生えたばかりのものも含む——の全身が放射線によってくっきりと灰色に映っており，しばしば茎や芽，また蕾のあたりが濃い灰色になっていたりする．放射性物質が森林の地中に潜り，植物がそれを吸い上げて成長し，そしてまた朽ちて土に戻ってゆくというサイクルが出来上がっているのだ[16]．これらの事例をそのまま一般化して考えることはできない．しかしそれらは確かに，福島の自然から「灰色」が濃淡はともあれ消え去っていないことを明らかに示すものである．もちろん，厳格な放射性物質検査体制のもとで福島で生産され，実際に市場に流通してきた農産物に関してははっきり「白」であるといえる．しかしそれは福島の農業が原発事故前の状態に戻ったことを意味するのではない．果樹生産などは全体として良好な状態であるものの，例えば稲作に関しては，少なからぬ耕作地で，カリウム施肥という費用のかかる——かつ品質向上の障害となる——対策を継続することで規制値以下の状態が維持されている．また，森林と関わりの深いシイタケの栽培やキノコ・山菜の採取については非常に困難な状態が続いている[17]．

　かりに将来，空間放射線量という観点からみて，「灰色」が完全に「白」となったとしても，それで前と同じ状態になるわけではない．参考例を挙げるなら，アメリカのエンディコットでのIBMによる環境汚染——福島の場合よりもはるかに規模の小さなケースだが——についての人類学的研究は，科学的見地からは環境汚染の影響が消え去った後にも，その心理的・社会的影響が様々な形で持続しうることを明瞭に示している[18]．「灰色」か「白」かというのはいわゆる科学的基準だけで決まるのではない．それがあらゆる可能な意味において「白」になる——これが元通りになるということである——ためには遠大な時間が必要である．そこにはもちろん，人々が「灰色」の脅威に直面する中でその内側に深く降り積もってしまったトラウマの問題も含まれる．

　「ある場所で暮らすこととは，そこにある物事や人々との繋がりの中で暮らすことである」と，先に私は書いた．帰還するということは，依然として灰色のまだら——心理的・社会的意味も含めて——が存在する場所にあえて戻り，各方面で分断してしまった物事や人々との繋がりを，そこで

ほとんどゼロから作り直すということである．例えば，原発事故以前の福島の農村部の人々にとって，キノコや山菜といった自然の恵みを享受することが，経済的な意味でも，また生きる楽しみという意味でも重要な意味を持っていたことはよく指摘される[19]．福島への帰還に関して留意すべき本質的な点は，帰還を考える人々の一人一人にとって，帰還したのちの生が——多大なやり直しの努力の末に——再び「生きるに値するもの」になりうるか否か，ということにほかならない．

3.3 様々な行方

「つくば映像アーカイブ」に戻ることにしよう．このアーカイブを構成する一連のインタビューが撮影されたのは，原発事故から4年から5年が経過した時期であるが，福島からつくばに避難した人々は，時間の経過の中，各々が自らの状況に即して選択を行い，自らの道を歩むことになってきていた．「ルピナスの会」の二ツ森氏は，事故後4年余りの時点でのインタビューにおいて，「現状においては，一人一人の福島のお母さんたちを取り巻いている今［の状況］ははっきりと分かれてきています」，「最初の頃は一つのグループとして成り立っていた形が，今は10人いれば10人違った状況になっているので，その10人に合わせた対策や支援が必要になっていることは大きな課題です」と述べている．

そうした中，つくば市における避難者の間では，特に帰還困難区域からの避難者を中心に，つくばやその周辺に住むことを決意した人が多い．双葉町つくば自治会の中村氏は，2016年のインタビューで次のように述べている．

> もう事故以来5年目に入っておりますから，「もう帰れない」ということで完全に踏ん切りをつけて，避難所の公務員宿舎を出ていく——9割以上はこの近辺に出ていっている．（……）並木［地区］ですと当初47所帯だったのが現在23所帯に減っている（「アーカイブ」）．

「うつくしま体操教室」の参加者である避難者の方の一人は，つくばで形成することのできた様々な繋がりが大事なものになっていることを述べる．

> 帰る場所はないし，家は戻れないから．家をとは思ってはいるんですけれど，つくばを離れるのがちょっと．……みんなと仲良くなったから……（『立場ごとの正義』）.

しかしながら，もう一方で，様々な理由からそうした選択肢に進むのが困難な人々——賠償金を受けていない自主避難者の人々，母子避難者の人々なども含めて——も存在する．2015年の時点での「ルピナスの会」の二ツ森氏の言葉を再び引いておこう．

> 帰宅困難区域の方たちは，ある意味次のステップを踏んで，お家を探していたりとか，新しいお家に移ったりとか，今の仮設住宅から引っ越している方も多いですね．かといってそうできない方もいます．（……）自立できる方はまだいいかもしれないですけれど，ずっと同じところで足踏みしている方もいますから，そういう方たちを置き去りにしないで欲しいと思います（「アーカイブ」）.

「ひとりひとりには個人の生活がある」のであり，帰還について一般的な正答はどこにも存在しない．原発事故による避難という大きな困難から脱け出そうとする一人一人の努力は，どの方向に向かうのであれ，それぞれの度合いにおいて正答でしかないはずである．そしてその努力は——本当に支えが必要である限り——支えられるべきものであるだろう．しかし，そうした個人個人の努力を，通常はマクロなレベルでのみ語られる，「福島の復興」と結びつけて考えることは可能なのだろうか．

3.4　生きるための資本

この問題を人類学的視点から考えるうえで助けになると思われるのは，19世紀末から20世紀初頭に活躍したフランスの社会学者ガブリエル・タルドの思想である．タルドはその晩年の著作『経済心理学』（1902）において，アダム・スミスから新古典派までの経済学理論を一方で見据えつつも，それとは全く異なる地平において経済についての独自の考察を行った．ここで詳述する余裕はないが，そのアイデアの核心の一つはタルド独特の資本の概念にあるということができる．

資本とは，一般的には，新たな生産物を生み出すための物質的基盤であり，主として貨幣の形をとるものとして理解されている．タルドはそれに対し，そうした物質的な形での資本はむしろ非本質的な要素と考えるべきだと論じる．この一見奇妙な主張を，（タルド自身による）植物の比喩をもとに考えてみよう．植物の生長にとって，「養分」は不可欠なものであるが，しかし生長のために植物が受け取る実際の栄養自体は様々に代替可能なものであり，その意味で「養分」は必然的でない，言い換えれば非本質的な要素である．ある植物が生長するための代替不可能な本質的な要素は，タルドによれば，「養分」ではなくて，「胚」なのだ．では経済活動における本質的な意味での資本――植物の「胚」に当たるもの――は一体何だろうか．タルドのみるところ，それは「発明」の集積である．ここで「発明」とは，人間がその「才気と意欲のある精神」によって生み出してきた様々な物事の結び合わせ――この物とあの物，この人とあの人，この欲望とあの商品を結びつけてそれに形を与えるような知――である．この「発明」の集積を土台としてはじめて，物質的資本が活用され，経済活動が行われうるのであって，タルドによれば，経済学はこの基本的事実をきちんと理論化してこなかったのである．このようにして，貨幣の量から「発明」の集積へと考察の焦点を移動することは，もちろん「経済」という現象全体をまったく別の角度から捉えることでもある．あらゆる意味で人々や物事が結び合っていくこと――貨幣価値として換算できないものを含めた，あらゆる結び合い――によって形成される「経済」の領域とは，人間の「生」そのものの領域と重なるものだといってよい．その意味で，タルドにとっての資本とは，「生きるための資本」とでも呼びうるものである[20]．

　こうした見方にもとづいて「復興」について考えてみよう．物質的な資本は，タルド自身も述べるように「川や海の氾濫などの自然の大災害や，戦争による略奪など」によって破壊されうる．しかし，もしそこで，人々が物事を組み合わせる様々な仕方――様々な「発明」ないしその手がかり――を知っているならば，それを手がかりに，物質的資本を何らかの形で手繰り寄せつつ，新たな形で経済活動を取り戻してゆくことができるだろう．もちろん復興のための物質的手段を提供することは不可欠である．しかしそれは復興そのものではなく，復興のための「養分」を与えることに

すぎない．復興とは，人々が「才気と意欲のある精神のもとで」それぞれの場所で——たとえ灰色地帯であろうとも——根を張り，茎を伸ばし，葉を広げていくことである．そのことは，個人個人としての人々が，各々の中で蓄えてきた「様々な物事の結び合わせ」を活かし，それを自ら育ててゆくことによってはじめて可能になるはずである．そして大事なのは，このような見方のもとであれば，原発事故の被災者，避難者の一人一人がそれぞれの仕方で，何とか物事を結び合わせてきた過程を，集合的な意味での「復興」と関連させて考えることができるという点である[21]．

　タルドの資本概念は長い間，ほとんど忘れられてきたものである．しかし，これに似た考え方がなかったわけではない．とりわけ興味深いのは，重大な環境汚染を経験した熊本県水俣市の人々の間から，タルドの資本概念にきわめて類似した考え方が生まれてきていることである．例えば水俣市役所の職員であった吉本哲郎は，「地元学」という新しい営みを提起し，壊れてしまった人と人の関係をやりなおす「もやいなおし」を土台に，「人の元気」，「自然の元気」，「経済の元気」を作っていくための具体的な方途を提示している［吉本 2008］．タルドの経済心理学と「地元学」のような考え方のこうした符合は，とりわけ復興の問題を考えるにあたっては，「経済とは何か」を根本から捉え直すような視点がきわめて重要であることを示唆するものであるだろう．

4　灰色の近代の中で——公共について

4.1　災害と開発の結びつき

　ところで，災害人類学の周辺で近年論じられてきたテーマの一つとして，災害と開発の関係がある．災害後の復興過程が再開発の過程でもあることは明らかだが，実は両者はそれ以外にも複雑な形で絡み合っているというのだ［Oliver-Smith (ed.) 2009］．例えば，2005 年のアメリカ合衆国におけるハリケーン・カトリーナの被害をめぐる研究は，ニューオーリンズで甚大な被害があった背景として，災害以前の港湾開発で，環境条件が大きく変化していたことを指摘している．つまりそこで開発は自然災害に先立ち，その一因となっていたのである．他方，開発のために——例えばダム建設によって——強制的に移住させられた人々に関する人類学的研究は，そう

した人々の状況が災害で移住を強いられた人々の状況と類似していることを示している．両方の場合において，住居や仕事を失い，近所づきあいやコミュニティを失ったうえ，新たな精神的・身体的な問題を抱えたり，無力感に襲われたりすることが見出されるのである[22]．

　この議論を踏まえるなら，原発事故やその後の状況は，それ以前の福島県における開発の歴史の全体——もちろん浜通りでの原発建設を含めた——との関係の中ではじめてよく理解できるものだといえる．社会学者の開沼博は，福島県浜通りの原発関連施設を抱える地域住民にとって，原発との共存は，単なる中央からの押しつけというより，むしろ人々の「自動的かつ自発的な服従」による「特異な『安定状態』」であったこと，そしてそうした状況が，それ以前の常磐炭田の存在や奥只見ダムの建設などとの連続線上の中で生まれてきたことを論じた［開沼 2011］．こうした見方は学問的分析の中でだけみられるものではない．例えば，福島県職員として原発推進に取り組んだ佐藤静雄氏は，NHKによるインタビューで，只見の電源開発と浜通りの原発が戦後日本の経済成長を支えてきた役割を強調し，「やっぱり福島県は日本の復興，それから日本の興隆，それの栄えの源になったな，原動力になったなという自信と自負は今でもあります」と述べている[23]．

　双葉町つくば自治会の中村氏は「つくば映像アーカイブ」の中で，浜通りにおける放射線被曝の影響について次のように語られているが，それは災害前と災害後の連続性を，別の形で指摘するものでもあるだろう．

> 昔からあったのよ．双葉なんて甲状腺はいっぱいいる．一家に2，3人いる，甲状腺悪いのは．ガンまではいかないけどね，甲状腺の薬飲んでいるから．だから昔から漏れてるの——あの事故以来漏れてるんじゃないんだよ，漏れてたのを言わないだけで．原発があるっていうのはそういうことなんだよ．あの事故以来だけではない．（……）ほとんどの人は原発のおかげで生計を立ててた．原発さまさまなんだから．だからいまだに「東電のおかげ」という人が除染作業したり，やってるの．本当にそう思って一生懸命やってるの．自分たちの責任と思ってほんと死ぬ覚悟でやっているからね，作業員は（「アーカイブ」）．

この意味では，灰色地帯というのは実は原発事故の前からあったと言うことができる．そして，そうした現実が日本の近代と表裏一体であることを考えるならば，灰色なのは日本の近代全体，さらに言えば，近代一般であるともいえるだろう[24]．

　実際，こうした状況を何か日本特有のもののように考えるのは誤りである．フランスの人類学者フランソワーズ・ゾナベントは1980年代後半，ラ・アーグ再処理工場やフラマンヴィル原子力発電所などの施設が集中する，フランス北部のコタンタン半島で，現地の人々——労働者も含む——と原子力の関係をめぐるフィールドワークを行った．ゾナベントがそこで見出したのは，もとより農耕に不向きな痩せた土地，かつてフラマンヴィルの近くにあった海底鉱山の閉山，この地域に進出した企業の経営不振といった背景のもとで，当初は国によって一方的に導入された原子力施設との共存を，地元の人々が次第に積極的に受け入れていった状況であった．地元の人々の多くは原子力施設の内部で働くが，彼らの中には，大量被曝の危険を冒してでも様々なトラブルに必死で対処しようとする人が少なくなかった．また，長年原子力施設で働いたのち，放射能が原因として疑われるような病気になっても，むしろそれを隠し，労災の申請を避けようとする傾向すらあった．労働者の一人はゾナベントに次のように言った．「親父たちは鉱山で働いて死んだ．俺たちも自分の命を危険にさらすんだ」[Zonabend 2014][25]．

4.2　「自立」と「公共」

　最後に，「つくば映像アーカイブ」の中にある，同じ中村氏の「復興」についての言葉にコメントしながら本章を閉じることにしたい．先に述べたように，つくばに避難した双葉町の人々の多くは，つくばとその周辺で自立することを決意し，仮設住宅として提供された公務員宿舎を出ていった．これについて中村氏は次のように述べている．

　　引っ越していくということは，私たちは歓迎すべきことだと考えております．自立をするということですから．そしてその地元で税金を払って当たり前の生活をする．これが理想だと思います．

私たちは避難しているけれど,「避難民」ではない,「復興民」だと思っている……(「アーカイブ」).

　ここで私が思い起こすのは,田中正造が「自立」に関して持っていた考えである.小松裕によれば,田中正造にとって「納税とは,自分が属する地域社会や国家を支えていくための,すぐれて能動的かつ『公共』的な行為であった」.彼はまた,道路開鑿のような大きな公共事業が行われる場合には,なるべく地元住民がその費用を自発的に負担すべきであると主張したが,この主張は当時の栃木県会において全会一致の賛同を得たということである(田中正造はこうした考えを「どこまでもじぶんでやるせいしん」と呼んだ)[以上,小松 2013: 69-72][26].もし,中村氏の言葉をこの田中正造の思想の延長線上で捉えるならば,次のように言えるのではないだろうか.そこで言われている「自立」とは,今日の(日本および世界の多くの国々の)政府が外側から人々に要請する「自立」——社会科学的な言い方をすれば(新)自由主義的な主体化——ではない.むしろ,内側から湧き出てくるような,自己肯定としての「自立」である.そして,そのような「自立」を土台としてはじめて,小松が解説するように,納税は能動的かつ「公共」的な行為となるのだ.

　災害は,物質的資本を破壊すると同時に,人々が災害前まで持っていた現実上の「物事や人々との繋がり」の大部分をも破壊してしまう出来事である.賠償や物質的補助は——それが与えられる場合には——資本の物質的部分を回復するうえで確かに根本的に重要だが,しかしそれだけでは人々は無力化されたままある.大事なのは,そうした破壊の後に人々の内側になおも潜んでいる「胚」としての資本が活気づけられ,それが周囲の人々や事物——避難元に戻るのであれ,避難先に定住するのであれ——と再び接続していくこと,そうやって生が根を張り,茎を伸ばし,葉を広げていくことである.上で引いた中村氏の主張とは,「避難民」である限りは無力化された存在にすぎないのであり,だから避難者はむしろ,自らの生を意味あるものとするために「自立」に向かって努力する,「復興民」として扱われるべきだ,ということだと考えられる[27].ここでの「復興」とは,上から与えられた筋書きのもとでの全体的復興ではなく,個人個人が各々の内に持った「資本」を活かして,様々な新たな物事の結び合わせ

を作ってゆく無数の過程の総体である（その中で，二ツ森氏の言葉にあったような，それぞれの事情の中で「ずっと同じところで足踏みしている方」に対しての，「自立」に向けての支援もなされ続けるべきだろう）．そのようなすべての過程を含めた意味での，総和としての「資本」——貨幣に換算しうるものだけでなく，潜在力のすべてを含めた意味での——を，与えられた現実的条件のもとで可能なかぎり増やしていくことこそが，最終的には，本当の意味での集合的復興になるのではないだろうか．そして公共人類学は，そうした過程の一部に具体的な形で参与しながら，生きられた総体的過程としての復興について考察し，提案を行っていくことによって，重要な貢献をなしうると考えられるのである．

注

1) アレクシエービッチ［2011: 29-30］．スベトラーナ・アレクシエービッチは，インタビュー素材を分厚くモンタージュした一連の著作——その文学的手法はジャン・ルーシュの映画におけるシネマ・ヴェリテの手法を想起させる——により，2015年にノーベル文学賞を受賞している．
2) つくば市における避難者支援に関しては，武田による第2章の詳細な記述を参照．「つくば映像アーカイブ」は，自身が継続的に避難者支援に当たってきた武田が，震災の4年後から5年後にかけ，つくば市における様々な支援の経験を記録に残して将来の被災者支援の参考になるようにしたいという思いを原点に，関谷雄一との連携のもと，田部に映像の撮影・編集を任せる形で制作した，当事者へのインタビュー映像集である．きわめて限定的な形ではあったが私自身も制作過程の一部に参与し，その中で武田と田部から直接多くのことを教えていただいた．本章における私の考察の少なからぬ部分もお二人からのご教示に触発されたものである（特に自主避難者としての田部の洞察によって刺激された部分は大きい）．もちろん，本章の内容に関するすべての責任が私にあることは言うまでもない．
3) 「灰色地帯」とは，二人の著者が『哲学とは何か』の原文で用いている zone grise という言葉を訳したものであり，これは両著者による「識別不能地帯 zone d'indiscernabilité」とほぼ同義の言葉である．邦訳では zone grise は「グレー・ゾーン」とカタカナで訳されている［ドゥルーズ，ガタリ 1997: 153, 156, cf. 6-7］．
4) 疫学者の津田敏秀は，「原因と結果は実在世界，しかし因果関係は言語世界」であるということが十分認識されないことの問題を指摘しているが，これは低線量被曝の問題を考える上で非常に重要だと思われる［津田 2011］．
5) この考察は筆者によるイメージ概念を軸とした人類学の再構築に基づくものである．

詳細は箭内［2018］を参照．

6）映像素材を多く含んだこのウェブサイトは，「東京電力福島第一原子力発電所事故つくば市での避難者支援この5年（2011-2016）」と題され，2016年に公開された（http://sites.anthro.c.u-tokyo.ac.jp/tsukuba）．

7）https://vimeo.com/bunkou/tachibagotonoseigi より視聴できる（第3章冒頭のQRコードからもアクセス可能）．

8）本章では，武田直樹・関谷雄一・田部文厚のプランに従って撮影された記録映像の全体を「つくば映像アーカイブ」と呼んでいる．この全体は，A．ウェブサイト（注6）を参照）に掲載された映像，B．『立場ごとの正義』（注7）を参照）で使われている映像，C．どちらにも収録されていない映像，の三つに分けることができる（ただし，BではA部分的にAの映像も使われている）．以下では，このBに属する映像の内容については『立場ごとの正義』として，Cに属する映像に言及する場合は「アーカイブ」として引用することにする．

9）想像を絶するような出来事に直面した人間が，自らの危険をしばし忘れてそれに魅入られるという経験は，『チェルノブイリの祈り』の中でも語られている．「暗赤色の明るい照り返しが，いまでも目のまえに見えるんです．原子炉が内側から光っているようでした．ふつうの火事じゃありません．一種の発光です．美しかった．こんなきれいなものは映画でも見たことがありません．（……）ひと目見ようと何十キロもの距離を車や自転車でかけつけた人たちもいた．私たちは知らなかったのです．こんなに美しいものが，死をもたらすかもしれないなんて」［アレクシエービッチ 2011: 168］．

10）「アーカイブ」という注記の意味については注8）を参照．

11）これについては，長谷川 2012a，2012b を参照．

12）「うつくしま体操教室」の活動については，古屋ほか［2016］に詳細な報告と考察がある．この体操教室での様子は，『立場ごとの正義』に挿入された映像によっても垣間見ることができる．

13）アレクシエービッチ［2011: 185-6］．傍点は引用者による．

14）これは，原発事故によって飯舘村からの避難を余儀なくされ，自らが経営する「極久里珈琲」を福島市に移転された市澤秀耕氏も自らの経験をもとに強調されていた点である（2016年3月6日「学び旅」．また市澤・市澤［2013］も参照）．

15）この「現実を一定の手続きによって表象化する」こと――例えば一定の仕方で放射線量を測定すること――が，放射線（それ自体が不可視であるところの）の問題を二重に不可視なものにする，という点については，ベラルーシでの科学技術論的研究にもとづくオルガ・クチンスカヤの「二重の不可視性（"twice invisible"）」の議論を参照（Kuchinskaya 2014）．

16）これらの写真はiOS/Android上のアプリ「放射線像」の中に収められている（http://www.autoradiograph.org）．なお，2013年までの写真は森・加賀谷［2015］に掲載されている．

17）原発事故から5年以上が経過した時点での福島における農業の状況については根

本編（2017）を参照．編者の根本は自ら執筆した章において「もともと農業とは家族の生活に必要な食料を自ら生産する営みであり，販売は自家消費の余りが出た時に限られるのが原則であった」と指摘し，「山菜やキノコを含めた里山の生態系全体のセシウム汚染をなんとかすることが必要」だと論じる［根本編 2017: 34］．農業という活動を市場に出回る農産物だけを見て考えてはならないのである．

18）アメリカのニューヨーク州エンディコットは IBM の発祥地であるが，2002 年まで半導体の洗浄のために使われていたトリクロロエチレンが発ガン性物質であることが判明した．そこで IBM は，工場を移転するとともに，各家屋に設置された汚染軽減装置によって地中の有毒物質を屋根の上から放出するシステムを作った．科学的説明に従えば，これによってガンのリスクは完全に消えたことになる．しかし住民にとっては，汚染軽減装置の存在はまさに，自分たちが有毒物質とともに暮らしていることを常に想起させるものである．さらに，汚染地域エンディコットのイメージは広く行き渡っており，不動産価格が大きく下がっているため，住民は家を売却して移住することもできないのである［Little 2012］．

19）濱田・小山・早尻［2015］，除本・渡辺編［2015］，関編［2015］を参照（特にこの最後の論文集における佐治靖の広野町でのニホンミツバチの伝統養蜂についての議論は興味深い）．

20）ここでは，タルドの『経済心理学』の中のアイデアと言葉を本章の議論の文脈に合わせつつ再構成している［Tarde 1902: chap. VII］．なお，タルドの社会理論については箭内［2018］の第 8 章の中でより広い視野から展望を行った．なお，この「生きるための資本」は，人間を含めて広く事物一般についての潜在的関係の全体に焦点を当てているという意味で，いわゆる社会関係資本とも質的に異なるものである．

21）関満博は，『東日本大震災と地域産業復興』と題された一連の著作の中で，被災地域の中小企業を担う人々が困難の中で新たな事業展開を行っていく様子を描写しているが，それらの著作は，通常の意味での経済的次元を超えて，「物事と人々との繋がり」の再創造としての復興の過程を考える手がかりにもなるように思われる．例えばこのシリーズの第 3 巻では，震災までに築き上げた関係を失ってしまった楢葉町の中小企業が，福島第一原発の廃炉作業や周辺地域の除染作業が始まったことを新しいビジネスチャンス――言うなれば「結び合わせ」の機会――と捉えて動き始めた様子が描写されている［関 2013］．

22）以上については，オリヴァー＝スミス編著の論文集 *Development and Dispossession*［Oliver-Smith (ed.) 2009］の，特にグレゴリー・バトン（Gregory Button）による第 12 章が参考になる．災害と開発の結びつきに注目する視点は，この本の編者オリヴァー＝スミスの研究の原点となった，1970 年のペルーの雪崩災害の民族誌的研究［Oliver-Smith 1986］にもすでに見ることができる（その詳細については箭内［2018］第 9 章も参照）．

23）このインタビューは 2014 年 1 月に NHK で放映された番組「第 5 回　福島・浜通り　原発と生きた町」（シリーズ「日本人は何をめざしてきたのか」2013 年度）の制作時に収録されたもので，インターネット上で公開されている［NHK 2014］．

24) ここでウルリヒ・ベックの「危険社会」の概念——私は彼の議論の全体に賛同するわけではないが——を想起するのは有益なことであるだろう．
25) ゾナベントは 1987〜1989 年にフィールドワークを行い，この本の初版を 1989 年に刊行している．ここで参照したのは 2014 年に著者による（福島での原発事故にも言及した）新たな序文とともにフランスで出された新版だが，初版には英訳もある（F. Zonabend, *The Nuclear Peninsula*, Cambridge University Press, 1993）．なお，この重要な民族誌に関しては，箭内［2018］の第 9 章でも詳しい紹介を行った．
26) 田中正造が 20 世紀初頭にある意味で民族誌的フィールドワークにも似た営みをもとに掘り下げた「谷中学」は，水俣学や福島学の原点であるのみならず，日本の——および世界の——公共人類学が，（人類学内部における「自然の人類学」のような今日的展開を考え合わせつつ）将来も立ち戻ってゆくべき企てだと言えるだろう．
27) この点は，注 22 で触れたペルーの雪崩災害に関するオリヴァー＝スミスの民族誌［Oliver-Smith 1986］の一節をも思い起こさせる．ペルーの被災者たちは，様々な支援を政府から受けたものの，「政府は何もしてくれなかった」ことを何度も声高に主張した．彼らが言いたかったのは，政府の支援は彼らの生存のだけに向けられており，彼らが本当の意味で前向きに生きていけるような環境は全く自力で立ち上げるしかなかった，ということであった．付け加えれば，注 12）で触れた椏久里珈琲の市澤秀耕・美由紀夫妻もまた，「避難している人たちがやる気になるような復興」が全くなかったことが心の奥底にまで怨念のように残ってしまったことを率直に語っておられた（2017 年 11 月 3 日「学び旅」）．

参考文献
【和文文献】
アレクシエービッチ，スベトラーナ（2011）『チェルノブイリの祈り——未来の物語』松本妙子訳，岩波書店．
市澤秀耕・市澤美由紀（2013）『山の珈琲屋　飯舘　椏久里の記録』言叢社．
開沼博（2011）『「フクシマ」論——原子力ムラはなぜ生まれたのか』青土社．
小松裕（2013）『田中正造——未来を紡ぐ思想人』岩波書店．
関満博（2013）『「人と暮らしと仕事」の未来——東日本大震災と地域産業復興Ⅲ 2012.8.31〜2013.9.11』新評論．
関礼子（編）（2015）『"生きる"時間のパラダイム——被災現地から描く原発事故後の世界』日本評論社．
津田敏秀（2011）『医学と仮説——原因と結果の科学を考える』岩波書店．
ドゥルーズ，ジル／フェリックス・ガタリ（1997）『哲学とは何か』財津理訳，河出書房新社．
NHK（2014）「福島県職員として原発推進と地域振興に取り組む——佐藤静雄さん」（戦後証言アーカイブス）http://cgi2.nhk.or.jp/archives/shogenarchives/postwar/shogen/movie.cgi?das_id=D0012100040_00000

日本経済新聞（2017）「福島第 1，敷地の 95% で全面マスク不要　廃炉作業の環境改善」2017 年 6 月 21 日 https://www.nikkei.com/article/DGXLASDZ21HLZ_R20C17A6TJ2000/

根本圭介（編）（2017）『原発事故と福島の農業』東京大学出版会．

除本理史・渡辺淑彦（編）（2015）『原発災害はなぜ不均等な復興をもたらすのか——福島事故から「人間の復興」，地域再生へ』ミネルヴァ書房．

長谷川聖修（2012a）「私の考えるコーチング論——競わないスポーツ領域におけるコーチングの可能性」『コーチング学研究』25（2）: 121-126．

長谷川聖修（2012b）「『動き泥棒』が見えますか」『東書 E ネット』（東京書籍「先生のための教育資料データベース」https://ten.tokyo-shoseki.co.jp）掲載．

濱田武士・小山良太・早尻正宏（2015）『福島に農林漁業をとり戻す』みすず書房．

古屋朝映子・檜皮貴子・鈴木王香・高橋靖彦・長谷川聖修（2016）「震災避難者の語りからみる体操教室参加の意味づけ——福島県双葉町から茨城県つくば市への避難者の事例から」『コーチング学研究』29（2）: 139-148．

ベック，ウルリヒ（1998）『危険社会——新しい近代への道』東廉・伊藤美登里訳，法政大学出版局．

森敏・加賀谷雅道（2015）『放射線像——放射能を可視化する』皓星社．

箭内匡（2018）『イメージの人類学』せりか書房．

吉本哲郎（2008）『地元学をはじめよう』岩波書店．

【欧文文献】

Kuchinskaya, Olga（2014）*The Politics of Invisibility: Public Knowledge about Radiation Health Effects after Chernobyl*, The MIT Press.

Little, Peter C.（2012）Another Angle on Pollution Experience: Toward an Anthropology of the Emotional Ecology of Risk Mitigation, *Ethos* 40（4）: 431-452.

Oliver-Smith, Anthony（1986）*The Martyred City: Death and Rebirth in the Andes*, Waveland Press.

Oliver-Smith, Anthony, ed.（2009）*Development and Dispossession: The Crisis of Forced Displacement and Resettlement*, School for Advanced Research Press.

Tarde, Gabriel（1902）*La Psychologie économique*, tome I, Félix Alcan.

Zonabend, Françoise（2014）*Presqu'île au nucléaire*, nouvelle éditioon, Odile Jacob.

第 2 章

避難者のセーフティネット作り
から映像アーカイブ制作への発展

武田 直樹

武田直樹は筑波学院大学ビジネスデザイン学科の専任教員兼社会力コーディネーターとしてサービスラーニングや国際協力の専門的研究教育活動を行う傍ら，NPO法人フュージョン社会力創造パートナーズ理事長，茨城県内への避難者・支援者ネットワーク「ふうあいねっと」副代表として，茨城県内における震災・原発事故避難者の支援活動に携わってきた．私は「双葉町7,000人の復興会議」に対する調査活動を通じて武田と出会い，2013年には本書を編集するに至った一連の研究調査活動の始まりである．つくば市における避難者50世帯へのインタビュー調査を二人三脚で開始した．インタビュー調査を通じて関谷は学生とともに避難者への質的調査を実現し，武田はセーフティネット構築の手がかりをつかんでいった．

　現場での実践家である武田の執筆による本章は，詳細な具体的データによって，セーフティネット構築の実際を可視化していく．これは，とりわけ狭義のアカデミズムからの脱出を積極的に志向する公共人類学にとって，多くの示唆を含んだ報告である．（関谷雄一）

1　つくば市への避難者について

　2011年3月11日に発生した東京電力福島第一原子力発電所事故に伴う，福島県民の広域避難により，茨城県つくば市には，茨城県内の市町村では最多の538人（約200世帯）（2017年12月12日現在，茨城県発表）が，いまだに避難生活を余儀なくされている（表1）．なお，茨城県内には，福島県の隣接県ということもあり，全国への避難者34,263人の中でも，東京都に次いで2番目に多い3,473人（2017年12月27日現在，福島県のホームページより）が避難している．特に日立市やひたちなか市などの茨城北部や鹿行地域，茨城県西地域の工業地域には，事業所ごと移ってこられた方が多い．また，土浦市，龍ケ崎市，取手市などの県南地域には，大規模避難所が設置されたこともあり，避難所を出た後もそのまま県南地域に留まった方が多い．

　全国でピーク時に避難者数の最も多かった山形県では，2012年1月26日に13,033人とピークを迎えた後，徐々に避難者数は減少し，2017年12月12日には2,011人とピーク時の15.4%にまで減少している．また，避難者数が2番目に多かった東京都では，2012年4月5日に7,858人とピークを迎えた後，2017年12月12日には4,158人とピーク時の52.9%に，

避難者数が3番目に多かった新潟県では，データを取り始めた2011年6月2日にピークの7,386人が避難していたが，2017年12月12日には2,709人とピーク時の36.7％となっている．一方で，茨城県内避難者数の推移としては，2013年3月7日に4,023人とピークを迎えた後，徐々に避難者数は減少したが，2017年12月12日には3,473人とピーク時の86.3％と，わずか1割強しか減少していないことが分かる（表2）．これは，山形県や新潟県は，被災直後，多くの自主避難者が避難を行ったため，時間が経つにつれ，帰還をする人が増えていったが，茨城県は，茨城大学人文学部市民共創教育研究センター［2017］の調査によると，茨城県への避難者の85％が避難指示区域からの避難であるため避難元に戻れる状態にないこと，また，これら避難指示区域からの避難者の約60％が茨城県内で持ち家（戸建て，共同住宅など）をすでに購入しており住宅確保が進んでいること，また，茨城県に定住する・定住を決めた，とする人が過半数を超えていることから，これらが茨城県内への避難者数に大きな変化がないことの要因として考えられる．

　この中でも特につくば市に避難者が多い理由として，筆者が交流会や戸別訪問などを通して把握したもので，以下のような点が挙げられる．

〈表1　茨城県内への避難者数上位10市町村，2017年12月12日時点〉

	市町村名	避難者数（人）
1	つくば市	538
2	水戸市	405
3	日立市	381
4	北茨城市	343
5	土浦市	200
6	ひたちなか市	193
7	結城市	121
8	取手市	106
9	牛久市	95
10	高萩市	92

〈表2　全国への避難者数上位10都道府県〉

	都道府県名	避難者数（人）	ピーク時の避難者数（人）	ピーク時比率（％）
1	東京都	4,158	7,858（2012.4.5）	52.9
2	茨城県	3,473	4,023（2013.3.7）	86.3
3	埼玉県	3,369	4,926（2011.9.8）	68.4
4	栃木県	2,799	2,980（2013.7.4）	93.9
5	新潟県	2,709	7,386（2011.6.2）	36.7
6	宮城県	2,671	2,671（2017.12.12）	100.0
7	千葉県	2,337	3,406（2013.10.10）	68.6
8	山形県	2,011	13,033（2012.1.26）	15.4
9	神奈川県	1,962	3,430（2015.2.12）	57.2
10	北海道	1,127	1,915（2011.8.25）	58.9

1）老朽化した国家公務員宿舎の空き物件が多いため，茨城県が災害直後，まとまって迅速に，応急仮設住宅として確保・紹介しやすかったこと
2）福島県浜通りまで常磐自動車道路を使うと1本で行き来ができ，アクセスが良いこと
3）東京都心までつくばエクスプレスを使うと1本で行き来ができ，アクセスが良いこと
4）双葉町民の一部有志がつくば市内に「仮の町」を作ろうという動きがあったこと
5）気候や文化が福島県浜通りと似ていること
6）親族がつくば市やその周辺にいたこと
7）買い物や病院に行くのに便利なこと
8）ニュータウンでもあるため，近所にそれほど干渉されないこと
9）事故直後，都心に避難した人たちが，さらなる移住先としてつくば市を選んでいること

つくば市民でもある筆者が強く感じることは，つくば市は，バスなどの公共交通機関による移動は不便ではあるものの，マイカーを確保できてい

れば，スーパー，病院，学校などへの利便性や質はとても高いものがある．福島県や東京にも高速道路や鉄道を使って1,2時間で行けるメリットもある．また，大学や研究機関などの多い学園都市でもあるため，特に中心部は学生を始めとした若年層や子育て世代の日本人のみならず世界各地からの外国人の出入りも頻繁にあり，あまり他人に干渉され過ぎることなく，適度な人付き合いの中でマイペースで生活をしやすい面もメリットとしても挙げられる．つくば市内の応急仮設住宅での受け入れが早期に始まったことに加えて，このような街の特徴もさらに避難者の増加に大きく寄与したものと考えられる．

〈吾妻地区公務員宿舎〉

〈竹園地区公務員宿舎〉

〈並木地区公務員宿舎〉

〈松代地区公務員宿舎〉

〈双葉町つくば連絡所〉

2　セーフティネット作り

　これらの多くの広域避難者に対して，受け入れ側となるつくば市側は，行政を始め，大学やNPO，様々な立場の有志が設立した支援団体，既存の団体，避難者自助組織など，民間の支援者，さらには，避難元となる福島県，福島県教育委員会，各自治体などの行政とが，多重に密に連携を図りながら，これまでにそれぞれの強みを活かして多様な支援活動を行ってきた．

　その支援活動は，事故直後の避難所支援から仮設住宅支援へと移行を続け，1995年の阪神・淡路大震災，2004年の新潟県中越地震の際に問題がクローズアップされた孤独死を防ぐための「セーフティネット作り」に力点が置かれるようになった．阪神・淡路大震災の仮設住宅及び復興住宅における孤独死については，兵庫県監察医務室の協力のもと行った調査［田中・高橋・上野 2010］が詳しく，高齢層における不安定居住の長期化と若年層における社会的な孤立化の2つの側面を問題として導き出している点が興味深い．また，神戸市では，震災後の復興施策として，ケア付き仮設住宅に生活支援員を，一般仮設住宅にはふれあい相談員を配置し，見守り体制を作っていった背景から，その後，孤立化の問題を全市的な課題としてクローズアップするまでとなり，各地域包括支援センターに見守り推進員を配置するまで事業を発展させていった［松原・峯本・石井 2015］．

　阪神・淡路大震災以降，災害後の救援活動のみならず，「最後の一人まで」というスローガンのもと，ボランティアが長期的な視点から被災者に「寄り添い」，仮設住宅や復興災害住宅などでの「生活再建支援」「コミュニティ再形成支援」，さらに，被災地に拠点を置きながら，地域課題を解決すべくまちづくりにまで関わる「復興支援」にまで踏み込む姿が注目を浴びるようになり，支援のあり方に変化をもたらした［稲垣ほか 2014；菅・山下・渥美 2008］．

　東日本大震災では，多くの仮設住宅で集会室が設けられ，茶話会や体操教室などのサロン活動などに利用されることで，入居後の孤立防止，コミュニティ創出に力が注がれてきた．

　また，福島県外への避難者に対しては，福島県，双葉町，大熊町，浪江町，富岡町は復興支援員を配置し，セーフティネット支援，コミュニティ

創出を図ってきた．さらに，福島県は，2012年度から福島県ふるさとふくしま帰還支援事業（県外避難者支援事業）（2016年度から，福島県ふるさとふくしま交流・相談支援事業（県外避難者支援事業），2018年度から，福島県県外避難者帰還・生活再建支援補助金に名称変更）を開始し，福島県外への避難者の戸別訪問活動，交流会活動を通したセーフティネット支援，コミュニティ創出に寄与する活動を行う団体に補助金交付を行ってきた．

筆者自身も，筑波学院大学の社会力コーディネーター（地域連携担当），NPO法人フュージョン社会力創造パートナーズ理事長，県内約30の支援団体で設立した茨城県内への避難者・支援者ネットワーク「ふうあいねっと」副代表，といういくつかの立場で，前述した福島県外避難者支援事業の補助金などを活用することで，つくば市を中心に茨城県内全域での避難者支援活動に関わり続けてきた．

これらの背景を基に，つくば映像アーカイブでは，福島県からつくば市への避難者を支援してきた多様な団体による支援活動について，可視化し，紹介することが大きな狙いとなっている．多様な支援団体による個性あるセーフティネット作りの動きは，「人の繋がり」作りに重きを置いている点で，通常見えにくいものである．アーカイブ化は，その多様な団体，また，各団体のセーフティネット作りの工夫や課題をあえて可視化し，映像に残していくことで，つくば市での福島第一原発事故の広域避難者支援について語り継ぎ，今後の災害の教訓にしていくことを目指している．

セーフティネットとは，「安全網」と訳され，網の目のように救援策を張ることで，全体に対して安全や安心を提供する仕組みのことである．主に行政による生活や雇用に対する経済的な制度について使用されるが，最近では，人的ネットワーク「人の繋がり」そのものに対して使われることも多くなってきている．その存在そのものにより，人が失敗を恐れず勇気ある行動を取ることができるなど，安心感が与えられることによる効果も期待できるものである．

筆者が広域避難者支援によるセーフティネット作りの可視化を，あえてつくば市に映像制作フィールドとして選んだ理由は，単に避難者数が茨城県内で一番多い，筆者の地元であるという理由だけではない．発災直後から全国的に広域避難者に対する支援が十分に行われきたとは言い難い中で，第一に，災害時という緊急的な状況にありながらも，多様な官民が協働し

ながらセーフティネットを作り，避難者支援に一丸となって取り組んできたこと．第二に，その取り組みが，少なからず，茨城県内他自治体での支援活動の広がりの後押しをした，と強く感じたためである．そして，このつくば市での各団体による取組を映像アーカイブに残すことで，次なる災害においても，広域避難者を，個々の強みを活かしてどのように支援をしていけばよいのか，今後の参考になると考えたからである．

避難に伴う東京電力による精神的賠償，災害救助法に基づく仮設住宅の無償供与，国土交通省による高速道路料金の無料化措置，などの経済的な支援も一定程度，避難先での生活を支える大きな役割を果たしてきたと考えるが，同時に，避難者が避難先で孤立することなく生活できるための精神的な支援も重要である．

例えば，世界銀行のセーフティネットプログラムを見ると，特に途上国における貧困層の教育，健康，食，雇用創出の支援などを通した収入向上といった，経済的な支援にのみフォーカスが当てられており，この点でも，「人の繋がり」作りという面には，まだ十分にフォーカスを当てられていない実情がある（The World Bank ホームページより）．

3 映像アーカイブ制作

2015 年 3 月から 2016 年 3 月の間，約 1 年をかけて，つくば市内で様々な立場から支援活動を行ってきた次の主要な 17 の支援団体にインタビュー撮影を行った．

3-1 避難先

(1) 行政

①つくば市総務課

つくば市への避難者支援の中核としての役割を担っている．つくば市主催，または，民間との共催で交流会を行ったり，戸別訪問活動，つくば市内で開催される各種イベントへの招待，つくば市内の避難者数の把握，などを行っている．

②茨城県防災・危機管理課

　茨城県への避難者支援の中核としての役割を担っている．応急仮設住宅の提供，福島県・福島県各市町村・茨城県各市町村との連絡調整，茨城県内の避難者数の把握を行っている．

(2) 大学

①筑波学院大学

　つくば市を主に茨城県内への避難者に対する支援活動の拠点としての役割を担い，福島県・茨城県各市町村，各支援団体等との連絡調整を行っている．学生や教員が様々な支援活動を行ってきた．

②筑波大学うつくしま体操教室

　元々地域の高齢者対象の体操教室に避難者が参加している．毎年2月に開催される「つくば体操フェスティバル」では，避難者が「相馬流山踊り」「双葉音頭」を披露し，伝統芸能発表・継承の場ともなっている．

③筑波大学学生支援団体 Tsukuba for 3.11

　震災直後に設立された筑波大学の学生支援団体．つくば市への避難者に情報誌「つくしま」の定期発行，交流会主催や避難者主催の交流会運営支援，写真展や勉強会などの啓蒙活動を行っている．主に住友商事の助成金を活用して活動を行ってきた．

(3) 民間

①つくば青年会議所

　震災直後から4月17日に避難所が閉鎖されるまで，つくば市災害ボランティアセンターや企業などと連携しながら，つくば市内の洞峰公園と国際会議場に開設された避難所での炊き出しや物資配布などを行った．

②つくば市社会福祉協議会

　震災直後から避難所が閉鎖されるまで，つくば市災害ボランティアセンターを運営し，つくば市内の洞峰公園と国際会議場に開設された避難所運営において，支援活動やボランティアのマッチングなどを行った．

③NPOフュージョン社会力創造パートナーズ

　つくば市を主とした茨城県南地域で，戸別訪問活動や交流会を行っている．主に福島県の助成金を活用して活動を行ってきた．

④ルピナスの会

　茨城県南地域に避難している福島ママと地元ママの会．茨城県内でも避難児童・生徒の数が最も多かったつくば市立並木小学校・中学校に福島県教育委員会から派遣された教員とも連携しながら，定期的にママ会を開催している．なお，福島県教育委員会は，茨城県のほかに宮城県，山形県，栃木県，埼玉県，新潟県の6県に県外併任派遣教員を派遣してきており，茨城県内には，2012年度から，つくば市と水戸市の2名体制となっている．

⑤介援隊

つくば市茎崎地区民生委員と元民生委員等有志による支援団体. 震災直後, 地区への避難者に対して, 戸別訪問活動や交流会などを実施してきた.

⑥ふれあいサロン千現カフェ

元々つくば市千現地区で行ってきたサロン活動に避難者を招待したことをきっかけに, 交流会活動を行ってきた.

⑦いばらきコープ生活協同組合

各地での避難者交流会で, 茨城県産食材の提供や交流会運営サポート,

組合員の見守り活動，などを行ってきた．

⑧茨城県内への避難者・支援者ネットワーク「ふうあいねっと」

2012年5月30日に設立された，茨城県内約30の支援団体・自助グループによるネットワーク団体．福島県がオブザーバーとなっている．設立当初は，NPO茨城NPOセンター・コモンズに，2014年度より茨城大学に事務局を置いている．茨城県内の支援団体・各市町村との連絡調整を行うのみならず，「ふうあいおたより」を定期的に作成し，県内全避難者に茨城県内各市町村を介して配布したり，交流会を開催している．さらには，全国の支援団体との連携も行うことで，広域的な視点から支援活動を行っている．主に福島県や武田薬品工業，中央共同募金会の助成金を活用して活動を行ってきた．

3-2 避難元

(1) 行政

①福島県避難者支援課茨城県駐在

福島県は発災当初は，福島県災害対策本部が避難者の対応に当たり，活動支援班の中に県外避難者支援チームも編成され，2012年4月からは生活環境部の中に避難者支援課ができた．2015年度からは，企画調整部避難地域復興局避難者支援課に所属を移している．被災直後から茨城県災害対策本部に，のちに防災・危機管理課内に駐在職員を1名常駐させ，茨城県内への避難者への情報提供，相談業務を行うとともに，福島県・茨城県各市町村，福島県教育委員会，支援団体などとの連絡調整に当たっている．県外派遣は茨城県を含めて，避難者の多い，秋田県，山形県，栃木県，群馬県，新潟県，埼玉県，千葉県，東京都，神奈川県，山梨県，長野県，静

岡県，大阪府の 14 都府県に行っている．2015 年 7 月には，茨城県社会福祉協議会に委託し，福島県復興支援員 3 名を配置している．復興支援員は，避難者の戸別訪問，県内各地の交流会への参加，などを行っている．福島県復興支援員は，茨城県を含めて，山形県，栃木県，群馬県，埼玉県，千葉県，東京都，神奈川県，新潟県の 1 都 8 県に配置している．

②浪江町復興支援員茨城県駐在員

　浪江町は 2012 年度から他県避難先の中間支援組織に委託し，浪江町復興支援員の配置を始めた．その年に試験的に山形県と千葉県に配置し，その後，2013 年度には，新潟県，埼玉県，京都府，2014 年度には，宮城県，茨城県，神奈川県，群馬県，静岡県，福岡県に配置を行った．福島県自治体としては最も早い時期に茨城県に復興支援員を配置し，茨城県の中間支援組織，NPO 茨城 NPO センター・コモンズが事業受託，当初は浪江町から茨城県内への避難者 4 名を雇用した．茨城県内各地での浪江町民による自治会作りを目指し，各地での交流会の開催，戸別訪問，相談業務，各支援団体との調整に当たっている．2018 年 4 月からは、青年海外協力協会（JOCA）が事業受託している．

3-3 避難者自助グループ

(1) 双葉町つくば自治会

　双葉町は，つくば市への避難者が多いことから，2011 年 12 月 19 日につくば市に連絡所を開設し，それとともに，つくば市周辺への避難者による双葉町つくば自治会を設置した．公的な自治会としては茨城県内で一番早く設立され，つくば連絡所での夏祭りなど，定期的に交流会を行っている．双葉町ではほかに，県北ふたば会（福島県福島市），いわき・まごころ

双葉会（福島県いわき市），県中地区借上げ住宅自治会（福島県郡山市），県南借上げ住宅自治会（福島県白河市），双葉町埼玉自治会（埼玉県加須市），双萩会（宮城県仙台市），せんだん双葉会（新潟県柏崎市），また，いわき市南台，白河市郭内，郡山市喜久田，福島市北幹線第二の仮設住宅に自治会がある（『つなげよう　つながろう　ふたばのわ』第17号）．

(2) 元気つく場会

つくば市で一番最初に設立された，避難者の自助組織．2012年6月から毎月交流会を開催している．つくば市を中心につくば市周辺に避難された方々が，定期的に交流会や福島バスツアーなどを行っている．福島県や浪江町からの助成金を活用して活動を行っている．

インタビュー項目は，次の4つである．これらについて事前に考えてきてもらい，それぞれ3分程で説明をしてもらった後に，必要に応じて追加の質問を行った．

1) 支援活動の経緯
2) 支援活動について

3) 支援活動での工夫
4) 支援活動での課題

　インタビューにおけるカメラマンと映像編集は，自ら福島県郡山市からつくば市に自主避難をした有限会社田部商店代表取締役の田部文厚氏にお願いをし，同じ当事者の立場から撮影をしてもらうことで，当事者でしか成しえない視点からインタビューを行い，アーカイブ化を図った．

　ホームページには17団体へのインタビューを動画と文字で掲載し，それぞれ避難者自助組織，つくば―行政，つくば―大学，つくば―民間，福島から，の5つに分類をした．また，トップページでは，ホームページについて説明をするとともに，インタビューのダイジェスト動画の掲載，避難者の状況，映像アーカイブから見えてきたもの，今後の課題について記述を行った．なお，ホームページのURLは次のようになる．
http://sites.anthro.c.u-tokyo.ac.jp/tsukuba/

4　アーカイブから可視化されたセーフティネット作り

　ここでは映像アーカイブから避難者支援に関して見えてきたことをまとめてみる．

4-1　避難者に対するセーフティネット作り

【ステップ1】

【ステップ2】

【ステップ3】

左の図は，避難者へのセーフティネットが構築されるまでのイメージである．下のネットが行政による「公助のネット」，真ん中のネットが民間による「共助のネット」，上のネットが避難者自らによる「自助のネット」，自助・共助・公助のネットを繋ぐ縦のネットが「官民協働のネット」を表している．

　綱渡りをしている人が避難者となるが，避難当初は【ステップ1】の状態となり，避難者自らも，自分の置かれている状況すら見えにくく，行政も民間も，問題に気付いた何人かが何とかしなければ，と各々に動いている状況であり，公助と共助のセーフティネットは非常に弱々しいものである．そのため，全体像が把握しにくい状況ながらも自助の力が重要となってくる．

　避難者に関する問題が顕在化してからは【ステップ2】の状態となり，避難者は，行政と民間による，一見目に見えにくいが公助と共助の二重のセーフティネットの存在により，チャレンジある行動を取れたり，安心感をもたらされるようになる．

　避難者の状況が落ち着いてくると【ステップ3】の状況となり，避難者自らも課題解決に向けて当事者グループを作って動くなど，自らも自助のセーフティネットを作り上げることで，自助・共助・公助の三重のネットで自らを守ることができるようになる．また，官民の協働が進むことで，自助・共助・公助の三重のネットがより緊密になってくる．

　この映像アーカイブを【ステップ1】から【ステップ3】までに照らし合わせて見ると，手探りながらも，つくば市が最初に公助のセーフティネットを作り，その後，個人情報に配慮しながら，コーディネーターとして，大学や民生委員などとの繋ぎ役となり，民間による「共助のセーフティネット」作りをサポートしたり，避難者を励ますことで「自助のセーフティネット」作りの後押しをしてきたことがうかがえる．このようなきっかけが徐々に広がっていき，結果的に，多様な民間や行政が協働しながら，避難者がチャレンジしやすいセーフティネットを「オールつくば」の体制で創り上げてきたことがうかがえる．

　各団体のインタビューを見ると，「支援者同士の支え合いによるセーフティネット作り」や「一市民として寄り添っていくことが重要である」など，困ったときには避難者を支えていきたいと語っている団体が多いのが

印象的である.

　例えば,「支援者同士の支え合いによるセーフティネット作り」を表す言葉として,以下のような,いくつかの具体的な語りがある.

- 「小学校の校長先生に事情を話し,ここに避難しているお母さんが集まるような形にしていきたい,と提案をしたところ,校長先生が快く受けて下さり,学校から家庭に集まりの手紙を出してくれた.」「ママ会を学校でできる,というのが,子供の様子も見れるし,とても安心できたところ.民間人だけでやるのは難しいし,行政と学校側,様々な方がタッグを組んで,その学校に,福島からの先生もいる,というのが,みんなの心の支えだった.」(ルピナスの会の二ツ森千尋代表)
- 「物資配布をつくば市役所が仲介してくれ,それを機に,各避難者と直接やり取りができるようになった.」(介援隊の印南光子会長)
- 「つくば市の方から大学生らしい支援があると被災されている方も和むのでないか,というお話があり活動のきっかけとなった.」(筑波学院大学の武田直樹氏)
- 「何か新しい事を始めるときには,必ず新たな方に声を掛けて,それで一緒になってできることを見つけながらやっていく,ということを必ず行ってきました.それを広げるためには,茨城県とか県の教育委員会とか,各市町村さんの後援を受けたりしながら,多くの方が参加しやすい状況を作りながら進めてきました.」(いばらきコープの松尾掌氏)
- 「支援団体が孤立感を感じることもあるので,定期的に会議を行い,お互いの活動状況や課題の共有を行ってきた.」「ふうあいおたよりは各市町村を通して県内に避難している家庭に配布してもらっている.」(ふうあいねっとの原口弥生代表)
- 「情報誌『つくしま』をつくば市役所を介してつくば市内の全世帯に配布してもらっている.」(Tsukuba for 3.11 の福井俊介元代表)
- 「つくば市主催の避難者の集いが会発足のきっかけとなった.」「つくば市が無償で交流会会場を提供してくださる.」(元気つく場会の古場容史子代表)

・「毎週火曜日つくば市から使用許可を得て，並木公園芝広場でグランドゴルフをやっている．」（（当時）双葉町つくば自治会の中村希雄会長）
・「受け入れ各自治体やふうあいねっとなど支援団体との情報共有を密に行うことで，できるだけ避難者ニーズに沿った対応が迅速にできるように心掛けている．」（（当時）福島県茨城駐在の佐原一史氏）
・「茨城県に避難されている浪江町民の方の戸別訪問と，交流会の開催ですね．あとは情報発信として『ろっこく通信』という名前でニュースレターを作成しまして，約450世帯の方が避難されているんですが，そのお宅に届ける作業をしています．」（（当時）浪江町復興支援員の田中研二氏）
・「福島県，被災市町村さんの意向を組む形でできるだけ，被災者と出身の市町村が離れないように，そして情報が円滑にいくように，そして被災されている方々のネットワークが上手くいくような情報の流通であったりとか，行政と行政との橋渡しとかをさせていただきました．」（（当時）茨城県防災・危機管理課の井上高雄総括課長補佐）
・「避難所には県の方と，つくば市の方と，社協で立ち上げた災害ボランティアセンターがあったんですけれども，そこで連携を持ちながら対応をしていった．その情報を市の災害対策本部と連携しながら対応していった．」（（当時）つくば市災害ボランティアセンターの苅谷由紀子センター長）
・「市内の核たる社長さん，あるいは会長さんが集まっていただいてまして，その中で『彼らは純粋な気持ちでボランティアをしている，ついては企業人として，何か彼らをお手伝いすること，それが今回の震災の支援に繋がるだろう』，と今日この瞬間から私の発注に対して，各企業さん惜しげもなく，お願いしたものすべて出してくれる．」（（当時）つくば青年会議所の神谷大蔵理事長）
・「避難者の方々を訪問させていただき，具体的なニーズを把握させていただきました．そして，そのニーズに対して必要に応じて法律事務所などの専門機関にお繋ぎしたり，あるいは地域のリーダーとなるような方にお繋ぎをするというようなことを行ってきました．」（NPOフュージョン社会力創造パートナーズの武田直樹理事長）

また,「一市民として寄り添っていくことが重要である」という表現として,以下のような,いくつかの具体的な語りがある.

- 「みんなで一緒になってお話ができる,行動ができる,活動ができる,ということを目指しています.」(ふれあいサロン・千現カフェの今井健之代表)
- 「避難されてきている福島の方たちはここに日常がありますので,その日常に寄り添って活動ができればというのが,この教室の最も大事なところです.」「ですからラジオ体操と言っても『仲良しラジオ体操』と言って,お互い支えたり支えられたり.少し不安定な動作をお互いに支えたり支え合ったり.いろいろな関わり合いを重視することによって,意図で言うとつくば市民のみなさんと,新しくつくばにいらした方たちの心の垣根を取り払うための工夫が一番のポイントです.」(筑波大学うつくしま体操教室の長谷川聖修教授)
- 「茨城県内にもいばらきコープをはじめとして,いろいろ協同組合があるから,もし困ったときには遠慮なく声掛けて,というメッセージを発信する,そういったことをやっていこうということで取り組んできました.」(いばらきコープの松尾氏)
- 「対面で本音の意見を伺いながら支援を行うことの重要性を痛感して,出会い,絆,に重点を置いて戸別訪問活動をしてきたことが,今も変わりなく避難している方からお声掛けいただけることに繋がったのではないか.そこに力を入れてきて良かった.」((当時)つくば市役所総務課の木村徳一課長)
- 「もう震災から5年近く経つわけですが,だいぶ避難者の方の要望やニーズがそれぞれ異なってきている,という現状がございます.なのでできるだけ,それぞれに寄り添った対応をするということを1つ,心掛けて活動しております.」((当時)福島県避難者支援課の佐原氏)
- 「つくば市に避難されて来た方々に対し,避難者さんというような形で接するのではなく,同じつくば市民として接するということを一番心掛けました.」(Tsukuba for 3.11 の福井元代表)
- 「少しでもああいった避難所で退屈しない,そしてストレスのたまらないような,せめてつくばに避難している間は,今後のみなさんの

ご自宅の事を考えられる，そういったタイミングをご提供できるようにやっておりました．」（（当時）つくば青年会議所の神谷理事長）

・「大事に考えたのは，いろんな事情をお持ちの方がいらしたので，なるべく安心していられる空間を作っていくためにはどうしたら良いか，その当時みなさんで話していた気がします．」（（当時）つくば市災害ボランティアセンターの苅谷センター長）

4-2 複雑な原発災害への対応

　原発事故は，これまでの歴史上類を見ない特殊な大規模災害であるがゆえに，避難者のみならず，支援者は，事故があまりにも広域，かつ全容が摑み難い災害であったため，どう対応していって良いのか分からずに苦労をした方がほとんどである．国の避難指示の有無，避難元自治体，避難先自治体，家族構成，将来福島に戻る・戻らないという意向，放射能に対する考え方など，歳月が過ぎるに伴い刻々と変化する生活全般に亘る多様な背景や価値観に応じても，支援を行っていくことが求められた．

　次の語りからも，これら原発災害の複雑さが浮かび上がってくる．

・「震災からもう4年半以上5年近く経つわけですが，やはり避難者の実態の把握ですとか，ニーズの把握というのがだんだん困難になってきている，というのが1つ．2つ目としては，福島県への帰還を望まない，もっと言ってしまうと，避難先での定住を望んでいる，というような避難者がやはり一定数いらっしゃる．そういった方への福島県としての対応をどうしていくか，というところが2つ目の課題．3つ目の課題としましては，避難指示区域外の，いわゆる自主避難者と言われる方に対して，応急仮設住宅，平成29年3月までで住宅供与終了させていだだく，というふうな方針を福島県として発表させていただいたところでございます．ですので，その方たちに対する，平成29年4月以降の対応をどうしていったらいいか，というのが，今直近の課題，といったふうに考えております．」（（当時）福島県避難者支援課の佐原氏）

・「これはつくば市だけではないと思うんですけれども，避難者とはいったい誰なのか，という避難者の定義と申しますか，そういうこと

が非常に曖昧なままですので，こういうことはぜひ，国の方で十分に議論して，風化のないように今後も，途中で支援を打ち切ることのないように進めていただければと．」（（当時）つくば市役所総務課の木村課長）
・「まったくほかのところからたくさんの避難者の方をお迎えする，そしてその避難生活を支えるということは県内市町村，もちろん県もありませんでした．ですから今までの例に縛られることなく，そして現場にできるだけその判断をする力，権限というと言い過ぎなんですけども，現場でここまで考えてやってもいいんだよ，ということを大きく付与するような取り組みを，担当職員の中ではやったつもりでおります．」（（当時）茨城県防災・危機管理課の井上総括課長補佐）
・「範囲を狭めず，避難してきている方はみなさん同じ状況ということで集まりましょうということにした．」（元気つく場会の古場代表）
・「やはり原発事故というのは最後はお金に関することなのです．故郷の双葉にいた頃は，それぞれの家庭でみんな財産が違うわけです．田畑，家の大きさ，家族構成，それから避難区域，避難準備区域などが 3 つに分かれています．それによって保障賠償金額が違うのです．そういう話は（情報が）遅れている人たちには，教えてあげたいのですが，そういうことはどうしても言えません．だからさりげなく，あんなニュースがあったよとか，こういうことをやっていると．」（（当時）双葉町つくば自治会の中村会長）
・「すべてが初めてのこと過ぎて，こんなにたくさんの福島の方が一度に様々な県や市町村に避難しなければならないというこの状況，もし自分がその立場に立ってたら，どうなってるんだろう，ってことは，すごく真剣に考えさせられました．茨城県も本当に分からなかったですから，風向きによっては，茨城県もそうだったかもしれないと思うと．」「各々様々な事情を抱えている，状況も違うということは良く分かってるので．原発に関しての話題はなかったですね．ルピナスの会のお母さんのご主人様が当事者である可能性もありますので，第一原発関連でお仕事されている方もいますし，みなさんそこはお互いのマナーとして，ここに避難して来て縁あってともに会っているわけですから．みなさん，人を傷つけてしまうような話は一切なかった．」（ル

ピナスの会の二ツ森代表）

4-3　個人情報への対応（避難者と支援者をどう繋ぐか）

　東日本大震災では，避難者支援を行いたい団体と，支援を必要とする避難者とが，個人情報保護法の壁により，繋がるのに時間がかかったり，繋がれなかったケースが目立った．ただ，第4節4-1でのセーフティネット作りで，いくつかの団体が語っているように，個人情報を持っているつくば市が，避難者と支援者の間に入り，大学や民生委員などとのコーディネーター役としてお互いの繋がりを作っていったり，また，学校がコーディネーター役として母親世帯の支援の中核を担っていったりと，行政から徐々に民間側に支援の輪が広がっていった様子がうかがえる．

　今後も，つくば市のケースのように，自治体や学校のコーディネーターとしてのスタンスも重要だと考えるが，同時に，日頃からの官民の信頼関係が何よりも大事なことであると考える．

　例えば，栃木県では，「とちぎ暮らし応援会」というネットワーク型の支援組織が，栃木県と協定を締結し，個人情報を共有しながら，支援活動を行っているケースもある．「とちぎ暮らし応援会」の方は，それができたのも，日頃からの信頼関係あってのことだと，お話をされていた．

4-4　避難者の当事者性を大事にする取り組み

　避難者も一緒に運営に関わってもらいながら，その当事者性を大事にしながら活動を行ってきたという声も次のように挙げられる．

- 「避難所の運営をしながら，どのような役割が必要であったかというのは，そのときに生まれたことで，そういうところがボランティアさんや避難された方と一緒に考えられたことがすごく良かったかなと思っております．」（（当時）つくば市災害ボランティアセンターの苅谷センター長）
- 「『ふうあいおたより』ですが，（中略）やはり当事者目線で作らないと良い誌面にならないという思いがありました．そこで，途中から当事者の方に誌面作りに参加しませんか，という呼び掛けをして，それに応えて下さった方とともに誌面作りをしています．」（ふうあいね

っとの原口代表）

・「避難者の方にも当事者として訪問活動に関わっていただいたり，交流会のサポートをしていただきました．お手伝いをしてもらうことで，単に自分がいつも何かを与えられている立場というだけではなく，当事者として避難されている方の立場をよく理解されていますので，避難者同士の方々の思いや繋がりを活かしながら一緒に活動してきたというのも1つの工夫点です．」（NPOフュージョン社会力創造パートナーズの武田理事長）

4-5 避難者支援に対する受入自治体への予算付け

つくば市は被災地域ということで緊急雇用事業が適用になった地域であり，当初2名，戸別訪問や交流会を行うなど情報提供や孤立防止のために，避難者支援のための臨時職員を雇用することができた．

このように，つくば市が緊急雇用事業予算を福島県からの避難者支援活動に活用したことは画期的なことと言える．

住民票を福島県に置いたまま，つくば市民ではない避難者に，受け入れ自治体が市民同様のサービスを提供することは，特別な予算措置がない限り，とても難しいことであることが今回の避難者支援で分かった．各自治体の力量によって支援の差が出てしまったことは否めないため，今後も，5年，10年，20年と，住民票を移さず（移せず）に，避難先の自治体で避難し続ける人がいること，また，これからも，様々な災害により，自分の住んでいる自治体を離れて避難生活を過ごさざるをえない人が出てくることを推測すると，広域避難者の受け入れ自治体に対して明確な予算付けを行うことで，避難先によって差が出ないように，きちんと支援できる制度設計を行うことが重要であると考える．

4-6 避難所支援と仮設住宅支援の連続性

避難所支援を行ってきた団体と，その後の，仮設住宅支援を行っている団体との間で，支援の接続（引き継ぎ）があまり意識されていないことがうかがえる．避難所支援までは，行政や支援団体からの支援が届きやすかったり，メディアからの注目も集まりやすい傾向にある．ただ，その後，被災者が仮設住宅に移ると，元のコミュニティから離れ，長期の仮の不安

定な生活であり，かつ生活再建を考えなければならない時期に，孤立しがちになってしまう．

そこで，避難所支援に強い団体と，仮設住宅支援に強い団体とが，相互に支援の継続性や全体像を見据えたうえで，活動を行っていく重要性を感じる．

4-7　避難者の信頼を得るための迅速な対応

避難者との信頼関係を作るために迅速な対応に努めた，という声も見られた．

・「被災者の方にはある程度の水準まで，その場で返事をしないと信頼感がもらえない，もちろん法的な問題であったりとか財政的な問題もあって即答できないことも多いんですが，これくらいのことはできるだろう，というふうに思われることについては，可能な限りできるだけその場で対応できる，そういった体制を作ることを第一に考えました．」((当時) 茨城県防災・危機管理課の井上総括課長補佐)

・「避難者の方から，様々なご質問，ご要望をいただくことがございます．そういったときには，ただ話を聞くだけではなく，できるだけ速やかに，質問であればお返事をする，要望であれば関係部署にお伝えをする，ということを行っております．」((当時) 福島県避難者支援課の佐原氏)

5　セーフティネット作りに見出された課題

原発事故から6年以上が経過しても，以下のような課題が残る．

5-1　避難者の地域コミュニティでの支え合い

避難者が前向きに新たな地域で生活をスタートできるためには，地域で温かく受け入れられることが最大のポイントとなると考える．

筆者は，2014年9月に，1986年4月26日に事故が発生し，事故後30年以上が経過する，ウクライナのチェルノブイリ原発事故に伴い，首都キエフなどに避難した自助組織や避難者を7か所訪問した．その際に強く感

じたことは，地域が温かく迎えてくれた避難者は，その後の生活を楽しく過ごしており，避難後の生活を前向きに捉えていたことである．一方で，地域との折り合いが付かなかったり，差別的な扱いを受けたと感じた避難者は，あの事故さえなければ，と，今でも思い続けていた．

このことからも，受け入れ側コミュニティの受け入れ態勢が，避難者の今後の人生を左右するものと，強く感じている．

また，今回インタビューを行った双葉町や浪江町が早々に避難先での自治会作りを積極的に行ってきたこともあり，これら2つの避難元自治体に加えて，大熊町や富岡町でも，各々の自治体の復興支援員が後押しをする形で，つくば市（茨城県南地域）に自治会を立ち上げ始めた．このように避難先での自助組織の動きが活発となってきているため，今後は，避難先の住民との交流を図るなど，地域に溶け込んでいく工夫も必要になってくるであろう．

5-2 住民票のない避難者への対応

福島県からつくば市に避難している多くの人が，健康調査，医療サービス，賠償などの対象から漏れることを恐れて，住民票を避難元自治体に残したままである．家族によっては，家族内の誰かだけの住民票を「試し」に避難先自治体に移しながら，様子を見ている状況も少なからず見受けられる．

その理由は，故郷への愛着（アイデンティティ），住民票を移すことでデメリットが生じることへの懸念，などが挙げられる．そして，今後も，長期的にこの状況は続くものと考えられる．このことにより，避難者は避難先での各自治体独自の住民サービスを受けられないことが，課題となっている．

例えば，自治体によっては，行政や自治会からの広報誌などによる情報提供がない，家を新築するに当たり，ソーラーパネル設置や上下水道管設置に対する補助金が出ない，など，自治体独自のサービスを受けられない状態が続くことになる．

二重住民票制度がない中で，どこまで受け入れ自治体が避難者にサービスを提供するかは，各自治体に委ねられている状況であり，とても健全な状態とは言えない．国の制度設計が定まらない限り，原発事故避難者のみ

ならず，今後の行政をまたいだ広域避難の際には，必ず付きまとう課題ともなると考える．

5-3 自主避難者への対応

2017年3月末で，国の指示に基づく強制避難区域外から自主的に避難をしている，いわゆる自主避難者に対して，福島県からの仮設住宅の無償提供が期限を迎えた．これに伴い，仮設住宅に避難する避難者への支援が，低所得世帯を除いて終了した．自主避難者は，放射線への見えない恐怖から，子連れでの母（父）子避難世帯が多いために，二重生活による精神的・経済的負担，子どもが転校せずに暮らせるアパートの確保，自主避難者の判断の尊重，などが重要になってくる．自主避難者の中には，自己責任と考え，声も出さず，表立って出てくる人も限られている実情もある．これらの重大な決断とともに避難をしている状況にあるため，より丁寧なサポートをしていく必要があると考える．

5-4 区域再編への対応

今後順次，強制避難区域の見直しが行われ，放射線量の高い帰還困難区域以外の地域に対する避難解除が行われる予定となっている．2015年9月5日には，楢葉町全域に同様の措置が取られたが，除染が十分になされていないこと，町中に散在する放射性廃棄物への不安，インフラ整備が十分でないこと，買い物など生活の不便さなどから，家に戻った人たちは，一握りの数に過ぎない．今後も，徐々に区域再編がなされるのに伴い，上記5-3とは違うタイプの自主避難者が増え，重大な決断を迫られる避難者が数多く出てくることが容易に推測される．これらの避難者に対しても，丁寧なサポートをしていく必要があると考える．

5-5 避難者の定義の曖昧さ

復興庁によると，避難者の定義は，「東日本大震災をきっかけに住居の移転を行い，その後，前の住居に戻る意思を有するもの」，となっている．避難者数の把握は，全国各自治体に委ねられているが，「前の住居に戻る意思」という曖昧さを把握するのはとても困難なことであり，受け入れ自治体によっては，避難者の住居購入時，または，住民票を移したときなど

に，避難者名簿から外す自治体も見受けられ，自治体によって避難者の捉え方が様々なのが実情である．さらには，避難先自治体の避難者支援担当者も部署の移動に伴い変わっていくため，担当者の意向によって支援に差が出ないような引き継ぎも重要になってくるものと思われる．

そこで，避難者が知らないうちに支援対象から漏れることのないように，避難者を正確に把握できる定義・仕組みが不可欠であると考える．そのためには，「意思」という曖昧な定義ではなく，きちんとした「避難終了の手続き」を踏むことが重要であり，結果，今後の混乱を防げるものと考える．

5-6 仮設住宅と高速道路無料化期限の更新プロセス

現在，仮設住宅の住居費，及び，茨城県内避難先と福島県内への高速道路の無料化措置がなされている．ただし，毎年更新のため，また，来年も更新がされるのか，多くの避難者が，毎年心配をしながらこれらの支援策についての決定を待ってきた．「先行きが見えない」，という状況が避難者にとっては非常に辛いことである．これだけ甚大な事故であるため，毎年更新ではなく，避難者がじっくり長期的に生活設計をしやすい期間での施策決定がこれまでも，今後も不可欠であると考える．

5-7 多様な支援団体と連携した支援

これまで各支援者が独自に行ってきた活動を，今後，多様な連携によって行うことで，さらなる課題解決に繋げていくことが重要となってくる．具体的には，次のように語られている．

- 「予算に関しても今年度一杯，人件費，緊急雇用事業が残っているのですが，それ以降はないと．なかなか人的支援，訪問も来年度以降はちょっと続けられないということがあって，ほかの団体さんと連携しながら戸別訪問をどうやって進めていくかと．」（（当時）つくば市役所総務課の木村課長）
- 「様々な課題については，当然福島県だけではなかなか困難なこともありまして，受け入れていただいている茨城県さんはじめ，関係自治体さん，様々な支援団体の，様々なご協力，今までもそうですけれ

ども，様々なご協力を得ながら，やはり1つ1つ解決していかなければいけない問題かと思っております．」((当時) 福島県避難者支援課の佐原氏)

・「浪江町だけでなく，いろいろな行政の力とか，民間の方の力があれば，もっともっといろいろな形での戸別訪問ができるんではないかと，常日頃から考えています．」((当時) 浪江町復興支援員の田中氏)

5-8 今後の教訓に

　私たち支援者側は，今回の支援活動により得た教訓を今後に活かしていく，ということが不可欠となる．日本で度重なり起こる災害によって，住まいを離れて広域に避難を余儀なくされることは，くしくも往々にして起こっている．また，原子力災害という未曾有の災害により，自分たちの今後のあるべき社会作りをどのように進めていくのか，これらを真剣に考える機会ともなっていることが分かる．

・「これまでにない災害を経験した立場といたしましては，現在作成しております広域避難原子力災害からの広域避難の計画をきちんと作ることによって，県外からの避難者の方について事前に想定しておくことが一番大事，そしてそのためには，自分のところの市民の方の対策とは別の，例えば備蓄品にしても通信施設にしてもそうですし，そういったことを含めた対策をとることが必要なんじゃないかと思っております．(中略)．行政と被災者だけではなくて，まわりを支えていただくNPOさんだったりボランティア団体であったりそういった方々との信頼関係を日常的にどれくらい作っていけるか，これが地域の災害力，災害対応力を大きく左右するものではないかというふうに考えております．」((当時) 茨城県防災・危機管理課の井上総括課長補佐)

・「被災してしまったという起きてしまったことを振り返って後ろ向きに考えるよりは，こうして出会えたことを福島の皆さんから学び，福島の皆さんもつくばに来て良かったなと思えるように，これからも日常として続けられたらと思っています．」(筑波大学うつくしま体操教室の長谷川教授)

・「後々，後世に残していくために，団体内でも後輩に，そのまた後輩にどんどん伝えていくという作業が重要になってくるのではないかと思っています．」(Tsukuba for 3.11 の福井元代表)

・「何でこんなことになったんだろう，なぜ今のような事態を招いているんだろうについても，改めて知っていただく，ということでは，日帰りや1泊とかでですね，各地域とかでバスを出しまして，原発の近くまで視察のツアーを行って，そこで今の福島を見てもらって，それで，また戻って来てもらって，家族の方々と話をしながら，私ができる支援ってどんなことだろう，ってことを話し合ってもらうことを呼び掛けながら，取組みを進めてきました．」(いばらきコープの松尾氏)

6　考察とまとめ

　阪神・淡路大震災以降，災害直後の瓦礫撤去や避難所での物資配布・炊き出しといった災害救助のみならず，仮設住宅や復興公営住宅等での生活再建，見守り活動，復興支援といった広い領域までを災害ボランティアとして捉えるようになってきた．

　また，ボランティアの中には，災害支援を中心として活動する組織が出てくるなど，専門化も進んできている．

　被災者ニーズの多様性，広範性，長期性などを鑑みると，社会福祉分野で働く専門家のみならず，ボランティア活動やNPO活動の中の多くにもソーシャルワーク的な要素を含んでいるものが多くある．そして，災害ソーシャルワークは，災害前段階，救出・避難段階，避難所生活段階，仮設住宅生活段階，復興住宅生活・自宅再建段階の5段階に分けられ，各段階におけるニーズの特徴に応じて様々な支援者が連携しながら支援が進められることが求められる［上野谷 2013］．

　阪神・淡路大震災以降，災害支援で頻繁に使われるようになった被災者に「寄り添った」活動をしていくためには，人の繋がりを作り上げるセーフティネット作りは，より重要になってきている．

　今回の映像アーカイブ制作の取り組みを通して，自助・共助・公助の役割を，つくば市でのセーフティネット作りの実践を可視化することで，よ

り明確にすることができた．行政が個人情報に留意しつつも，民間組織や自助グループと連携をしながらセーフティネットの基盤を支え，民間組織が動きやすい体制を後押しする．そして，その基盤の上に，民間の支援組織が行政の枠に捉われずに柔軟に支援を実施する．さらに自助グループがピア組織として，自らの課題解決を図れるように動いていく．特に，映像アーカイブ制作を通して，そのための情報の流通がいかに大事であるかを知ることができた．

くしくも，この映像アーカイブ制作中の2015年9月に発生した関東・東北豪雨災害では，つくば市に隣接する常総市を中心に広範囲で冠水被害に遭い，つくば市では常総市民を受け入れるために，災害ボランティアセンターを立ち上げた．また，東日本大震災時と同様に，つくば市内の国家公務員宿舎が応急仮設住宅として使用されたため，避難所支援と仮設住宅支援とが求められることとなった．原発避難者受け入れの経験から，行政をまたいでの広域避難者への支援が届き難いことが分かっていたため，常総市役所や常総市内のNPO法人などと連携をしながら，常総市からつくば市への避難者が支援の対象から取りこぼれることのないように，情報の共有をするとともに，支援をすることができた．

つくば市では，東日本大震災，その翌年2012年5月につくば市北部で発生した竜巻災害，関東・東北豪雨災害，とわずか5年間で発生した3回の災害時の教訓を活かし，つくば市，つくば市社会福祉協議会，つくば市市民活動センター，筑波学院大学，筑波大学，つくば市国際交流協会，などの官民で構成される「つくば市被災者支援ネットワーク」を立ち上げる準備を行っている．平常時からいざというときに瞬時に動ける体制を整えているところであり，そのために，避難所支援を得意とする組織，仮設住宅支援を得意とする組織，各組織の強みや弱み，できることやできないことを事前に知り，連携体制を構築しておくことは重要なことであろう．

これらのように，映像アーカイブ制作を通して，広域避難者の支援についてきちんとまとめたことが，その後の取り組みに繋がっていることは，この制作の大きな成果であると言えよう．

参考文献
【和文文献】
稲垣文彦ほか（2014）『震災復興が語る農山村再生』コモンズ．
茨城大学人文学部市民共創教育研究センター（2015）『第1回茨城県内への広域避難者アンケート（2014）結果報告書』
茨城大学人文学部市民共創教育研究センター（2017）『第3回茨城県内への広域避難者アンケート（2016）結果報告書』
上野谷加代子（2013）『災害ソーシャルワーク入門――被災地の実践知から学ぶ』中央法規出版．
関西学院大学災害復興制度研究所・東日本大震災支援全国ネットワーク（JCN）・福島の子どもたちを守る法律家ネットワーク（SAFLAN）（2015）『原発避難白書』人文書院．
公益財団法人東北活性化研究センター（2014）『浪江町復興支援員事業』活動記録報告書．
菅磨志保・山下祐介・渥美公秀（2008）『災害ボランティア論入門』弘文堂．
田中正人・高橋知香子・上野易弘（2010）「被災市街地における住宅セイフティネットの構築に関する研究――応急仮設住宅・復興公営住宅での『孤独死』の実態を通して」『住宅総合研究財団研究論文集』36: 363-374．
津久井進（2012）『大災害と法』岩波新書．
福島県ホームページ，『福島県から県外への避難状況（2017年12月27日）』，2018年1月4日閲覧．
　　http://www.pref.fukushima.lg.jp/uploaded/attachment/247669.pdf
福島県ホームページ，『福島県から県外への避難状況の推移（2017年12月27日）』，2018年1月4日閲覧
　　http://www.pref.fukushima.lg.jp/uploaded/attachment/247672.pdf
双葉町（2015）『つなげよう　つながろう　ふたばのわ』第17号
松原一郎・峯本佳世子・石井孝明（2015）「阪神・淡路大震災の高齢者地域見守り活動とその後の展開」『都市政策』161: 45-57．

【欧文文献】
The World Bank ホームページ，"SAFETY NETS"，2018年3月19日閲覧
　　http://www.worldbank.org/en/topic/safetynets#1

第3章

『立場ごとの正義』
──自主避難者の視点から映像を撮る

田部 文厚

田部文厚は，福島県郡山市出身，田部商店の代表取締役としてブライダルプロデュースを担うトリニティブライダルというスタジオを経営する．2011年に被災した後2012年2月につくば市に自主避難をする．2017年4月，つくば市から拠点を東京に移し現在に至る．2014年6月，私は第2章の著者である武田直樹とともに田部の避難先の自宅を訪問して，本書の背景にある研究プロジェクトの研究協力者となって記録映像制作を担当することを提案した[1]．映像制作者としての田部の技量に加えて，自主避難者という立場からの映像制作には大きな意義があると考えたからである．この作業から生まれた記録映像の一部はホームページ「東京電力福島第一原子力発電所事故つくば市での避難者支援この5年（2011-2016）」で公開されたが，田部はその後，合計約100時間に及ぶアーカイブ映像の全体を自分自身の視点から捉え直し，本書の出版に合わせた形で，63分の記録映画『立場ごとの正義～原発事故によるつくば市への避難者と支援者，地域行政，広域行政の声』（https://vimeo.com/bunkou/tachibagotonoseigi）を制作した．本章は，この映像作品の制作過程とその内容について振り返りながら，第1章の著者である箭内匡も文案編集に加わりつつ，文章に取りまとめたものである．（関谷雄一）

記録映画『立場ごとの正義』QRコード

1　記録映像『立場ごとの正義～原発事故によるつくば市への避難者と支援者，地域行政，広域行政の声』の背景

　本章では，私が編集した記録映像の内容紹介を行うとともに，その背後にある考えや，私自身が映像制作を通して考えたことも合わせて述べてみたい．『立場ごとの正義～原発事故によるつくば市への避難者と支援者，地域行政，広域行政の声』の映像はインターネット上で公開されているので，上記のURLまたはQRコードを使ってぜひご覧いただきたいと思う．本章は，もちろん独立に読むこともできるが，とりわけ『立場ごとの正義』の映像を見るための補助となるよう意図して書いたものである．
　この『立場ごとの正義』の素材は，第2章で武田直樹さんが述べている

「つくば映像アーカイブ」の撮影の延長線上で生まれた．第2章にもある通り，この撮影では，福島からつくばへの避難者を支援する活動に携わった17団体について，そこで中心的役割を担われた方々に，支援活動における経験をカメラの前で話していただく形で映像を録画した．インタビューは，支援活動の内容に関する4つの定型的な質問に答えていただくことを基本としていたが（第2章を参照），そのあと，内容をさらに深めるために，より自由で対話的な形での質問にも答えていただくことになった．定型的な質問の部分は「つくば映像アーカイブ」として別途インターネット上で公開されている．これに対し『立場ごとの正義』は，主にインタビュー後半の自由形式での対話の映像（その中の約15団体に関わるもの）を活用したものである．

　撮影にあたっては，「つくば映像アーカイブ」の定型的質問の部分では，自分を消して一カメラマンとして淡々と撮った．これに対して延長部分では，私がイニシアティブを取って，自主避難者という私自身の立場を明らかにしてインタビューさせていただいた．一般に原発被災に関する議論の大部分では，自主避難者は議論の「外」に置かれることが多い．強制避難者は支援者のほうを向いているし，また支援者の方々の視線もまた強制避難者のほうに向かっていることが多く，自主避難者は視野に入っていない．けれども，自主避難者は原発被災という出来事を，強制避難者と確かに共有している存在でもある．インタビューさせていただいた方々の中には，自主避難者という，この宙ぶらりんな立場からの私の質問に，戸惑われた方もいらっしゃったに違いない．しかし私は，このような視野の揺れの中でこそ，いろいろな重要な問題が立ち現れてくると考えた．

　この『立場ごとの正義』の編集にあたっては，各団体の活動内容を中心にするのではなく（こちらについては「つくば映像アーカイブ」のほうをぜひご覧いただきたい），あくまでも自主避難者としての私が，それぞれのインタビューから受け止めたことを土台に編集させていただいた．映像の順番は取材した順番ではない．編集作業を行う中で私が強く感じたことを，あえて一言でまとめていえば，「真実は1つかもしれないけれど，正義はさまざまあって，それぞれの立場で精一杯やってきた結果がそれぞれのインタビューの中に現れている」ということである．そこで，この立場ごとの正義というものを一連に見ていくと感じることができるようにして，この

1時間の記録映像を編集した.

この一連の撮影では,2台のカメラをずっと回す中でインタビューを行った.これは,音声録音などとはまったく異なり,話し手に大きなプレッシャーを与えるやり方である.その意味でこの映像には自然はまったくないとも言えるが,それと同時に,これは音声録音よりもまっすぐに真実に向かう方法であるかもしれないとも思う.2台のカメラが回っていると,話し手はカメラの存在をたえず意識しており,音声録音のように,質問者の言葉に引きずられてしまうことがない.喋ってはいけないもの,使ってほしくないものは,その過程でフィルタリングされるのだ.カメラを意識する中で,被写体のほうは,うまく乗れればとてもうまく乗って生き生きと語られることがある.この『立場ごとの正義』で使わせていただいた部分では,話し手の方は,「つくば映像アーカイブ」の4つの質問で活動の成果について語り終えられた達成感を背景にしているので,私からの質問についてはすんなり答えやすくなっていたかもしれないと思う.だから,自然ではないかもしれないけれど,自分で積極的にいえることを出してくださったと思うのである.

撮影にあたっては,「つくば映像アーカイブ」の制作は予算的・技術的に大きな制約があったため,背景を極端に簡素化して,視聴者が表情を見るしかないような形を選択した.そのことで,表情や目の動きや言葉と言葉のあいだの間などを手がかりに,視聴者がそれぞれの方の真実により近づけるような映像になったように思う.私は,あくまでも経験の具体性に立脚して語っていただきたかったので,質問の際,自主避難者としての自分の実体験をまず先に言い,そこからのインタビューされる方自身の気持ちを語っていただいた.経験から直接生まれたアイデアを話している時と,ただ頭の中でだけ考えている内容を話す時では表情が異なる.インタビューされた方の,何の気負いもなく黙々と支援を行われてきた清々しい姿勢,また限りなく大きな感受性や包容力のようなものが,ダイレクトに伝わってくることもある.これは条件が悪い中から出たご褒美かもしれない.もし潤沢に使える予算があって音声さんがいたら,また,ノイズが入らないような音声機材を使いその人ならではの場所で撮影していたら,このような映像にならなかったはずである.

映像の編集にあたってはなるべく説明は加えないようにした.説明がな

いほうが，それぞれの方の「正義」をよりダイレクトに感じることができると思ったからである．映像というものは，基本的に時間を1倍で受け入れなければいけない．文字情報は1倍ではなく速度を上げて読み込むことができる．映像は1倍なので時間もかかるけれども，その時間は言葉以外の様々なことを視聴者が感じとる貴重な時間でもあるのだ．本章での私の記述も手がかりにしながら，ぜひ最後まで見ていただければ幸いである．

　当事者としての私の立場から言えば，被災・避難・支援の問題は，外からの視線では見えにくい，きれいごとでは済まない部分を含んだものである．「避難してきました」「もらいました」だけではなく，そこには欲とか希望とかが一杯に入り混じる．支援する側からすれば，条件が許す限り精一杯やってあげているのにと思うこともあるし，もう一方で，これをやってあげたいと言っても支援される側からしたらそれは別に要らない，とかいうこともある．こうしたことは，単純なボールのやりとりではなく，そこに余計な粘着質な何かがついているやりとりという印象が私にはある．『立場ごとの正義』では，私の立場から見たつくばにおける避難者と支援者の気持ちのやりとりというか，粘着質の，絡み合う何か——まさに映像ならではのおもしろさでもあるが——が表れていると思う．その中から，「その立場ごとの正義」が出てくるのである．

2　『立場ごとの正義』の内容

　最初に示したかったのは被災の経験である．私自身，震災直後の体験というのは衝撃的で，その後の何週間かは尋常でない精神状態だった．中通りの郡山市に住んでいた私は，写真映像の仕事をやっているにもかかわらず，原発の近くや津波被害があった地区に行くことができなかった．怖かったこともあるし，目の前の仕事の心配も大きくて，興味本位で考えることができなかったこともある．「つくば映像アーカイブ」の撮影を始めた4年後になって，ようやく興味が湧いてきたというか，被災の経験に向き合えるようになり，いろいろな人たちがどんな体験をしているかを知りたくなった．ある意味で，こうした経験は感情の風化がないと堪えきれないことであるとも思う．

(1) 双葉町つくば自治会　中村希雄氏2)

　中村希雄さんは双葉町のつくば自治会会長をずっとされていた方である．震災時の経験をお尋ねすると，津波に遭った話を主観と客観を織り交ぜながら明るくお話しされた．テレビの映像や新聞，情報誌などの写真では，津波の被害とか津波が迫ってのまれていく様子というのは壮絶で，見ることができず，ただ震えてしまうぐらい恐怖感がある．しかし中村さんは，九死に一生を得た体験にもかかわらず，この世界で見るのが奇跡であるかのような景色を見た経験を，おとぎ話のように，少しの恐怖感もなく話される．その津波に呑み込まれるきっかけが，愛する奥さんが心配で駆けつけるためだったこと，しかもそれを笑顔交じりで明るく話されたことが強く私の印象に残っている．

　震災から4年間，どれだけ中村さんは同じお話をし続けて，ある意味自分の心が鈍感になるほど受け入れられて，支離滅裂な印象ではなく，きちんと起承転結まとまった形で話せるようになったのだろうか．そこまでになる4年間の心の具合というのは想像しきれない壮絶な思いがあったのではないか，とも想像する．

　つくばでの双葉町の自治会の活動，そこで大変だったことなどのお話は「つくば映像アーカイブ」の部分に収録されているので，インタビューの延長部分ではむしろ体験を中心にお話を伺った．映像の最後の方には，行政の避難者に対する扱いに関する中村さんの思いや政治的な見解なども入っている．それを伺いながら，当事者にとって，日本の政府なり行政の対応というのはこんなにも個人に優しくないのだなと感じ，国から県，県から市，市から各担当を経て，行政サービスが個人に寄り添うことの重要性を感じた．

(2) 元気つく場会　古場容史子氏3)

　次に来るのは，元気つく場会共同代表の古場容史子さんの映像である．古場さんの場合，津波被害というより，原発の近くに住んでいて原発の放射性物質の汚染の危険があるということで強制避難させられる形だった．古場さんは，何も聞かされずに避難所に集められ，そこで皆のために誠心誠意やれることをやり尽くし，そのあとつくばに避難してきて，つくばでも一緒に避難してきた人たちのために動いてこられた．質問のたびにちょ

っと間を置き，自分の中で考えてから話される方で，ご自分の体験はスラスラと話されるけれど，行政の対応や避難所の様子などについては，あまりお聞きすることができなかった．立場的に言いにくいことも多くあったのではないかと思う．

　避難所の中での生活の感じというのは，そこを見学に行っただけでは全然わからない．ここで今日から生活しろと強制的に押し込められる空間である．私自身，1年間は福島県の郡山市におり，仕事がない中，それがどんなものかという興味もあったので，大きめの避難所を回って写真を撮っていた．支援が行き届いているか否かの差もあるが，ともかく避難所ごとの空気感が全然違う．郡山市の，私が視察していた避難所では，中学生まではいるけれども高校生から30代の人たちは全くいなかった．若者とか働き盛りの人たちはどこに行っているのか，非常に疑問に思ったものである．

　古場さんは看護師の資格を持っておられ，具合の悪い人たちを看る中で，日に日に弱っていく人，亡くなった人にも接されたであろう．そうした体験手記的なリアルなところは，もし深くお話されていたならば壮絶な内容になっただろうと思う．いずれにせよ，そうした行間を感じさせられるところが，この映像で私が一番興味を持つ点である．

(3) 学生へのインタビュー4)

　以上のおふたりは，津波被害と原発事故の影響で避難してきた人たちの代表者である．福島県というのは，浜通り，中通り，会津地方という，山脈に隔てられながら3つの地区に分かれている．先のおふたりは浜通りの方だが，私は中通りで，津波被害はなかったものの放射性物質の汚染に関してはかなり高い状況だった．

　筑波大学の学生にインタビューする機会があり，そのひとりが会津若松市出身の学生だったので，実際に震災のときどうだったかを尋ねてみた．会津若松では普通に大きめの地震という感じで，何の被害もなく何の緊張感もなかったが，テレビを見てびっくりしたという．同じ福島県でも，そのぐらい大きな意識の差があったのである．会津の方には放射性物質は全くといっていいほど飛んでおらず，福島県産というだけで会津の農作物が売れなかったことに関しては風評がひどかったと思う．中通りとか浜通り

は風評ではなく本当に被害だった．自分たちに都合良く解釈した風評被害というのが独り歩きし，被害だか風評だか分からなくなっている状態があった．

そのほかにも筑波大学の学生からは2人ぐらいお話を聞いた．『立場ごとの正義』には入っていないが，そのひとりは地震の時筑波大学の体育館におり，柱がないのできしみがひどくて怖かったという．しかし，被害に関して何か不安だったとか，大変だったというのは聞かれなかった．その意味でつくば地帯は避難者を受け入れるには非常に良い環境だったと感じた．

(4) 筑波大学うつくしま体操教室　長谷川聖修氏5)

筑波大学体育系教授の長谷川聖修先生は筑波大学で体操教室を開いている．もともとお年寄りの人たちを集めて体操教室をやっている中で，そこに福島から避難してきている人たちを呼び入れ，体を動かして，心も体も軽くするような活動をされてきた．避難者のために支援をするというより，いままでずっと活動してきたことに対してプラスアルファで支援する形になっている．

自主避難者という立場で撮影させていただいた時，長谷川先生のお話にはやや熱意がないような印象を受けたことを覚えている．ひょっとして先生にとってメリットがあるから被災者支援をされているのかな，とさえ思った．しかし，編集する上で何度も映像を見返し，一連の流れを振り返る中で，私の見方は大きく変わり，この体操教室の素晴らしさに心から感服していった．長谷川先生は，特別なことをわざわざやるのではなく，通常の活動の中にプラスアルファでできることをやるというスタンスなのである．避難している人たちにとっては，日常がここにある．それは一時的なものではない．普通のこと，日常なのだから，その日常に避難者とかつくばに住んでいるお年寄りとか区別するのではなく，同じように受け入れて，同じように心も体も軽くなってもらうということなのだ．

長谷川先生によると，体操教室に来た避難者の人々は最初のうちは笑顔がなかった．しかしこの体操教室では，知らない人と触れ合わせるために不安定な姿勢をさせるという．一人ではできないようなバランスの悪いことをさせて，隣の人と一緒に支え合ったりとか，手と手，肌と肌の触れ合

いで，日に日に笑顔が多くなったり，楽しさが出ていたり体が動くようになってきたというお話が非常に興味深く，感動した．

(5) ルピナスの会　二ツ森千尋氏6)
　避難してきた人には，大人や高齢者だけではなく，子供たちもいる．二ツ森千尋さんは，ご自身の子供の小学校に避難者の子供たちが転入してくる中，その母親たちを支援するために「ルピナスの会」という会を立ち上げた．実は二ツ森さんはたったひとりでこの会をやってこられた．ひとりでも団体にする必要があったことが想像され，それも印象的だった．
　小学校では子供たち同士のいじめがあったのではないかと想像したが，二ツ森さんの子供さんが通っていた小学校には転勤族が多く，避難してきた子供たちの受け入れに関して全然抵抗がなかったという．つくばの，転入や転出が多い土地柄が幸いしたといえるだろう．ちなみに，福島県は，県の教育委員会から各避難先の市町村の小学校に対していろいろなケアをするという試みを行っており，それは素晴らしい活動だったようである．つくばに赴任していた福島県の先生へのインタビューに含めることができなかったのが，「つくば映像アーカイブ」の撮影の中でも一番悔やまれる点である．
　二ツ森さんによると，子供同士はなじんで仲良くなり，何の心配もなかったけれども，お母さんたちの方が子供への心配も含めて苦労されていた，ということである．「ルピナスの会」では，そのお母さんたちのケアをするため，弁護士や行政関係など窓口になる人を呼んでくる活動も行われた．
　お母さんたちが二ツ森さんに話した震災当時の実体験を聞かせてほしいとお願いしたら，二ツ森さんは個人が特定されるから迷惑がかかるかもしれないと感じられたようで，インタビューでそれまでレスポンスよく話されていたのが止まってしまった．目線を外して思い出しながら，思い出したときに二ツ森さんの目がうるんでいた．お母さんたちとの身近な関係の中で，テレビや新聞の報道で知るのとは比べ物にならない，壮絶な疑似体験をされたことが想像できた．それとともに，たった一人のお母さんがその人たちのために支援し始めるきっかけになるほどの，この出来事の重さを感じた．

（6）ふれあいサロン・千現カフェ　今井健之氏7）

　映像の中での順番とは前後するが，ここで，「ふれあいサロン・千現カフェ」という地域のお年寄りを集めてサークルをやってこられた今井健之さんの話にも触れておきたい．このサークルは震災以前から常々やっている活動だったが，近くに避難している人たちがいたので，そういう人たちも誘って，一緒にお友達になろうよということで支援されたわけだが，その内容はとても心に残っている．

　つくばに避難してきていて，こうした集まりに来られる方々は，今井さんご自身とも同じぐらいの年代の人たちで生活エリアも一緒である．そこで今井さんは，スーパーなどで会ったときも，お名前で呼びかけてあいさつするのをごく自然に心がけたという．お友達になろうよと呼びかけ，無理には踏み込まない．来ないなら来ないで仕方ない，参加しなくなっても仕方ない，それはその人たちの人生だから，という今井さんの考え方は，とても大きなものだと感じた．ひるがえって私自身の姿勢を考えてみると，これは映像として残したほうがいいと思い，辛いところまでえぐって聞いてみたり，映像を残すことによって何か後世に役立つのではないかと思ったりはしたが，被災者に対して友達になりたいとは思っていなかったように思う．今井さんは全然違うアプローチで，被災者の人たちに友達になって過ごしていこうという姿勢である．友達として対等の付き合いをする以上，お金の話などもしない．その距離感からとても大事なことを学ばせていただいた．

（7）介援隊　印南光子氏と平山弘之氏8）

　印南光子さんが会長で平山弘之さんが副会長の「介援隊」という，民生委員を経験していた人たちの支援チームがある．この方々も，自分たちにできることをやる，無理はしない，できないことはできない，やれることをやるという姿勢だった．それは支援する上でとても健全でスマートで素晴らしいと思った．今回の一連の撮影ではNPOの支援者の方々にもお話ししていただいたが，そこでは，資金を引っ張ってくるために，自分たちはこんなことやっていますよとアピールする姿勢がしばしば前面に出ていて，自然に寄り添うのとはいくぶん異なる印象を受けたところがある．今井さんにせよ，印南さんたちにせよ，また二ツ森さんにせよ，普通のこと

をやっているんですよ，できることやっているんですよという姿勢は，特に私に感銘を与えたものだった．

(8) フュージョン社会力創造パートナーズ 武田直樹氏9)，ふうあいねっと 原口弥生氏10)，Tsukuba for 3.11 福井俊介氏

　あるとき，自主避難しているわが家に「NPO法人フュージョン社会力創造パートナーズ」理事長の武田直樹さんが相談員の訪問スタッフの大澤洋子さんとともに訪ねて来てくれた．そこでお茶を飲みながら話している中で，私も自主避難者の集まりに参加してみることになった．「つくば映像アーカイブ」の撮影編集の仕事を担当することになったのもこの縁からである．何か物質的な支援をしてくれるわけではなく，私自身のケースでいえば，不満なことがあって質問しても必ずしもすぐに返答がくるわけでもなかった．何カ月かに1回，たまたま会うことができ，そこで話して楽になるというくらいだったともいえる．しかし，それもひとつの支援の形なのかもしれないと思った．

　おふたりが強く言っていたのは，いろいろなお宅に行って話を聞いて寄り添うことであった．印南さんたちも，今井さんたちも，二ツ森さんも，避難者がどれだけいるとか，どこにどれだけ住んでいるとか，どんな人たちなのかということが個人情報という壁によって全く開示されず，支援しようがなかったと語っていた．避難者の側でも，避難したかどうかという手続きがされているのか，されていないのかすらわからない．特に自主避難の場合，自分から地方自治体に問い合わせをしない限り情報は手に入らない．そんな中，武田さんと大澤さんが訪問してきてくれ，会うことができて，世間話とか近況報告などもすることができた．私は平日の日中に映像編集などで仮設住宅にいたりするが，家族の皆が仕事で日中家にいないと，こういう支援すら受けられない．そういう自主避難者は多くいたのではないかと思う．

　もう一方で，原口弥生さんは，茨城県内への避難者支援者ネットワークの「ふうあいねっと」というネットワーク団体の代表だ．この団体は茨城県内の支援者の集まりを束ねている団体である．原口さんによれば，それぞれ地区によって温度差が違ったり，地域ごとの支援者の温度差とか，避難者の声を行政に伝えたとしても行政の窓口が開かれてなくて対応しても

らえないとか，そういう大変さが多かったということである．わが家にも年に数回『ふうあいねっと』の情報誌が届くようになっていたので，何も情報がなかったのが，定期的にお知らせが来るようになり，安心感があった．ただし，織り込まれている支援やコンサート，イベントなどの情報が，情報誌が到着するころには期限が切れていて，正直がっかりしたことも多かった．お尋ねすると「ふうあいねっと」でも改善の努力をされていたが，いろいろと難しかったようである．

「Tsukuba for 3.11」は，震災直後に結成され，今日まで活動を続けてきている筑波大学のボランティアグループだ．元代表の福井俊介さんのお話では，学生ならではの活動の仕方を目指し，できることをやるということだった．毎月1回，文字が大きくカラフルでくだけた感じの新聞を送ってきていて，40代後半の私たちにとってはややマッチしない感もあったが，高齢者にとっては見やすく，温かみがあって良かったのかもしれない．内容は福島県の浜通りに焦点が当てられていて，中通りの郡山市から自主避難した私としては，福島県全体の被害や被災感に目を向けてほしいと感じた部分もあった．グループを立ち上げた当初の先輩たちが非常に熱く，後輩たちもそれに感動しつつ参加してきたという印象を受けた．支援グループでは時とともに熱意が失われていく問題があるが，その点でも，世代交代と表裏一体の学生支援グループというのは興味深いと思った．

(9) つくば青年会議所 神谷大蔵氏11)，つくば市社会福祉協議会 苅谷由紀子氏12)，いばらきコープ生活協同組合 松尾掌氏13)，筑波学院大学 武田直樹氏14)

　震災後つくばで一番最初に動いたのは，もしかしたらこの人たちなのではないか，というのが，つくばの青年会議所である．社長さんたちの集まりなので動きが早く，特につくばの青年会議所は早かったようだ．市などがまだ動かないうちから，もう避難所に選定されたところに炊き出しに出たり，青年会議所ネットワークを使い全国から支援を集めてきたりというのをやっており，つくば青年会議所の元理事長だった神谷さんの話は非常に重みがあった．つくば市周辺で有名な大きな会社の社長にどれだけ支援ができるかという交渉なども行って，お金を引っ張って来られ，それで支援が動き出したのである．当初は津波被害を受けて泥だらけで着の身着のままで来た人たちもいたし，命からがらつくばまで来た人たち，自分たち

の地域が心配になって自主避難する人たち，年齢もさまざまで，茨城県内の人たちも福島県の人たちもいたという．避難がきっかけで新しいカップルが生まれたりすることもあったというお話を聞いて，同じ境遇を経験してこれからの人生を支えながら生活できるのではないか，と思ったりもした．

　そのあと行政が追いついてくる．社会福祉協議会のつくば市災害ボランティアセンターのセンター長になった苅谷由紀子さんは，つくば市の各避難所でボランティアセンターを立ち上げ，全国からのボランティアを受け入れて仕切り始められた．未曾有の大規模災害で，つくば市にとっては初めてのことでもあり，もちろん全国から来るボランティアにはいろいろなタイプの人たちがいるので，苅谷さんのお話からは，その人たちに対する指揮系統も含めたボランティアセンターの運営の大変さというものが強く感じられた．試行錯誤の中，すべてベストではなかった対応も多くあったので，苅谷さんは後悔とか失敗なども思い出されて，感情的になりつつ話された．素晴らしいと思ったのは，その経験を活かしてマニュアルを作り，毎年1回ボランティアセンターの設営の訓練をされたことである．震災後のつくば市の竜巻被害や常総市の水害のときも——もちろん起こってほしくなかった出来事だけれど——スムーズな対応をすることができたことを，実感を込めて述べておられた．

　民間からの動きとしては，いばらきコープ生活協同組合の松尾掌さんのお話も興味深い．生協は生活に密着していて，食料を毎日宅配して地域ごとに回っている．いろいろなお宅に行ってみると，なかなか買い物に行けない人たちにとっては，宅配員との食材のやりとり，会話が社会とのひとつの窓口になっている．そうするとお客さんの具合がいいとか悪いとか，元気なくなっているといったこともわかる．生協のネットワークというのは素晴らしいセーフティーネットになっているのかもしれない．これと同じようなことを他の似たようなサービスでもできないかと思いながらインタビューを伺っていた．

　「フュージョン社会力創造パートナーズ」の武田直樹さんは，筑波学院大学社会力コーディネーターでもあり，筑波学院大学としても何か支援ができるのではないかということで，いろいろな集まりの駐車場を提供したりとか，会合の部屋を提供したりとかいった小さな支援をされていた．

(10) つくば市 木村徳一氏15),茨城県（当時）井上高雄氏16),福島県 佐原一史氏17)

　行政に関して，つくば市，福島県，茨城県の3つが今回取材の中で重要対象だったが，私にとっては，つくば市が非常にレスポンス良く動いてくださったことがまず印象に残っている．つくば市から情報は降りてこないけれども，何かを求めるとそれに対してすべて対応してくださった．つくば市は，「避難してきた人たちのためにはできることを何でもやりなさい」という市長の鶴の一声で，トップダウンで物事が進んだ強みがあったと思う．私自身，車の買い替えの際，住所は避難元から動かしていないために避難先で車を登録できずに困っていたが，つくば市に相談してみたら，住居証明書という特別なものを発行してくださり，それをもとに車庫証明を取ることができた．いろんなサービスを受けるために住民票は不可欠なので，こうした特別な措置は大変ありがたいものだった．自主避難の中で仮設住宅を借りる上でも，何パターンかの中から，その家族にとって一番良い居住の種類を，できるだけ希望に合わせてくださった．ただし悪用される場合もあるので，線引きが非常に難しかったと担当の方はおっしゃっていた．

　茨城県は別のレベルの微妙な問題も抱えていた．茨城県民は自分たちも被災している上，よりひどく被災している福島県民を受け入れなければならなかった．その中で，県民に何もしないのに福島県民には大規模な支援をするのかという不満も出てきていたのである．つくば市のように支援に熱心なところもあれば，市町村ないし行政区域の中にはそうでないところもあって，そうした全体を統括する広域行政ならではの大変さも強く感じられた．

　福島県側では，福島県の被災者・避難者を受け入れてくださった（茨城県をはじめとする）各県との交渉，また避難先の各行政区域や市町村との交渉をやらなければならなかった．同じことを交渉するのに何十，何百のやりとりをしなければならない，というのは非常に大変だったということを伺った．もしこれが受け入れてくださった県がきっちり窓口ひとつにしてトップダウンでやってくれれば，もっとスピーディーにレスポンス良く県民の声に応えることができたのにとも感じ，各県その立場ごとの正義や都合，そこでのせめぎ合いがあるのだなと思った．

　福島県に関しては地震被害と津波被害と放射能被害の3つがあり，その

それぞれに対しての被害，避難，影響が複雑に絡んでいる．地震と津波に関しては目に見えるけれども，放射能被害に関しては目に見えないし，国側は被害がないという姿勢である．県としては，広域行政としてのそうした国の立場を守って各市町村に伝える立場にあり，そこに感情論をもって伝えてくる避難者の人たちの声に対応することの難しさを非常に感じた．このあたりの，国と県と避難者の間の流れが非常に三つ巴の感じ，それが今回の一連のインタビュー映像の核になっているとも思う．福島県の佐原一史さんは，こういう大規模災害について，県をまたいだ大規模災害の制度ないし法律がなく，そうした制度設計が重要な課題であることを指摘されていたが，私はとても共感するところがある．伺った一連の支援活動の中でも，国の制度設計がないためにできないことが多くあったように思う．車庫証明の件もそうだが，日本では戸籍が土地に紐付いており，そのために今回大変な思いをしている人たちが多くいるのは事実である．震災直後に早々に避難し，住民票を変えてしまった人——子供が学校に入れないので住民票を移した母子避難の人たちも多い——は，賠償金ももらえずに大変な思いをしている．マイナンバーを活用して，行政サービスが境遇に合わせた対応ができるような制度設計ができないものかと考えた．

3 制作後に考えたこと

現在の日本では，究極的に言えば，誰もが自分自身の選択によって自分がどこに住み，どこで仕事をするかを決めることになる．選択の際には様々な可能性がある．私自身，家族の健康上の不安とともに，震災の影響で郡山での仕事がうまくいかなくなったこともあり，つくばという新天地で営業することを考えた．そして自主避難という形で住居費を援助していただけたので，それを助けに新たな事業展開をすることができた．振り返ってみれば，郡山で仕事を続ける可能性もあったかもしれないし，またつくばでもっと安定した仕事に就くこともできたかもしれない．被災による避難と，こうした私の人生における一連の選択を分けることはできない．

この点はかなりの部分，強制避難の場合も同じである．避難自体は強制によるものであっても，その後の選択は自分でやらなければならないし，その中で人生も変わっていく．賠償金を資本として上手にビジネスを行う

人もいるし，何の選択もしない人もいるが，それ自体もすべて自分の選択である．被災者が自分の避難元に戻るとか戻らないというのもすべて選択だ．戻れる状況を作るのが国とか県とかの仕事かもしれないが，そこに戻る，戻らないというのはすべてその人個人の選択である．

　政府側は，元に戻すという前提があるので，「大したことではなかった」「何もなかったんだ」という方向に向かいがちである．そしてこのストーリーの中で，大枠には何も手をつけない方針になってしまう．今回の作業の中で私が感じたのは，下々がやれることはできる範囲で実は相当にやっているということだった．そうした中で，いろいろな立場が相互に絡み合って，最終的には，広域行政の限界にたどり着いてしまうところがある．一般的に言って，災害の帰結として，元に戻れないものは戻れないという事実は厳然としてある．将来またどこかで大きな災害がありうることを考えると，国による，県を越えた広域行政の枠組みの見直しに取り組む必要があるのではないだろうか．極端に言えば，私は，もちろん福島県に愛情はあるけれども，福島県は解体すれば良かったかもしれないとさえ思う．そうすれば，少なくともカタカナの「フクシマ」とか言われずに済んだだろう．

　県を越えたつながりは私たちの生活の中に潜んでいるものでもある．先日京都の上賀茂神社に行った時，神職の方がお祓いが終わったあと，私の住所が福島県と書いているので，福島県からわざわざ来たのですかとお話してくださった．上賀茂神社は別雷の神社と呼ばれ，「雷が別れて災難をよけることができた」という神話をもとにしているということである．「でも，私たちの力が足りなくて，毎朝災難が降りかからないようにお祈り申し上げているんですが，私たちの力が足りなくて申し訳ありません」とお謝りになった．私はとても感動した．実は東海村にも別雷皇太神がある．原発があるのでやはり神頼み的なところがあるのだ（幸い東海村は電源喪失せずに済んだ）．私は，阪神・淡路大震災後の支援活動を今日まで続けているボランティアの人たちにも，機会があればインタビューしてみたいと思った．時間とともに災害の存在はどんどん薄れていく——それは一体どうなっていくのだろうか．

　福島県の須賀川市で毎年11月上旬に「松明あかし」というお祭りがある．かなり盛り上がるイベントで，公園に5メートルぐらいの太さの松明

を何本も立て，そこに火つけていくお祭りである．この祭りは，須賀川にあったお城が包囲攻撃された時，城を守るために死んだ多くの人々の鎮魂のために，提灯持って練り歩いたのに由来するらしい．それが400年以上も続き，お祭りになっている．でも，もともとの意味は住民にとっても薄れていて，わからないから皆集まって盛り上がるお祭りみたいになっている．となると，福島の震災に関するお祭りもそうなっていくかもしれないと考えたりもするのである．

注
1) 田部氏はつくば市での避難者支援に関する一連のインタビュー映像の撮影のほか，「まなび旅福島」（第4章，第7章参照）にも同行して映像の撮影・編集を行っており，その映像は国内外の一連の学会報告で上映されたほか，インターネットでも公開されている．
2) 双葉町つくば自治会前会長．同自治会の活動の詳細については http://sites.anthro.c.u-tokyo.ac.jp/tsukuba/archive を参照．
3) 元気つく場会共同代表．元気つく場会の活動の詳細については http://sites.anthro.c.u-tokyo.ac.jp/tsukuba/archive を参照．
4) 筑波大学の学生でうつくしま体操教室メンバー（当時）の相原奨之さん．
5) 筑波大学体育系教授．うつくしま体操教室（http://gym.tsukubauniv.jp/ 研究室概要/）を主宰．同教室の活動については，詳しくは http://sites.anthro.c.u-tokyo.ac.jp/tsukuba/archive3 を参照．
6) ルピナスの会代表．同会の活動については，詳しくは http://sites.anthro.c.u-tokyo.ac.jp/tsukuba/archive4 を参照．
7) ふれあいサロン・千現カフェ代表．千現カフェの活動内容については，詳しくは http://sites.anthro.c.u-tokyo.ac.jp/tsukuba/archive4 を参照．
8) 印南氏と平山氏は介援隊の会長および副会長．詳しくは http://sites.anthro.c.u-tokyo.ac.jp/tsukuba/archive4 を参照．
9) NPO法人フュージョン社会力創造パートナーズ（http://f-syakairyoku.com/）理事長．詳しくは http://sites.anthro.c.u-tokyo.ac.jp/tsukuba/archive4 を参照．
10) 茨城県内への避難者・支援者ネットワーク「ふぅあいねっと」（http://fuainet.jimdo.com/）代表．詳しくは http://sites.anthro.c.u-tokyo.ac.jp/tsukuba/archive5 を参照．
11) つくば青年会議所（http://www.tsukuba-jc.or.jp/）元理事長．支援活動の詳細については，http://sites.anthro.c.u-tokyo.ac.jp/tsukuba/archive5 を参照．

12) つくば市社会福祉協議会（http://www.tsukuba-swc.or.jp/）．つくば市災害ボランティアセンター長（当時）．活動の詳細については，http://sites.anthro.c.u-tokyo.ac.jp/tsukuba/archive5 を参照．
13) いばらきコープ生活協同組合前総合企画室次長．活動内容の詳細については，http://sites.anthro.c.u-tokyo.ac.jp/tsukuba/archive5 を参照．
14) 筑波学院大学社会力コーディネーター／講師．活動内容の詳細については，http://sites.anthro.c.u-tokyo.ac.jp/tsukuba/archive3 を参照．
15) つくば市総務部総務課課長（当時）．より詳しくは，http://sites.anthro.c.u-tokyo.ac.jp/tsukuba/archive2 を参照．
16) 茨城県防災・危機管理課　総括課長補佐（当時）．現在も茨城県在職．より詳しくは http://sites.anthro.c.u-tokyo.ac.jp/tsukuba/archive2 を参照．
17) 福島県　避難者支援課茨城県駐在副査（当時）．より詳しくは http://sites.anthro.c.u-tokyo.ac.jp/tsukuba/archive6 を参照．

第4章

災害に抗する市民の協働[1]

関谷 雄一

1 震災直後の「災害ユートピア」

1-1 福島県にて

　2011年3月11日の震災・津波・原発事故発生直後から，ピーク時は全国で45万人に達する人々が避難所生活を強いられた．あれから7年を過ぎた現在（2018年5月末時点）でも，福島県から他県に避難している方々は3万3,791人に上る［復興庁 2018］．日常生活が破たんし，行政による避難指示も行き届かない中，人々は情報の圧倒的な混乱と不足に悩まされ続けた．東京電力福島第一原子力発電所に近い，双葉町，大熊町，浪江町，富岡町，南相馬市の人々の多くは，国道114号線を通って川俣町方面に避難したのだが，当時の風向きなどに影響され，結局はより多くの放射性物質が拡散していた方向に逃げていた．地震と津波のみならず，原発が爆発する切迫した状況の中，地元の人たちが拠り所にした避難の判断材料や機会は何であったのか．さらにつくばにたどり着くまで，どのような避難経路を辿ったのか．後に詳述する筆者らによるつくば市でのインタビュー調査で明らかとなったのは，つくばに落ち着くまでに，最長1年の間に平均4回，多い場合で8回も点々と移動してきたことだ[2]．また詳しい避難者への聞き取りから理解できたのは，混乱の中で与えられた防災無線による放送や，行政による避難指示は役に立たないどころか，安全を確保する上ではむしろ逆効果であったことである．結果的に，人々は臨機応変に自分の判断で，避難途中で出会った人々と助け合いながら避難するか，親類や知人を頼るしかなかった．

　　聞き取り1（2013年1月23日）
　　世帯それぞれ避難の経路が全然違いますからね．ずっと避難所にいた方もいますし，転々とした人もいますし，いまだ騎西高校にいる方だっていらっしゃるし．うちなんかはかみさん，広島出身なのでそこにも避難していました．福島の自宅付近では，結構近い関係同士でお付き合いして結婚して，だから奥さんの実家もそこ，旦那さんの実家もそことなると，避難しに行く場所がない人たちも結構いる．だから奥さんが遠くから来た人はそちらの奥さんのほうに避難している人とか，そういう人は結構ラッキーなんですけど，同じ町同士で結婚した方は，

親戚も，その範囲が狭いんで遠くに行きたくても行けない．

聞き取り2（2013年4月17日）
3月14日の夕方ごろ，私の友人がたまたま川俣町にいて，本当に震災後初めての電話がその友人だったんです．「今どこにいるの？　私は今，双葉町のボランティアで川俣町で炊き出しやって，皆いて，Aさんの名前聞いて歩いてるんだけど，どこ探してもいない」って電話がかかってきたんですよ．本当に有難くって．川俣に友達がいることなどすっかり忘れていたし．その方は双葉町に帰るまで主人が勤めていた会社の同僚の奥さんだったのです．川俣に皆双葉町の人が来ているんだから，これから迎えに行くからここにお世話になったほうがいいって言ってくれたんです．

聞き取りをしていく中で，私的に出会った人々や親戚や知人を頼りにとりあえずは避難してきた方々ほど，やがて避難を繰り返すうちに，これ以上は人に迷惑をかけられない，という心理にも追い詰められていった．

聞き取り3（2013年4月17日）
自分らはまだいい方ですよ．そうやって知人とこを何とか頼ってね．それはなぜかって言うと，妻も腰痛だったし，避難所に行ったらもう妻もアウトだなと思ったんですよ．子どもたちも，「いや，避難所にはできるだけ行かないようにしよう」って言うことで，もうこの際あれだからって，知っている人の所に電話して，行ったんですよね．あまり余計な迷惑をかけられないので，大江戸温泉で食事をして，8時ごろ知人宅に行ったら，1部屋，何畳ぐらいの部屋だろう，そこに4人の布団全部敷いてあって，もう電気毛布まで全部入れていてくれた．皆で涙流したね．あれは本当にありがたかったな．

大勢の人が止むを得ず長期の避難を強いられた中で，「いいとこ2泊3日（親戚や兄弟でも頼れるのは2，3日程度ということ）」という言葉が流行ったこともよく知られている．

聞き取り 4（2013 年 4 月 24 日）

そこで流行った言葉が「いいとこ 2 泊 3 日」（笑）．なんぼ親戚，息子，子どもの所に避難しても，いいとこ 2 日か 3 日．最初は歓迎されるが，そのうち露骨ではない程度に邪魔者扱い．いつまでいるのか，ということでお互い嫌な雰囲気になる．私らも気づいていたので，そうして他人の家に行くくらいなら役場の紹介で避難所に行ったほうがよいと判断した．平成 23 年 4 月 1 日から騎西高校に移動し，それから 1 年くらいいた．

つくば市に避難してきた福島県民は実に多様な経緯で避難したが，前記のように多くは被災者同士助け合ったり，親類や知人を頼りに，より自らと縁のある人々を頼って情報を入手したりしながら，何とかつくば市にたどり着いた．さらには近しい間柄ゆえに「迷惑をかけてはいけない」という気づかいも重ねつつ，できるだけ公的な支援や自力で解決しようと努力を重ねながら，必死に避難を続けた．災害に抗する市民の協働は，このように当事者たちの自主的な形で災害発生直後から始まっていた．

1-2　マルセイユ市にて

東日本大震災が発生したとき，筆者自身はフランスのマルセイユ市にいた．2010 年 4 月から 1 年間の予定で，マルセイユ市の地中海大学医学部人類学研究室にて客員研究員として研究活動をしていた．現地時間と日本時間の差は 8 時間で，午後 2 時 46 分は，フランス時間ではまだ午前 6 時 46 分であった．しかし，同日の午前 9 時ごろ，研究室に出向くと研究室事務室のテレビがつけられ，研究室中のスタッフたちが遠い日本で起きた出来事を伝える報道を見ていた．「君の国が大変なことになっている」．でも小さなテレビの画面と早口のフランス語による報道は，ごくたまに起こる大津波の被害程度にしか筆者には受け止められず，何度も仲間に強く諭され，ようやくただ事ではない事態に気づいた．

その週は日曜日になっても，電話は日本につながらず，次第に高まる日本への不安を少し紛らわせようと，夕方に日課となった散歩を兼ねて，アパートから歩いて 10 分程度の距離にある「ノートルダム・ド・ラ・ギャルド・バジリカ聖堂」を訪れ，いつものように聖堂からマルセイユを一望

できるテラスでぼんやりしていた．やがて聖堂の中の腰掛に座ると，奥の祭壇横のマイクスタンドに司祭が立ち，祈りの言葉を述べ始めた．しばしいつもの挨拶と説教の後，「地震と津波の被害を被った，日本の方々のために祈りましょう」．司祭は突如このように切り出した．驚くとともに，東京から1万キロメートルほど離れた異国の地で，日本のために祈りを捧げる大勢の市民を目の当たりにし，感動にしばし落涙を止められずにいた．

　原子力開発先進国という事情とチェルノブイリ原発の経験もあってか，福島原発事故の重大性をフランス市民は比較的よく理解している．震災発生直後，大勢のレスキューチームとともに，人道支援物資及び原子力関連機材が積み込まれ，マルセイユの空港から出発したと，マルセイユ市で日本用品店を開く宮鳥堂の主人から後日伺った．報道よりも早くこのことを主人が知っていた理由を尋ねると，チームが出発する直前に関係者が主人に電話連絡をし，「通訳が足りないので一緒に来てほしい」と頼まれたものの，急いで準備をして空港に到着したときにはすでに飛行機が飛び立った後だった，と残念がっておられた．

　東日本大震災直後のマルセイユで筆者が遭遇した日本への思いやりや助け合いは，レベッカ・ソルニットが論じた「災害ユートピア」に似ている．ソルニットが指摘したのは，大災害に直接遭遇した人々が，被災地で利己的になり，パニックに陥ったり退行現象が起きて野蛮になったりしないで，むしろ緊迫した状況の中で皆が利他的になり，思いやり深い行動を示す様子である［ソルニット 2010］．本章で言えば，前半の福島県避難民の様子がそれと重なる．しかし，後半のマルセイユで筆者が経験したのは，遠く離れた地の文化や言葉の違う人たちが困っている状況に思いをはせ，即応的に利他的行動を開始する名もない人たちの善意と協働が形成する，大げさなようでもグローバルな「災害ユートピア」であった．背景としては，即時的に地球を駆け巡る情報ネットワークの影響と，そのような情報ネットワークの中で暮らす現代人が，地球規模で起こる災害に対する認識の共有，思いやりと想像力を増幅させていることがあるのではないかと考える．

2 災害に抗する市民の協働

　本論で議論する協働型社会における，災害に抗する市民の協働とは，前述したソルニットの災害ユートピア的状況において促進される人々の利他的行動の延長線上に見出すことのできる，災害援助と復興に実効的・組織的に機能する，人間の組織的行動の現れである．本書で扱う災害復興に関わる実践的研究において，顕著に見出すことのできたアプローチの特徴として，すべては協働型の体制から始まった．福島原発事故を機に被災地及び，つくばや東京の避難先で行ったインタビューは，つくば市において避難者のセーフティネットを構築しようとしているアクターと，避難者たちへのインタビューを試みようとしていた研究者の協働から始まった．加えてインタビューから明らかになったのは避難者同士の協働や，避難先にてリアルタイムで行われている災害に抗して生き延びるための市民の協働であった．

　文明評論家のジェレミー・リフキンが2014年に『限界費用ゼロ社会──〈モノのインターネット〉と共有型社会の台頭』を出版する［リフキン 2015］．21世紀を迎えた今日，資本主義社会の凋落とともに生まれつつあるのが，協働型コモンズで展開される共有型経済である．リフキンは，この経済パラダイムの大転換の原動力としてモノのインターネット＝Internet of Things IoT に注目している．IoT はコミュニケーション，エネルギー，輸送の〈インテリジェント・インフラ〉を形成し，効率性や生産性を極限まで高める．それによりモノやサービスを1つ追加で生み出すコスト〈限界費用〉は限りなくゼロに近づき，将来モノやサービスは無料になり，企業の利益は消失して，資本主義は衰退を免れない．その代わりに台頭するのが共有型経済だとする．人々が協働でモノやサービスを生産し，共有し，管理する社会の在り方が実現されることを予想している．

　こうした共有型経済を下支えするのが，協働型コモンズである．コモンズ自体は，世界で最も長い歴史を持つ制度化された資源の自主管理活動の場である[3]．現代のコモンズも，生活の最も社会的な側面に関わる場で機能しており，何十億の人々が関与していて，様々な団体や管理組合，機関が民主的に管理することで成り立っている．リフキンはコモンズの自主管理が，社会関係資本を生み出していることも見逃さない．コモンズは人々

が隷属状態に置かれた専制的な封建体制の下で生き延びるための，適応力のある経済モデルであることから始まり，産業革命以降は都市の労働者と中産階級が，共有資源の利権を分かち合う，ソーシャルコモンズへと移行し，現在，資本主義の凋落とともに，人々が「他者と結びついてシェアしたい」という原動力の下で再稼働しようとしている．

リフキンのこの協働型コモンズの台頭論は注目に値する．リフキンはその原動力を IoT に見出しているが，大事なのは，IoT を可能ならしめる，協働型コモンズや共有型経済を成り立たせようとする動機が歴史的経緯を経て，現代の人々の間に浸透してきているという事実である．テクノロジーの有効性を下支えするのは人間や社会の質的な変革であり，テクノロジーはそうした変革を増幅させるきっかけを作るに過ぎない［外山 2016］．そのことはリフキン自身も承知している様子がうかがえる．同書でリフキンは，協働型コモンズの台頭をあくまでもこれまでの市場資本主義経済との連続性の中に位置づけてとらえようとしていることが読み取れるからである．

実際に，東日本大震災後の東北では NTT ドコモが被災地への支援事業として，無料端末などの貸し出し支援や全域で 410 か所に無料充電コーナーを設置し，情報ライフラインの復旧を手がけている[4]．また，市民による携帯電話の無料充電サービスも実践されていた[5]．2016 年 4 月に熊本県益城町で発生した地震では，携帯各社がすぐに無料の「充電スポット」を熊本県，大分県，福岡県内の施設・避難所 347 か所に用意しており[6]，2018 年 6 月の大阪北部地震でも，NTT ドコモ，KDDI，ソフトバンクの携帯電話 3 社が地震発生直後から被災地支援に乗り出している[7]．災害によって切断されたライフラインを復旧するための協働型コモンズは日本社会でも機能している．

ところで，筆者にとり協働型コモンズを志向するつながりの舞台となった福島県は，原発事故発生以前には出張で年に 2 回は訪れる場所であった．東日本大震災以後に福島県を訪れたのは，東京・神保町にある文化・学術系出版社，言叢社の島亨氏，五十嵐芳子氏，龍谷大学の大矢野修氏とのご縁で，2012 年 3 月末以来，数回にわたり飯野町を訪れ，同町社会福祉協議会有志の方々のお話を伺う機会を得たことをきっかけとする．飯野町有志の方々とお話をしたとき筆者が大学教員だと告げると「科学者の言うこ

とほど信じられないものはない」と，寄り添いたかった気持ちさえも一蹴されそうな勢いであった［関谷 2012］．

　筆者がこのとき出会った，飯野町の方々をはじめ，当時 NPO 法人「子どもたちを放射能から守る福島ネットワーク」代表の佐藤幸子氏，飯舘村農家で福祉団体職員であった小林麻里氏，NPO 法人「市民放射能測定所」広報担当の阿部宜幸氏，そして前述した言叢社の島氏とはお話を伺っただけではなく，その後大学にて公開セミナーの講師としてそれぞれにお話をしていただく機会を得た．さらに調査で出会った人々からの情報を得て，立ち寄った喫茶店『椏久里珈琲』[8)]で，お店を営む市澤秀耕・美由紀夫妻に後述する「まなび旅・福島」にて訪問先となっていただく約束もしていただいた．このように協働型コモンズの試みに向かうつながりが作られていった．本章では以下，筆者が福島県の人々と出会いながら実践した大学セミナー，まなび旅，避難者インタビュー，ウクライナ調査，東雲の会の人との交流に至るまでの各段階を経ながら，災害に抗する市民の協働により成し得た活動を振り返る．

3　市民の協働による大学セミナー

　東京大学「人間の安全保障」プログラムの連続 HSP セミナー「震災・原発と人間の安全保障」は，2011 年 4 月から同学の「人間の安全保障」プログラムのスタッフが中心になって連続して開催する東日本大震災・福島原発事故関連のテーマを扱った公開セミナーであった．前述で触れた各氏のセミナーについて，以下実施された順番に概略する．

　第 11 回セミナー（2012 年 5 月 24 日）で講師の佐藤氏は，「子どもたちを放射能から守る福島ネットワーク」代表として，震災直後から家族総出で福島県外に自主避難する家庭の相談や，避難先の状況について情報交換する活動展開してきたことをお話しいただいた．コメンテーターをしてくださった山田真氏（八王子中央診断所　理事長・小児科医）は，「子どもたちを放射能から守る全国小児科医ネットワーク」を立ち上げ，福島市内での「健康相談会」も開くなど，福島の子どもたちを守る活動に取り組んできた立場から補足説明をしていただいた[9)]．

　佐藤氏は，自然農法の実践家としても知られており，彼女が出版した著

書の中で，原発事故が発生するまで家族とともに実践してきた自然農による30年間の自給生活の様子が述べられている［佐藤2013］．「やまなみ農場」と名付けられた農場には，農業の担い手が多く学びに来ていた．やがて佐藤氏はそうしたニーズに応える形で，自然農自給生活学校を始める．学校の修了生の中には，そのまま地域にとどまって農業をする人も出てきた．2002年には元修了生などとともに，地域通貨「どうもない（＝ありがとうの意）」の会を始めた．また，そのころからネットワークを通じて知り合った高齢者や障がい者の人たちの支援活動も始め，その活動の拠点として飯野町に共働福祉農園麦の家を作り，運営のためにNPO法人「青いそら」を2007年に立ち上げた．こうした佐藤氏の取り組みは2011年の東日本大震災を境に一変した［佐藤2013］．

第16回セミナー（2012年11月16日）では飯舘村農家の小林麻里氏に講演していただいた[10]．小林氏は，飯舘村の農家を営む傍ら，福祉団体（NPO法人「青いそら」）の職員として働いていたときに被災した．その後，飯舘村の役場と人々が避難している飯野町にて避難生活をしながら，元の自宅と畑を往復していた．自ら被災者として見聞し考えたことをまとめたエッセーが，同年5月に明石書店より出版され，注目を浴びていた［小林2012］．

小林氏の生きる苦しみは東日本大震災から遡ること4年，2007年3月にご主人を病気で亡くしてしまったときから始まっていた．夫の死後も，飯舘村で始めた農的な暮らしを捨て去ることができず，そのまま飯舘村に残った．絶望の中から光を少しずつ見出しながら，2008年には前述の佐藤氏たちが始めた地域通貨「どうもない」の会に入会し，草刈りや薪割りなど，1人ではできない仕事を手伝ってもらう傍らで，自分の得意な料理やお菓子を差し出してもてなす方法で，冬場は氷点下10℃以下に下がる飯舘村で過ごしてきた．2009年からは仲間とともに自然栽培の米作り，「森の田んぼプロジェクト」を始めたり，NPO法人「青いそら」でパートをしたりして働いていた．しかし小林氏のささやかな希望の光は再び2011年3月11日に途切れてしまう．

原発事故を機にさらに深さを増す小林氏による，生きる悲しみを乗り越えようとする考察は，個人の域を超えて，人間自身が背負っている自然に対する罪の意識にたどり着く．彼女が，水俣の漁師で水俣病認定申請患者

協議会会長でもあった緒方正人氏の『チッソは私であった』の中で展開される緒方氏の自省の思想［緒方 2001］を踏まえつつ事故後，人間がまき散らした放射能で多くの生物が汚染されている一方で人間だけが逃げたことについて，「その罪深さを思うとき，東電が悪い，国が悪いとばかり言えない自分がいます」と語る［小林 2012：129］．

　もちろん，福島県の人々をはじめとする原発事故の被災者たちが被った被害の理不尽さを忘れてはならない，と小林氏は冷静に分析している．国や東京電力は当然可能な限り償うべきだし，それは当然だ．しかし，強調されるべきは水俣病と向き合った緒方氏がたどり着いた，他のいのちへの罪の上に生きる人間のひとりとしての「自省の意識＝魂」のゆくえに，原発事故被災者の小林氏も同感を覚え，言及していることである．

　第 17 回セミナー（2012 年 11 月 22 日）は，言叢社同人代表の島氏をお迎えし，フクシマの問題と「人間の安全保障」概念の違和感について語っていただいた．島氏は出版社代表を務める傍ら東日本大震災以降，福島県と福島県民に起きている現状を憂い，元ジャーナリストのキャリアを活かしながら自ら独自の調査を行い，2012 年に自らも『フクシマ——放射能汚染に如何に対処して生きるか』を出版した［島 2012］．同書に述べられているフクシマの問題に対する人々の無防備さ，無責任さを省みながら，それでも未来に備えるための考え方を改めて講演で説いてもらった．

　原子力問題の専門でもない，一介の人文科学専門書の編集者である島氏が，原発事故を機に身銭を投げうって調査を行い，著書出版まで完遂した意図について注目したい．彼自身はそのことについて，①自分自身が被災当事者として発言責任を持つから，②様々な情報を参照し，事態を客観的に見据える必要があるから，③事故の責任者としての国と東京電力に福島県民の視座に立って憤りを感じたから，とやや感情的に説明している．筆者が福島原発事故関連の調査を始めたのも，島氏（と同じ編集者の五十嵐氏，友人のすぎたカズト[11]氏ら）の導きによる．調査をともにしながら，丹念に関係者の話を聞き，膨大なネット上の情報や公表された文書，著作物に目を通しながら，繰り返し調査に出かける島氏による取材と考察は，感情に流されることなく，一市民の視座から徹底して考え抜くことを見事に実践していた．

　第 18 回セミナー（2012 年 12 月 2 日）では CRMS 市民放射能測定所 福

島の広報担当（当時）阿部宣幸氏にご講演いただいた．CRMS福島は，放射能防護のための活動をするNPO法人で，食品の放射能量測定と，ホールボディカウンタによる体内残留放射能量測定を中心に，福島市で市民の手による自発的な活動をしていた．市民からの測定依頼を受け付けるとともに，広く情報を共有するために測定したデータはウェブサイトなどで公開された．阿部氏はこのCRMS福島の広報活動を展開しながら，人々に分かりやすく放射線防護対策を説明する仕事を続けていた．

　阿部さんは元写真家だが，原発事故をきっかけに仲間とCRMS市民放射能測定所を立ち上げ，2011年7月に活動を始めた．当時，簡易測定器1台のみで始めた活動は，阿部氏自身は途中でほかのお仕事に就くが，仲間たちにより継続され，2014年6月には団体名を「ふくしま30年プロジェクト」に変更して，現在も阿部浩美氏を中心に活動を続けている［阿部2017］．後述するが，筆者は昨（2017）年のまなび旅でさらに多様化するニーズに応えて市民の視座から可能な支援を考え活動を続ける同プロジェクトの現況を知った．

　HSPセミナーにて講義をしてくださった，福島県関係の方々に共通しているのは，どの方も一介の市民であったことである．そうした市民が自ら行動を起こし，人と結びつきながら，自分と同じように原発被災と向き合う人々が必要とする情報・支援を提供しようとする努力を続けていた．HSPセミナーはどの回も参加者の反応はまずまずであった．そうした質的な学びが可能となった背景には，そうした個々の人々が，震災復興のための協働型コモンズのようなつながりとなって，優れた学びの場・研究教育の基盤を担ってくれたことがあると考える．

4　まなび旅・福島

　2012年7月28日及び29日に，学部及び大学院の有志学生9名を連れて筆者は福島県へ出かけた．筆者にとり最初の福島訪問以来，情報網も広がり，相馬野馬追行事に合わせたスタディーツアーの準備は筆者自身が広げた情報網で出会った人々により支えられ，実施できた［関谷2012］．翌2013年にも相馬野馬追行事に合わせて同様のまなび旅を実施したほか，2014年以降は科研費による助成を受けた形で，研究調査中心のまなび旅

を福島で実施した．また，予算が確保できたこともあり，本書第3章を担当した田部文厚氏に依頼して，旅の様子も同行撮影することができるようになり，まなび旅を再現することも可能となった．以下2014年以降のまなび旅の概要を一覧する．また，ダークツーリズムに照らし合わせて分析したまなび旅・福島の意義に関しては山下晋司が執筆した本書第7章に詳しい．

 2014年11月22日＆23日（研究チーム4名＋学生3名参加）
  南相馬津波被災地見学と新地町村上美保子さんによる紙芝居見学
2015年10月31日＆11月1日（研究チーム6名＋学生5名参加）
 富岡町3.11を語る会事務所訪問と楢葉町見学（つくば避難者猪狩壮夫氏邸訪問）
2016年3月5日＆6日（研究者5名＋学生7名参加）
 桜の聖母短期大学にて『福島学』レクチャー受講と梻久里珈琲訪問及び天栄村見学
2016年9月5日＆6日（研究者・社会人10名＋学生3名参加）
 鹿島建設JV事務所，いわき市役所及び東京電力福島第一原子力発電所構内見学
2017年11月3日＆4日＆5日（研究者・社会人14名参加）
 環境再生プラザ，梻久里珈琲訪問，南相馬市，富岡町訪問，ふくしま30年プロジェクト見学
2018年11月3日＆4日＆5日（研究者・社会人8名参加）
 いわき万本桜プロジェクト，いわき市石炭・化石館ほるる，スパリゾートハワイアンズ，いわき市語り部ツアー，東京電力福島第一原子力発電所構内見学

 2014年度以降は，いずれの旅も前掲，田部氏によるビデオや写真撮影があり，イメージとしても記録を残すことができるようになった効果は大きい．2014年11月の新地町の紙芝居見学の様子は，ビデオクリップに編集していただき，翌年の学会発表にて公開している．
 2015年のまなび旅は，つくばの公務員宿舎に避難していた猪狩壮夫氏の楢葉町のお宅にお邪魔した．猪狩氏はその日に合わせて，前日から家族

とともに一時帰宅をして待っていてくださった．折しも同年の9月5日，楢葉町の避難指示は解除されたが，同氏は，変わり果てた自宅にしばらく帰る気になれなかった状況にあった．一行が訪問し，同氏に楢葉町を少し案内していただいたり，お宅でおいしいおにぎりをいただいたりした．

　2016年3月のまなび旅は，本書第10章を担当する田中大介のアレンジによる旅であった．田中は文化人類学・死生学を専門とするが，当時，勤務先の桜の聖母短期大学を拠点に，同短大の地の利を生かした「福島学」の研究教育実践を行っていた．その「福島学」は，これからの福島県の地域活性化に向けたアイディアを考えるうえで役立つ．また，田中が築いたネットワークで訪問が可能となった天栄村にて，同村における安全・安心の米作りの工夫を間近に見ることもできた．

　2016年9月の鹿島建設JV事務所訪問並びに，いわき市市役所訪問そして東京電力福島第一原子力発電所構内の見学を実施した．鹿島建設JVの訪問は本書第7章を執筆した山下の学友，郷健一郎氏（鹿島　東京建築支店　東電福島3号機原子炉建屋カバーリング工事事務所長）のご厚意に甘えた．郷氏の事務所は東京電力福島第一原子力発電所，第3号機修復・解体事業を担当しており，その具体的な内容に関して説明をしていただいた．また，いわき市役所総合政策部政策企画課の篠原潤氏からは，同時点でのいわき市による避難者受け入れ体制と課題に関するブリーフィングをいただき，行政が人口増加と受け入れ体制の整備に追われている状況が理解できた．

　東京電力福島第一原子力発電所（イチエフ 1F）構内見学は，様々な先行団体による報告などを見るに，東京電力のサービスにより，2015年ごろから受け入れ実施をしているようである．同時点におけるリアルタイムの1Fの状況を見ながら東京電力から直接説明を受ける機会となった．その手前で鹿島建設の郷氏からすでに廃炉工程に関する説明を受けていた分，具体的かつ技術的な現況がより分かる状態であった．さらには後から理解できたことではあったが，このとき筆者たちの研究チームが見学の機会を与えられたのは，筆者の実弟が東京電力の社員であったという要因も大きく働いていた．筆者の実弟も見学当日は会社の指示で職場を離れ，1F構内で筆者の見学チームに同行した．

　2017年11月に行ったまなび旅は，筆者のイニシアティブではなく，東京外国語大学の西井涼子氏らによる基盤研究（A）『人類学的フィールド

ワークを通じた情動研究の新展開：危機を中心に』プロジェクトのメンバーによる訪問であった．しかし，この回で再び椏久里珈琲の市澤夫妻の現在のお話を聞いたり，富岡町3.11を語る会のメンバーによる案内で町内を巡回したりしながら，震災後7年目を迎えた町の様子を間近に見たりすることができた．

　2018年11月にも東京外国語大学の情動研究チームとまなび旅を共にし，再び1F構内にも入ることができた．2年前と比較して，格段に廃炉に向けた工程が進んでいることがはっきりと分かり，市民の1F構内見学要望に対する東京電力の開かれた姿勢も印象的であった．また，いわき市海岸部の防災緑地と防潮堤を地元ボランティアの方の案内で巡回しつつ，インフラ復興の陰で癒されぬ人々の心の傷も垣間見ることができた．

　前述してきたように，まなび旅で毎回のように訪問させていただく椏久里珈琲の市澤夫妻には，多くのことを学ばせていただいている．椏久里珈琲はいつもお客さんで一杯で，そのような中，大勢で押しかけることをとても申し訳なく思っているものの，行くごとに震災後の年が重なり，市澤さんたちや，飯舘村の人たちの状況が移り変わっていく様子，それに対する市澤さんたちの思いもうかがうことがとても重要だと考えている．

　市澤さんたちが記した『山の珈琲屋　飯舘「椏久里」の記録』には，飯舘村の歴史や珈琲ビジネスの難しさなども詳しく記載されている．印象深いのは，震災直後わずか2週間目に椏久里珈琲が一時再開をする場面で，飯舘の水が汚染されていることを知った常連客や初めてのお客さんまでが市澤さんたちに「水」を運んできてくれたことについて市澤さんが「生かされている」ということを感じておられたことである［市澤・市澤2013：14］．

　そんな市澤さんは国に対する不信についても次のように触れている．「珈琲屋として商いをすることを通して信用や信頼が社会生活を続けるのには，とても大事なことで，努力と長い時間を要することを理解している．原発事故に際し，国や行政がすぐに避難指示を出さなかったことは，自分たちをはじめ飯舘村の多くの人たちに，『国や自治体から見放された』不信感を与えることとなった．この不信感を回復するために今，国家という統治機構が待ったなしの再構築を迫られているということである」［市澤・市澤2013：214-220］．まなび旅の学びは，人間関係から始まり，国家

と市民の関係性をも考え直させてくれる．

5 避難先における協働

　筆者の福島原発被災者研究の基礎を構成する研究調査が，2013 年 1 月から 10 月にかけて本書第 2 章を執筆した武田直樹と筑波学院大学そして東京大学 HSP チームのメンバーがつくば市に避難した 50 件の方々へのインタビュー調査であった．武田との出会いは，その前年に双葉町が主催して実施していた「双葉町 7,000 人の復興会議」のつくばグループ会に，筆者が見学で訪れたことがきっかけであった．当時，筆者は東京大学 HSP の大学院講座で，避難者への接点に関する手がかりを求め，武田は避難者のセーフティネット作りに向けて避難者の声を聞き出すきっかけをつかもうとしていた．

　当初，つくば市に在住し東京大学 HSP に所属しながら，つくば市における福島県原発被災避難民の研究を強く希望していた岩崎敬子さんに主体的に東京大学側のスタッフとして調査を行ってもらっていた．岩崎さんはそのときの 22 件の世帯調査に基づき，2013 年度に修士論文を取りまとめ [Iwasaki 2013]，博士課程に進学し，2017 年にはさらに計量的分析方法と心的ケアに関わる考察を発展させた重要な博士論文 "Social Capital and Mental Health among Displaced Residents from Fukushima" を提出している [Iwasaki 2017]．

　さて，2013 年に戻ると，岩崎さんのトライアル的な取り組みで成功した調査を継続し，訪問世帯 100 件を目標に，同年 4 月以降は東京大学と筑波学院大学の合同研究チームによるインタビュー調査を行うこととなった．東京大学から筆者を含め，授業の一環として調査を希望する大学院生が参加し，武田から訪問先の避難者に打ち合わせて了承を得た日時に避難先宅を訪れ，1 件 2 時間前後の聞き取り調査を行った．同年 10 月末までに，岩崎さんが実施した 22 件に加えて 28 件の訪問を実施し，50 件の訪問を達成した．そのうち分析可能な記録が残せた 47 件の音声記録を文字化し，質的分析ソフトを使用した分析を行った．その結果，避難者の方々が圧倒的な情報不足の中で避難を強いられたことは，47 件インタビューのすべてにおいて繰り返し言及されており（合計 258 か所にも上る），その事実の

重さを改めて印象付けられた．そしてインタビューの中心的な話題であった避難経路・回数以外で人々が積極的に話してくださったこととして，つくばに越してきて，今どんな思いでいるか，何をしているか，この先どうしようとしているのか，ということであった．筆者がこれらの話には「つくばに越してきて」というコードを当てて分析をすると，全 47 件中 35 件のソースから 77 のリファレンス（聞き取り内容）がヒットした．以下は典型的な聞き取りである．

聞き取り 5（2013 年 1 月 23 日）
いつもお話する年配のおじさんで 80 歳の，奥さんも 70 歳前後と，あと息子と 3 人だけども，何が不安なのだと尋ねると，「住む所を安心して，住む所を早く見つけてもらいたい」と．ここは仮の場所と思ってるからだけど，「いやそんなこと思わねえで，ここが住む所の安全な所だ．頭切り替えるしかねえぞ」って言ったの．

聞き取り 6（2013 年 1 月 25 日）
情報を得る方法は自ら覚えていきました．自分で動かないと，どうしようもない．それから俺は自分で何かを作って，何か情報をもらってこないとだめだと思った．だから今でも何かあると，あちこちに顔を出す．イベントにはほとんど顔を出すようにしている．一番よかったのが当初はつくば市役所で，サロンのような形で，1 か月に 1 回，ずっと開いてくれたこと．

聞き取り 7（2013 年 5 月 29 日）
「役員やりませんか」ってお声がかかったんです．「え，役員ですか」と言って．「断ってもいいんですけど，役員をやるといいこともありますよ」って言うんですよ（笑）．ここにいる人と知り合えるからって．ここは新しい方が来ないので，「新しく入った方に役員をやってもらうという決まりがある」って言うんですよね．じゃあお父さん元気なうちにやっていれば，皆さんとも交流ができるかなということで去年 1 年間やったんです．

しかしながら，つくば市という新天地で，すべて順調に何事もなかったわけではない．やっと少し落ち着いた先で避難者たちは問題が起きないように，避難者同士あるいは地元住民たちにとても気を遣いながら生活していた様子も垣間見られた．地域の歩道や公園の掃除，植木の剪定を率先して行い，出かけると会う人には挨拶も進んで行う避難者たちの様子がうかがえた．

　つくば市避難者に対するインタビューは，実施した側に間違いなく多くの学びをもたらした．避難者たちの証言からは，圧倒的な情報不足の中で，各個人が必死に人とのつながり（親戚・友人・知人・避難先で出会った人々など）を活かしながら，やっと落ち着いた先が，つくば市だったのである．下記の3つの単語クラウド（図　単語クラウドの比較）は，47件の回答内容から3つのノード「震災当時」「避難過程」「つくばに越してきて」に該当するリファレンス（聞き取り内容）で言及された頻出語（3文字以上・上位50語）をクラウドにし比較したものである．震災直後からつくばに越してきた人々の心的変化がその言葉遣いの変遷を通して，緊迫した危機感を感じさせる状態から，より安心し安定した状態に向かっていることが明らかに分かる．

図　単語クラウドの比較

　つくばでは，様々な問題や不安を抱えながらも，人々はさらに新しい生活の場を求めて，仕事や就学そして近隣の住民との接点を探す様子が伺えた．武田によるセーフティネットも，だからこそ必要であったはずである．詳しくは第2章を参照してほしい．

6　ウクライナ市民の協働

　2014年9月5日から12日にかけて，武田と筆者は，ウクライナ共和国

を訪れチェルノブイリ原子力発電所をはじめ，ゆかりの人々を訪問した．取材先となった主たる団体・人物は下記の通りであった．

- チェルノブイリ障がい者市民団体「ゼムリャキ（同郷人）」
- チェルノブイリ障がい者基金
- 急性放射能病のための市民団体 5-2
- ジトーミル警察消防被災者団体
- チェルノブイリ・ホステージ基金
- チェルノブイリ障がい者基金
- ジトーミル子どもたちのための絵画教室
- 国立ジトーミル農業大学　ミコラ・ディドゥック教授
- ウクライナ TV Channel STB 職員　ナターリア・ポゴリェロバ・イェスコヴァ氏

　チェルノブイリ視察は，つくば市に福島原発避難民のためのセーフティーネットを構築しようとしていた武田が，かつて所属していた日本国際ボランティアセンターの知人を通して，特定非営利活動法人チェルノブイリ救援・中部の竹内高明氏と連絡を取り実現した．その趣旨は，チェルノブイリ原発被災者から学び，つくば市の避難民とのネットワークを構築することにあった［武田 2015］．ただし，前記一覧に掲載された最後の一個人（イェスコヴァ氏）に関しては筆者のマルセイユ滞在時代のウクライナ出身の友人を介して紹介された人物である．

　ウクライナ・チェルノブイリ訪問の際，通訳を担当してくれた五代裕己氏の存在はとても大きかった．五代氏はウクライナ剣道連盟の会長を務める剣道家で，ウクライナ在住が長く，ロシア語・ウクライナ語にたけており，通訳業も引き受けていた．ウクライナのチェルノブイリ被災者支援団体 7 団体の方々との話し合いでは，次のような事柄が確認された．

1) 社会主義体制下の集団移住は多くの移住先での住居や職業の保証も意味していたこと．
2) 1991 年のチェルノブイリ被災者支援法に則った補償は良好であった．しかしウクライナ独立後は正常に機能していないこと．

3) キエフ市に移り住んだ被災者たちは，当時放射線のことがよく分からず，住居や補償等の優遇措置などもあって隣人に疎まれたり，敬遠されたりしたこと．
4) 現在チェルノブイリ事故は風化し人々の関心は対ロシア紛争に移ってしまっていること．
5) 福島原発被災者に対しては，同じ原発事故被災者として人々は共感を覚え可能な限り，情報交換，支援や応援をしていきたいと思っていること．

　ウクライナにて様々な関係者から話を聞くにつけ，思い起こされたのは医療人類学者アドリアナ・ペトリーナによるチェルノブイリ原発事故後のウクライナでのフィールドワークに基づく民族誌『曝された生——チェルノブイリ後の生物学的市民』である．ペトリーナの卓越した調査力・分析力で明らかとなったのは，彼女が「生物学的市民権（biological citizenship）」と呼んだ，ウクライナの人々による被災した市民の権利を追求する社会的実践であった［ペトリーナ 2016］．

　2014 年の 9 月の約 1 週間の間に，キエフ・ジトーミル・チェルノブイリを駆け足で渡り歩き，聞くことのできた断片的な情報は非常に限られてはいたが，ペトリーナの民族誌を読むと，ソ連邦崩壊後の新しい民主主義と市場経済の導入という激動の歴史の中でもがいてきた事故関係者の様子がよりよく分かるようになった．社会学者粥川準二はフクシマの問題が重大になるにつれ，いち早く日本人にとっての同書あるいはペトリーナによる「生物学的市民権」という概念の重要性に気づいた．粥川はフクシマ後の日本の考察にとって同書は「間違いなく必読書である」と位置付けた．さらに彼はフクシマに見出すことのできる生物学的市民の立ち現れに関し，メディアが強調したように，ウクライナに見出されたのと同じような，一部原発被災者が補償を巡り受動的姿勢を見せたことは否定しない．しかし粥川は一方で，福島県の農業生産者たちが震災直後，彼らが家族の安全確認の次に始めたことを取り上げ，放射能汚染や風評被害と向き合いながら，勉強と情報収集，そして自分たちが作った作物の放射線物質を測定し，その結果を開示しながら「能動的主体」となっていたことを強調している．

　本章で触れてきたように筆者とともに，震災復興について考察し行動を

起こすための協働型コモンズを志向するつながりを構築してきた福島県の人々は，ここで粥川が指摘している能動的主体であったことは間違いない．チェルノブイリで出会った人々も遠くウクライナから様々な支援と情報交換を行ってくれていることもよく知られている[12]が，能動的主体として災害に抗うフクシマの人たちに共感をしたからこそ手を差し伸べているのである．

7 東雲の会の協働

　2014年のチェルノブイリでの調査の後，距離的に遠いつくば市ではなく，筆者の自宅（東京都江東区）に，より近いところで避難生活を送っている人々に会うことにしてみた．東日本大震災発生後の2013年5月に発足した広域避難者支援連絡会in東京を通じて知ることができたのは，江東区東雲の公務員官舎に身を寄せている人々の団体，「東雲の会」である．東雲の会により，官舎1階で毎週火曜日と木曜日の13時から16時ごろまで「サロン」が開かれていた．

　サロンでは公務員官舎に住まう避難者たちが，顔を合わせてお茶を飲み，菓子をつまみながら情報交換をしたり，手芸や工作など簡単な創作活動などを行っていたりして，部外者も自由に出入りできた．サロンは江東区社会福祉協議会の支援を受けながら，住民有志によって自主的に運営されていた．2014年の10月ごろのある火曜日に学校勤務を休んで訪れたのが始まりであった．何度となくサロンを訪れ，住民たちと話をするうちに悟ったことは，隣人としてお付き合いすることは可能でも，つくば市のように仕事上の互酬制が構築できず，聞き取りのような調査はできない，ということであった．1つ救いだったのは，そうした筆者のような人間でも，出向くと温かく迎えてくれるサロンの人たちの親切であった．

　2015年度に筆者が担当した中国人留学生に楊雪さんがいた．彼女は当初，日本語はほとんどできない状態であった．中国の大学で人類学を学んできた経緯や，四川大地震での経験を活かして，福島原発被災者の調査をして研究論文を書きたい，と本人は願っていた．現場に入ってみることも学習の一環である，と考えた筆者は2015年の週のある木曜日に楊さんと2人でサロンを訪れた．そのときもサロンの人たちは温かく迎えて下さり，

楊さんの四川大地震での経験や日本での暮らしに関しても興味を持って聞いて下さった．その場が落ち着いたやり取りになったことに一応ほっとした．その後，彼女は学内で友人を募り，日本語通訳のアルバイトを雇いながら，東雲の会のお年寄りたちと長時間のインタビューを開始した．

楊さんによる困難なインタビュー調査であったが，コミュニケーションを助けてくれたのが当時東雲の会の副会長，高橋佑治氏であった．東雲の会を訪れる外部からの来客の窓口をされておられた高橋氏は，楊さんがインタビューを設定したり，困っているときには，手を差し伸べて下さった．高橋氏によれば，サロンの避難者は，外からはひとくくりにされがちであったが，実は個々にそれまでの生き方や環境の違い，事故後の補償金・経済力の格差が厳然としてあり，なかなか融和的なつながりを持つことは難しかったということである[13]．

そのような困難な状況の中で，楊さんによる人類学的フィールドワークは日本語から入るべきと考えていた指導教員の筆者から見ると，やや勇み足気味であった．長時間のインタビューに疲れてしまった東雲の会の方々もおられたと推測する．しかし楊さんによる修士論文から東雲の会の多くのことを学ぶことができる．その内容は筆者が隣人面をしてサロンにたまに訪れるだけでは，とても吸収できないほどの多くの証言に基づく生き生きとした情報であった．楊さんは欧文文献を中心に短期間の間に古典から最先端の作品まで，多くの災害の人類学関連文献に目を通し，避難者の葛藤を災害の人類学の視座から分析することに成功している．

「閉ざされたドア──東京における福島避難民の人類学的考察」[14]と題された英文の修士論文には，東京の東雲公務員宿舎で暮らす1,000人余りの避難者たちが，慣れぬマンション的空間の中で日ごろは「閉ざされたドア」の向こうにひっそりと暮らしつつも，サロンやイベントでは同郷の人々と絆を強めたり，時には外に出向いて東京の人たちとも交流したりして都会生活に必死に馴染もうとする様子が鮮明に描かれていた．

楊さんによれば，東雲に避難していた人々にとって，東雲の会の活動はとりわけ2つの意味で重要であった．1つは，同じマンションに住む同郷人同士，連絡を取り合い支え合うこと，もう1つは定期的に地域のゴミ拾いを実施し，交流イベントへの取り組みなどを通して，地元東京の人々の心象を良くすることであった．ただ，宿舎内には強制避難者と自主避難者

が混在し，福島県内の出身地も受け取ることができている補償の規模もまちまちであった人々の絆を強めることは現実的にはとても難しいものであり，むしろ地元東京の人たちとの交流を深め，信頼関係を形成することのほうに避難者の人々が手ごたえを感じていた様子が楊さんの分析からは理解される．

また，楊さんが聞き取りを行った人々の共通した回答が，東京での暮らしがこれほど長引くとは思っていなかった，というものであったことも重要である．避難者の方々にとって5，6年に及ぶ避難生活が，どれほど悲しく苦しいものであったか，そのことも楊さんの論文によって明確に伝えられる．

「絆」という言葉は東雲の会の広報誌のタイトルであるが，東日本大震災直後，この言葉が日本で流行し，その年（2011）の「今年の漢字」にも選ばれたのは周知の事実である．同会役員の願いの中には，単に物理的精神的な結束を願うのではなくて，時流に乗った用語を冠することで，東雲の会の活動を幅広く世間に知ってもらう願いも込められていることを，役員の方々へのインタビューを通して楊さんは理解している．また，絆と同じように東雲の会の人々の心をうつす言葉として「馴染む」があると楊さんは分析する．「馴染む」とは，新しい環境・出会いに積極的に向き合い，前向きに一歩を踏み出そうとするときに使う言葉である．近所の人たちと，交流を重ねることで「お馴染みさん」になっていくことがとても大切であり，東雲の会で中心になっていた方々がそうした気持ちでサロンや交流会を続けていると，楊さんは報告する．

楊さんによる考察は，「絆」と「馴染む」をキーワードに，東京の避難者たちの葛藤を抱えながらも前向きに一歩を踏み出そうとするが，結局はどちらにも落としどころを見出せない「ホバリング」状態の生活を強いられていた様子を見事に浮き彫りにしていた［Yang 2016］．言葉や文化の壁と向き合いながら，困難なインタビューを遂行した楊さんの努力はもちろん評価されるべきだが，加えて楊さんの鮮やかな考察を可能にした，高橋氏をはじめ東雲の会の方々の協働とご厚情には，どのような形でもお返しできないと認識している．

8 おわりに

　東日本大震災以降，福島県の避難民が避難の過程で頼りにし，自らもそれに巻き込まれながら築いてきた生存のための人の協働は，ソルニットが定義した災害ユートピア的な一時的・限定的な広がりから，グローバル時代における技術や環境をきっかけにして，より持続的かつ遍在的に広がりを見せる協働型コモンズに生まれ変わる可能性を秘めていた．

　筆者自身がマルセイユで見た，思いやりに満ちた協働，福島県調査を通してつながりを広げ，東京大学におけるセミナーやまなび旅，避難者調査といった災害復興関連の研究教育活動を通してより確かな学びの基盤となって立ち現れてきたつながりも，災害に抗する市民が主体的に形成した協働型コモンズと見ることは可能である．こうした協働の形は，遠くウクライナでもチェルノブイリ原発事故を機に市民によって形成され，東日本大震災以降は日本のフクシマともつながっている．

　つくばに避難してきた福島県民が震災直後から避難先のつくばに至るまで，新しい絆を作り続け，東雲の会の福島県民が，東京の生活に馴染もうとする姿は，前代未聞の災害に抗するため，主体的に，冷静に，生き延びるためのつながりを開拓しながら，分散型・協働型かつ水平型に広がろうとする市民の挑戦と見ることができる．本書の基盤となった研究活動のネットワークも，本章以外の場で展開される論考の数々も，すべては災害に抗する市民が協働型コモンズを志向していくつながりによる，公共人類学の所産である[15]．

注
1) 本章にて述べられる市民の協働は，本文中に紹介される様々な人々により支えられており，すべての方々に感謝する．とりわけ2人の学生，岩崎敬子さん（東京大学大学院総合文化研究科「人間の安全保障」プログラム博士課程〈当時〉）と楊雪さん（同研究科国際人材養成プログラム修士課程〈当時〉）との出会いと2人による研究は，本章の学術的な意義を大きくしていることを申し添える．
2) 本章第1節と第5節で言及・引用されているインタビュー記録は，第5節で詳述するつくば市における聞き取り調査のデータに基づく．50件中記録を残すことができ

た47件の音声データを文字に起こし，質的データ分析ソフト Nvivo Ver.11 を使用してコンピュータを使ったデータ解析を行っている．文字起こしは鈴木弥代生，横澤晶織の両氏と TypingBase の方々の労により実現した．

3) コモンズの議論はエレノア・オストロムの著書を参照［Ostrom 1990］．
4) NTT ドコモのホームページ「東日本大震災におけるドコモの取り組み」による．(https://www.nttdocomo.co.jp/tohoku/operation/　2018年6月29日アクセス）
5) 地域の若者の起業支援を目的に，空き倉庫をリフォームしたコーポラティブ・オフィス「コンテナおおあみ」を開設した及川幾雄さんは，震災直後事業をいったん中止し，携帯電話の充電器を200ほど調達し，発電機と燃料を積んで各避難所を回り，無料の充電サービスを提供した（東北電力「東日本大震災復興情報レポート」による．https://www.tohoku-epco.co.jp/fukyu/report/contents/f23_kon_tenant_oami/index.html　2018年6月29日アクセス）
6) ブログ「携帯総合研究所」が取りまとめた情報による．（https://mobilelaby.com/blog-entry-free-battery-charging-spot.html　2018年6月29日アクセス）
7) インターネット情報メディア ITMedia のホームページより．（http://www.itmedia.co.jp/mobile/articles/1806/19/news106.html　2018年6月29日アクセス）
8) 『椏久里珈琲』の由来，市澤夫妻の飯舘村における来歴に関しては市澤夫妻がとりまとめた著書［市澤 2013］に詳しい．
9) 山田真氏による公害と子どもの健康に関わる考察は［山田 2014］を参照．
10) セミナーには小林氏が親交を深めていた作家の田口ランディ氏もお越しになった．田口氏の作品には小林氏の話も登場している［田口 2012］．
11) すぎた氏はフリーライターで，東日本大震災以後東北地方に出向いて個人で支援活動を続けながら『J-one』という情報誌を主宰している．2015年にネパール大地震が起きてから，すぎた氏の視点がそちらのほうに向き，発行が途絶えてはいるが，すぎた氏の災害被災者に寄り添う視座で情報発信をする活動は現在も続いている（https://www.facebook.com/J.one4U/2018年3月21日アクセス）．
12) 筆者らが訪問した団体のうち，チェルノブイリ・ホステージ基金（代表：イエフゲーニャ・ドンチェヴァ氏）は，日本の特定非営利活動法人チェルノブイリ救援・中部（http://www.chernobyl-chubu-jp.org/）の現地活動団体で，チェルノブイリ被災者の救援に必要な現地の情報を集めて，日本側に伝えたり，日本からの依頼を現地に伝えたりして，救援がスムーズに行われるようにしている．東日本大震災以降は福島県の被災者たちを支援する活動も続けている．
13) 筆者と高橋氏との電子メール交信に基づく（2018年6月21日）．
14) 題目の和訳は楊雪氏本人によるもの．本人との電子メール交信に基づく（2018年7月19日）．
15) 本章において展開された災害に抗する市民の協働にかかわる考察は，2018年8月25日に開催された日本地域創生学会2018年度研究会（愛知県・東海市）における報告と討論，さらに11月16日に開催された第2回北京大学医学人文国際シンポジウム（中国・北京市）における報告と討論の結果も踏まえたものである．

参考文献

【和文文献】

阿部浩美（2017）『ふくしま 30 年プロジェクトの「あれから」「今」そして「これから」』認定特定非営利活動法人ふくしま 30 年プロジェクト．

市澤秀耕・市澤美由紀（2013）『山の珈琲屋　飯舘「椏久里」の記録』言叢社．

ウィキペディア（2012）「相馬野馬追」(ja.wikipedia.org/wiki/相馬野馬追　2018 年 3 月 16 日アクセス)．

緒方正人（2001）『チッソは私であった』葦書房．

粥川準二（2016）「解説　チェルノブイリとフクシマの生物学的市民権」『曝された生——チェルノブイリ後の生物学的市民』ペトリーナアドリアナ著，粥川準二監修，森本麻衣子・若松文貴訳，pp. 315-27．人文書院．

ギルトム・シテーガブリギッテ・スレイターデビッド（2013）『東日本大震災の人類学——津波，原発事故と被災者たちの「その後」』人文書院．

小林麻里（2012）『福島，飯舘　それでも世界は美しい——原発避難の悲しみを生きて』明石書店．

佐藤幸子（2013）『福島の空の下で——子どもたちを放射能から守る福島ネットワーク』創森社．

島亨（2012）『フクシマ——放射能汚染にいかに対処して生きるか』言叢社．

関谷雄一（2012）「福島県へのいざない——学びの旅からの教訓」『復興ツーリズム』総合観光学会（編），pp. 68-75，同文舘出版．

ソルニットレベッカ（2010）『災害ユートピア——なぜそのとき特別な共同体が立ち上がるのか』亜紀書房．

田口ランディ（2012）『サンカーラ——この世の断片をたぐり寄せて』新潮社．

武田直樹（2015）「ウクライナ調査報告書」科研プロジェクト内部資料．

外山健太郎（2016）『テクノロジーは貧困を救わない』松本裕訳，みすず書房．

復興庁（2018）「全国の避難者数」
(http://www.reconstruction.go.jp/topics/main-cat2/sub-cat2-1/20180529_hinansha.pdf　2018 年 6 月 29 日アクセス)．

ペトリーナアドリアナ（2016）『曝された生——チェルノブイリ後の生物学的市民』粥川準二監修，森本麻衣子・若松文貴訳，人文書院．

山田真（2014）『水俣から福島へ——公害の経験を共有する』岩波書店．

リフキンジェレミー（2015）『限界費用ゼロ社会——〈モノのインターネット〉と共有型経済の台頭』NHK 出版．

【欧文文献】

Gill, Tom（2011）This Spoiled Soil: The Response to Radiation in Nagadoro Hamlet, Iitate Village, Fukushima Prefecture, A discussion paper published at the Nissan Institute of Japanese Studies, Oxford University.

Iwasaki, Keiko（2013）*Social Capital and Mental Health among Displaced Residents*

Due to the Fukushima Nuclear Accident: A Quantitative Assessment of Survey Data from Futaba Town, Fukushima, Master Thesis submitted to the University of Tokyo.

―― (2017) *Social Capital and Mental Health among Displaced Residents from Fukushima*, Doctoral Dissertation submitted to the University of Tokyo.

Ostrom, Elinor (1990) *Governing the Commons: the Evolution of Institutions for Collective Action*, Cambridge University Press.

Yang, Xue (2016) *The Locked Doors: An Anthropological Study of Fukushima Evacuees in Tokyo*, Master Thesis submitted to the University of Tokyo.

II

福島第一原発事故被災者に寄りそう実践の試み

第 5 章

原発事故避難者受け入れ自治体の経験
―― ソーシャル・キャピタルを活用した災害に強いまちづくりを目指して

辻内 琢也・滝澤 柚・岩垣 穂大
（研究協力：佐藤 純俊）

1 「積極的受け身」と公共人類学

　2011年に東日本大震災および原発事故が発生して以来，被災者・被害者支援の現場に臨むときに，筆者は「積極的受け身」という姿勢を大切にしてきた．現場に生起する問題は時々刻々と変容し，急を要する切羽詰まった問題への対応が求められたり，地道な粘り強い継続が必要とされたり，緩急さまざまな応答を同時並行で求められてきた．被災者からの要請，被災自治体からの要請，支援仲間からの要請，テレビや新聞からの要請，など多岐にわたる．筆者は，その1つひとつの要請に対して，「自分のできる何か」で応え続ける努力を「積極的受け身」でしてきたと言えるだろう．「積極的受け身」とは，自分で率先してフィールドを開拓しようとするものではない．常に積極性を持って現場に巻き込まれ，現場の要請に対して常に受け身でおり，その都度発生する要請に対して着実に応答していく姿勢である．自分から，「これがしたい，あれがしたい」，あるいは「これができる，あれができる」と，調査者あるいは支援者として欲を出して現場に介入することは，現場にさまざまなひずみを生んでしまう．そうではなく，現場がその都度自分たちに求めてくることに対して，積極的に受け身になることが大切だと筆者は考えてきた．

　民俗学者の宮本常一は，学術調査が「人文科学ではなく訊問科学」になってしまうことに警鐘を鳴らしてきた［宮本・安渓2008］．調査や研究が，調査地や調査される側に弊害をもたらし，結果的に現場からの略奪行為になってしまう危険性である．調査研究する者とされる者との関係性は，構造的に調査研究する者の立場が上になりがちである．その関係性をいかに逆転させられるかが，調査や研究のカギである．調査にご協力いただく方達は，調査者にとって教師であり，あくまでも「調査させていただく」あるいは「教えていただく」という姿勢が大切なのだと筆者は常に考えてきた．

　この考え方は，筆者が医師および人類学者として，この東日本大震災に関わる以前から長年携わってきた『ナラティブ・ベイスト・メディスン』（物語りと対話に基づく医療）の考え方に依拠する．

　　病いを，患者の人生という大きな物語りの中で展開する1つの物語り

であるとみなし，患者を物語りの語り手，病いの経験の専門家として尊重する一方で，医学的な疾患概念や治療法も，あくまでも1つの医療者側の物語りと捉え，さらに治療とは，両者の物語りを摺り合わせるなかから新たな物語りを創り出していくプロセスであると考えるような医療．［斉藤・岸本 2003］

　このように定義されるナラティブ・ベイスト・メディスンでは，患者を「病いの経験の専門家」とみなす点が1つの特徴である．筆者が医師として診療にあたる際に，病いや障害の苦悩を抱えた方たちと対峙するときに心がけてきたことが，「病いの経験について教えていただく」というものであった．また人類学者として，わが国の首都圏におけるさまざまな補完代替医療の現場で「病いや障害のナラティブ研究」［辻内ほか 2006; 2009］を行ってきた際にも同様であり，病者や障害者そして各種治療者から「教えていただく」姿勢を心がけてきた．

　2011年3月11日に始まる東日本大震災および原発事故による被災・被害は，想像を超えた苦痛と苦悩をもたらした．調査にご協力いただく当事者の方々は，被災・被害をめぐる経験の専門家なのであり，私達はその経験からあらゆることを教わり，学ばなければならない．

　もうひとつ重要なことは，調査する者と調査される者が，対話を通して「両者の物語りを摺り合わせていく」ことである．調査する者は調査される者から情報を搾取するのではなく，調査する者も調査される者に貢献できる何かを伝え，お互いの意見や経験を交流させ，そこから新たな物語りを協働して作り出していくことが大切だと考えている．

　公共人類学［山下 2014］にとってのキーワードである，「応答する人類学」［清水 2014］あるいは「関与する人類学」を実践するためには，おそらくこのような「積極的受け身」という姿勢が大きく寄与できるのではないだろうか．

　本章では，このような，支援の現場で出会ったある被災者を通して広がっていった，「応答」と「関与」と「協働」のプロジェクトの1つを紹介したい．

2　「福島県地域づくり総合支援事業」から「埼玉県共助社会づくり支援事業」へ

　本章で紹介するのは，『平成 27 年度埼玉県共助社会づくり支援事業』の一貫として行われた，『東日本大震災および原発事故災害に学ぶ災害弱者対策事業』の活動である．この事業は，原発事故により福島県富岡町から埼玉県杉戸町に避難してきた被災者の一人である佐藤純俊さん（当時 64 歳）の発案と企画によるものである．

　筆者と佐藤さんとの出会いは，2011 年 10 月 31 日にさいたま市で開催された『第 5 回震災対策連絡協議会』にさかのぼる．この協議会は，埼玉弁護士会の呼びかけによって発足した．埼玉県および埼玉県内の各市町村自治体といった「行政機関」と，埼玉県の弁護士会・司法書士会・社会福祉会等の「専門家団体」，そして筆者ら大学を含めた各種ボランティア団体などの「民間団体」が，情報交換・連携協議することによって被災者支援活動を円滑に行うことを目的として作られたものである［辻内ほか 2012］．佐藤さんは，福島県から埼玉県杉戸町の公営団地に避難してきた人々のサロン『杉戸元気会』の代表としての参加であった．筆者が「埼玉県内にある大学として協力できることは何でもやりたい」と発言したのに対して，佐藤さんから「今回の出来事を風化させないためにも，避難者の生の声を聞き取り，記録に残して欲しい」という発案をいただいた．この発案をきっかけにして始まった佐藤さんとの協働プロジェクト『震災・原発避難者の"喪失と再生"の語りに学ぶ』の詳細については，拙著『フクシマの医療人類学――原発事故・支援のフィールドワーク』［辻内・増田 2019］を参照いただきたい．

　佐藤さんは，2011 年 3 月 12 日の原発事故直後，川内村の避難所，栃木県の親戚宅などを転々とし，3 月 19 日に福島県富岡町の住民受入れを積極的に行った埼玉県杉戸町の避難所「ふれあいセンターユu・スpいずみ」に移った．4 月からは，杉戸町の公営団地に妻と 2 人で暮らし，翌年から次女が同居するようになる．富岡町の自宅は，福島第一原子力発電所から約 7 キロの距離にあり帰還困難区域に指定されている．「放射線量が高く，もう帰れないだろう．自宅を失っただけでなく，海や川，里山など自然に恵まれ，誇りにしていた故郷を奪われたことがショックだった」

(『東京新聞』2014年3月8日）と語り，言いようのない喪失感と疎外感に襲われ，約半年間は呆然自失として生きる気力を失った状態だった．

　佐藤さんの気力を回復させていったのは，「避難者同士や避難先の住民をつなげたい」との思いで始めた，公営団地での福島県住民のコミュニティ作りだった．同じ公営団地に住む福島県住民の連絡網作りをきっかけにして，各戸を1軒1軒めぐり顔と顔を合わせる関係ができていった．いつしか週に1回のお茶飲み会が始まり，最初は富岡町民だけだったところに，杉戸町内で避難生活を送る双葉町・浪江町・南相馬市などの住民達へと参加者が広がった．2012年に入ると，杉戸町の地元NPO法人SOHOクラブが「福島県地域づくり総合支援事業（地域協働モデル支援事業）」の採択を受け，お茶飲み会が『つつじの里づくりプロジェクト2012』の一環として『（東日本大震災避難者交流）つつじの里サロン』という名称で定着した．学生とともに筆者もこのサロンに何度も参加しており，昼間のお茶飲み会が夜になると実質的な飲み会に発展していったことも多かった．2013年の春に，筆者が1年間米国での在外研究に発つ折りに，サロンのメンバーに壮行会をしていただいたことも良い思い出である．

　2013年8月に入ると，佐藤さんは「憲法で保障された基本的人権を尊重する対策を，全国すべての原発事故被災者に平等に実施するように活動していく」活動として，全国組織であるNPO法人『全国福島県人友の会』の結成に動き出す．2013年12月に設立総会が開催され，晴れて2015年1月にNPO法人としての登記が完了した．ちょうど同時期の2014年9月に筆者らのプロジェクト研究所『早稲田大学災害復興医療人類学研究所』が設立され，佐藤さんには「専門家としての被災者」として招聘研究員になっていただき，研究所と『全国福島県人友の会』との連携が始まった．

　佐藤さんのコミュニティ作りの活動は，福島県の被災者同士の交流にとどまらず，避難先の地元杉戸町をはじめとする地域住民との交流にも発展していった．2015年5月28日に，佐藤さんから1枚のFAXが届いた．「平成27年度，埼玉県共助社会づくり支援事業プレゼンテーション審査の連携団体としての出席依頼」だった．佐藤さんはNPO法人『全国福島県人友の会』代表として，「埼玉県民が福島県民と交流しながら，災害弱者とならないための教訓を学び対策を具体化する」という目的で，埼玉県が

募集している事業に応募したのだった．6月12日には，書類審査で勝ち残った6団体のプレゼンテーションが行われ，佐藤さんが申請していた『東日本大震災と原発事故災害に学ぶ災害弱者対策事業』は見事に事業として採択された．

3　『東日本大震災と原発事故災害に学ぶ災害弱者対策事業』の概要

　2015年6月から2016年2月までの約9ヶ月間かけて行われたこの事業は，NPO法人『全国福島県人友の会』が中心となり，埼玉県杉戸町・宮代町・幸手市の住民と自治体，福島県からの被災者と自治体，早稲田大学の学生と教員，埼玉県労働者福祉協議会・社会福祉協議会，のおおきく6つのグループとの協働で行われた（図1）．本事業のとり組むべき課題は，以下のように設定された．

　　高齢者・介護者・障害者等の「社会的」弱者が，大震災や原発事故災害では，即「災害」弱者に直結する可能性が大きい．埼玉県民が将来の大災害対策を考えるうえで，3.11大災害の被災者・福島県民から学べる教訓は，まさに「社会的資源」の宝庫である．埼玉県内に避難中の福島県民との交流活動で埼玉県民は「共助」方法を取得することができる．

　時系列に沿った事業内容を表1に示した．福島県富岡町役場自治体職員と埼玉県3自治体職員へのインタビューによる証言記録の作成，ワールド

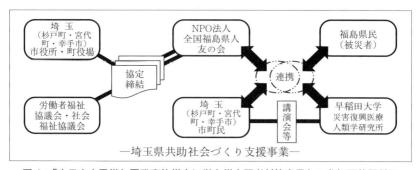

図1：「東日本大震災と原発事故災害に学ぶ災害弱者対策事業」の参加団体関係図

表1:「東日本大震災と原発事故災害に学ぶ災害弱者対策事業」の事業内容

	日程	内容	場所	形式
1	2015年 8月25日（火）	第1回関係者打ち合わせ （杉戸町，幸手市，宮代町，早稲田大）	杉戸町役場	会議
2	8月29日（土）	東武動物公園での交流会 （埼玉県市町民と福島県からの被災者）	東武動物公園	交流会
3	9月17日（木）	第2回関係者打ち合わせ （杉戸町，幸手市，宮代町，NPO，早稲田大）	杉戸町役場	会議
4	9月20日（日）	権現堂曼珠沙華交流会 （埼玉県市町民と福島県からの被災者）	権現堂公園	交流会
5	10月12日（月）	元幸手市市議会議員へのインタビュー	議員自宅	調査
6	10月17日（土）	幸手市防災講演会「福島の経験から学ぼう！私たち埼玉の防災」／パネルディスカッション／フォーカス・グループ・インタビュー	幸手市老人福祉センター	講演会
7	10月17日（土）	富岡町役場職員（植杉昭弘さん）へのインタビュー	幸手市老人福祉センター	調査
8	11月11日（水）	富岡町被災地視察バスツアー （埼玉県市町民・早稲田大学生・埼玉労福協）	富岡町	視察
9	11月15日（日）	交流芸能大会 （埼玉県市町民と福島県からの被災者）	カルタス杉戸	交流会
10	11月16日（月）	杉戸町役場職員 （荻原勝典さん，池川幸一さん，田原和明さん，成島靖一さん）へのインタビュー	杉戸町役場	調査
11	11月16日（月）	NPO法人『全国福島県人友の会』佐藤純俊代表へのインタビュー	NPO法人事務所	調査
12	11月30日（月）	埼玉県福祉部高齢者福祉課へのインタビュー	埼玉県庁	調査
13	12月21日（月）	杉戸町防災講演会「福島の経験から学ぼう！私たち埼玉の防災」／ワールドカフェ	杉戸ピア	講演会
14	2016年 1月17日（日）	防災講演会「〜真の経営者とは〜」講師：吉原毅様	杉戸町西公民館	講演会
15	1月17日（日）	杉戸町市民公開シンポジウム「福島の経験から学ぼう！私たち埼玉の防災」／パネルディスカッション	杉戸町西公民館	講演会
16	2017年 11月13日（月）	富岡町役場職員（三瓶秀文さん）へのインタビュー	富岡町文化交流センター	調査
17	11月30日（木）	富岡町役場職員（田原和正さん，吉岡崇さん）へのインタビュー	杉戸町役場	調査

カフェ，講演会，交流会，被災地視察から成る．なお2017年11月に，さらに詳細な情報を得るために富岡町役場職員と杉戸町役場職員への追加インタビュー調査を行っている．

次節以降は，本事業全体を，社会問題の解決に向けて研究者と当事者が共同で取り組む「参加型アクションリサーチ」と捉えて，NPO団体・市民・自治体職員・大学の協働によって得られた知見について述べていきたい．

4　富岡町役場職員から見た原発事故災害

福島県富岡町は，太平洋側の浜通り地区の双葉郡に属し，人口約1万6000人，面積68.5平方キロメートルの町である．平均気温13〜14度，年間降水量約1,200ミリで，気候はとても温暖であり桜やツツジが有名である．毎年桜が咲く時期に「夜の森桜祭り」というイベントがあるが，2018年時点は放射線量が高く帰還困難区域のバリゲートの中にあり，原則的に立ち入りができない．町全域が「福島第一原子力発電所」の20キロ圏内に位置し，南側に隣接する楢葉町との間に「福島第二原子力発電所」がある．富岡町住民の埼玉県への避難に関する時系列的推移を表2に示した．

表2：富岡町民の避難に関する時系列的推移

日付	内容
2011年	
3月11日	14時46分，三陸沖を震源とする東北地方太平洋沖地震が発生
3月12日	福島県富岡町の住民は主に川内村への全町避難を開始
	埼玉県杉戸町から支援物資と職員3名の派遣（引き返す）
3月16日	川内村から郡山市の「福島ビッグパレット」への避難開始
	埼玉県杉戸町からバス7台と支援物資，職員4名の派遣
3月17日	避難希望者158名を乗せたバスが到着し，杉戸町2ヶ所，幸手市1ヶ所，宮代町1ヶ所の施設で避難開始
	避難住民受け入れ支援チームが活動開始
4月4日	杉戸町内の国家公務員宿舎を応急仮設住宅として入居開始
5月7日	宮代町避難所閉鎖
7月2日	杉戸町すぎとぴあ避難所閉鎖
9月1日	幸手市避難所閉鎖
9月19日	杉戸町エコスポいずみ避難所閉鎖

4-1　大地震の発生

2011年3月11日14時46分に，三陸沖を震源とする東北地方太平洋沖

地震が発生し，富岡町では震度6強の激しい揺れとともに，最大21.1メートルの大津波が押し寄せ，沿岸部は壊滅的な被害にみまわれた．3月12日の早朝5時44分に，福島第一原子力発電所から10キロ圏内の住民に避難指示が発令され，住民は西の内陸側に隣接する川内村をはじめとする県内各地へと避難を開始した．同日18時25分には，避難指示が10キロ圏内から20キロ圏内に拡大され，富岡町全域が避難指示区域に入った．

当時，富岡町企画課に配属されていた植杉昭弘さんは，市区町村の広報誌を作り配布する作業を行っていた．震災当日も，広報誌を配り終え職員と集まり話をしていた．そんな最中に大地震が発生した．

（植杉）アスファルトが波打つんですね．これはもう初めてでした．それを見た時に，これはどうなってしまうんだろうと思いました．ただ，その時はまだ原子力発電所なんて心配も何もしていなかったですね．

当時，富岡町生活支援課の係長だった三瓶秀文さんは，役場敷地内にある文化交流センターの図書館で，水道の配管点検を業者と一緒に行っていた．

（三瓶）3月11日の午後は，子どもたちの卒業式が終わった後だったんですね．図書館には結構子ども達が遊びに来ていて，揺れたときには，子どもたちに「机の下に入って！」って言って，図書館員が座っているあの机の下とかに誘導しました．一旦揺れが収まったなと思ったら，今度いきなり大きな揺れが来たので，「まだ出てくるな！」って叫んだのを覚えています．

当日の夕方5時頃には，三瓶さんのいた文化交流センター2階の会議室に「災害対策本部」が開設された．文化交流センターには非常用の地下電源があり，消防や警察が次々とやってきて，夜中まで，次の日どのようにして津波に流された人の捜索に行くか，などを話し合っていたという．当日は雪が散らつく寒い日で，どのように暖を取るべきか悩んだそうだ．

植杉さんは，夜の11時頃に一度自宅に帰る許可をもらい，富岡町から

車で 40 分ほどかかるいわき市まで家族を迎えに行った．富岡町に戻る途中の楢葉町で，白い防御服を着た警察官らしい人に「これ以上先に行かないでください」と通行止めにあった．「役場の人間だから通して欲しい」と伝えても通れず，唯一東京電力の職員だけが通過していった．その光景を見ていて植杉さんは，「もしかすると原子力発電所に何かあったのではないか」と感づいたそうだ．そのまま 1-2 時間車中で待っていると，いつの間にか防御服の男達が消えて自由に通行できるようになり，植杉さんは富岡町へと急いだという．

災害対策本部では，夜が更けるにつれて非常用の発電機が点かなくなり，さらに小さな小型発電機でラジオや最低限の証明の電源をとることになった．三瓶さんによると，ラジオを聞いているうちに，次第に原子力発電所が危ないということがわかってきたのだという．

4-2 川内村へ，さらに郡山市へ

3 月 12 日の早朝に，3 キロ圏の避難指示が 10 キロ圏に拡大されて，富岡町も全住民が避難することになった．三瓶さんは車の大型免許を持っていたため，町内温泉施設の小型バスを借りて，住民を乗せて隣の川内村まで 4-5 往復かけて運んだ．道路は大渋滞しており，歩くよりも遅いようなスピードで，普段であれば 20 分で行ける 10 数キロの距離を 2-3 時間かけて行ったという．最後にもう一度富岡町を見回った後，2010 年に閉校となっていた福島県立富岡高校川内校の校舎に入り，そこの体育館避難所の担当になった．600 人の避難者を，職員 3 名と臨時職員 1 名の計 4 名で管轄することになった．三瓶さんは，この避難所で地域コミュニティの力のようなものを感じたという．

> （三瓶）川内の人たちって，富岡の人達と，まぁ高校の分校もあるぐらいなんだけど，普段から密に付き合ってもらっていて，いろんな物を避難所に提供してくれました．防災無線で「布団あるだけもってきてください」だとか，我々のためにお米持ってきてもらったり，お蕎麦を打ってくれたり．

川内村は，富岡町の西側の阿武隈山脈側に隣接し，住民たちの多くは仕

事や買い物，そして病院受診などのために日常的に富岡町に行ったり，それぞれに親戚が住んでいたりして，生活圏を共有していた．しかし，川内村の震災当時の人口は約2800人であり，もとの人口の倍以上の富岡町からの避難者を受け入れたために，食料が枯渇するなど，川内村も数日で危機的状況に陥っていた．「カップラーメンの器を1週間使い回したり，竹を切って箸を作ったりした」状況だったという．時折ラジオから聞こえてくる「原発がどんどん爆発している」という情報に怯え，住民も役場職員も精神的に余裕がない状況となり，食べ物の分配ルールに従わない者も出て来た．高齢者の薬が切れて町内の診療所に行っても薬がないなど，福祉や医療，インフラの面においても困難を感じたという．

　このように富岡町からの避難者のケアにあたっていた川内村にも限界が来ていたところに，さらに避難を余儀なくされる事態が生じる．3月14日午前11時1分に，福島第一原子力発電所の3号機が爆発し，20キロから30キロ圏内の住民に屋内待避の指示が出されたからだ．全域が30キロ圏内に位置する川内村は，川内村村長と富岡町町長の判断のもとで，3月16日には富岡町住民も含めて郡山市へ避難することになった．

　　（三瓶）3月16日には，いよいよ川内村も，富岡町と一緒に西の方に避難するということで，役場機能も含めて福島県郡山市の方に避難するようになりました．富岡町民と川内村民あわせて約5000人が川内村に残っているということで，その時に言われたのが，何時間かかっても，複数のバスを何往復してでもいいから，川内から郡山の方へ行くんだということです．けれども，当然ですがマイクロバスでは夜中まで何往復しても終わらないんですよね．

　川内村の中心部から郡山市の中心部までは約60キロあり，平常でも車で1時間15分程かかる．渋滞の中で職員自らバスのハンドルを握り，住民の送迎を何往復もする過酷な移動であった．そのような状況で，2010年11月に友好都市協定を結んだ埼玉県杉戸町から助け舟が出された．

　　（三瓶）最後にもうダメだって思ったんですよ．3月17日の未明だったと思うんですけども，まだまだ人が残っていて．バスはあの時10

台ぐらい使って，職員と一緒に大型免許を持っている町民で運んでました．その時に，富岡と友好都市結んだばっかりなんですけど，杉戸町が来てくれたんです．当時，燃料なんかも入らなくて，物流も福島県の三春町までしか来られなかったんです．そんな時に押し切って，杉戸町の細井自動車さんが来てくれたんです．杉戸の町長が「三春よりも東に行って富岡の人全員連れてこい」って言ってくれて．あの時に，1番大きい大型バスが7台ぐらいで来てくれて．あれは本当に「ありがたいな」って思いましたね．本当に涙が出ました．

郡山市のビックパレットには2800人を超える人々が避難してきた．館内は人があふれて身動きとれないような状況であった．川内村と富岡町の住民が全員ビックパレットに入ることができないということで，さらに埼玉県杉戸町へ避難する人の希望を募ることになった．

（植杉）川内村に避難したときから，杉戸町町長と私どもの町長はお話をしていたみたいです．私の方には杉戸町に行けという命令が実はそこで出ていたんですね．

253人の希望者が集まり，川内村から郡山市まで住民を運んだバス7台と，自家用車が使える者はそれぞれ車に便乗して，埼玉県杉戸町へ向かうことになる．

4-3 埼玉県杉戸町へ

杉戸町へ向かうバスには，植杉さんと三瓶さんを含めて4名の富岡町役場職員が同乗した．避難所として開設した施設は，杉戸町の「彩の国いきいきセンターすぎとピア」と「杉戸町ふれあいセンターエコ・スポいずみ」，幸手市の「幸手市老人福祉センター」，宮代町の「ふれ愛センターみやしろ」であった．富岡町の職員は，4つの避難所に一人ずつ配置され，三瓶さんは宮代町の避難所で，閉鎖される5月7日まで住民と生活を共にした．宮代町の避難所には，富岡町の住民の他にも，南相馬市や楢葉町の住民や職員も避難してきていたため，他の市町村の職員や住民とも協力してさまざまな情報を入手していたという．植杉さんは幸手市老人福祉セン

ターを担当することになったが，80名の部屋割りを自分一人で決めなければならないという状況にものすごく悩んだそうだ．

(植杉) 当時80名の住民の方を連れてきたので，1人でこれからどうやっていこうかと，幸手市さんのこの老人福祉センターにくるまで，バスの中で悶々と悩んだ記憶があります．まずは何が大変かというと，部屋割りなんです．センターには100畳と30畳くらいの2つの部屋があったんですね．誰をどのようにするかということでした．

最終的な部屋割りは，小さい部屋の方に身体の弱い方々とその家族を中心に入っていただくことに決めた．今後の原子力災害の防災計画を立てる際には，この経験を活かして，町ごと避難する場合のシミュレーションをしておくことが重要であろう．「避難者の人数と特性を考え，受け入れ先の施設の人数とマッチングさせておくことができれば理想的だ」と植杉さんは言う．

1週間ほど経ち，あとから新たな富岡町の役場職員たちも合流し，1避難所を2名体制で管轄し，ローテーションも少しずつ始められるような状況になった．生活の秩序を保ち続け，避難者自身の健康を維持していくためにも，避難所での生活にはある程度のルールが必要だと植杉さんは考えた．各部屋の代表者を作り，数名で話し合い，その後全体会議を開いた．その会議では，「ここで生活していく上でやらなければいけないこと」を提案してもらうことになった．提案に沿って仕事の内容を分類して班を作り，班長・副班長・班員で何をどうするかを検討していくことになった．避難してきた住民全員の同意が得られ，避難先自治体の支援を受けるだけではなく，避難者による自主運営が始まったのである．

(三瓶) 地域コミュニティの話をさせてもらうと，やっぱり当番決めて，炊事やったり，お風呂当番だったり，あとは洗濯をやったり，そんなことをローテーション組んで，みんなで協力しながらやったっていうのが一番良かったかなと思います．やっぱり仕事を分担して，みんなで「何かやるんだ」っていうことをやると，あんまりトラブルなく進むというのは職員として感じましたね．

三瓶さんは，5月に入り宮代町の避難所が閉鎖されると，杉戸町と幸手市の避難所に他の役場職員とローテーションを組んで回るようになった．毎日が借り暮らしのような状況で，避難所を回る生活が5月いっぱいまで続いた．各避難所の性格の違いを次のように語っている．

　　（三瓶）避難所によって性格の違いがありましたね．当番を組んでいる所，組めなかった所．あとは，何て言うのかな．住民の中に，独裁的だったりクレーマーの人が1人いるだけで，ある決まったやり方ができなかったりもありました．コミュニティが形成される途中の段階だったんだと思います．コミュニティのでき方ってすごく難しいなって思いましたね．

　三瓶さんは，避難所で新たな住民のコミュニティが誕生していく過程を目の当たりにした．初めにいた宮代町の避難所は，住民同士でもうまく機能していたという印象を受けたといい，皆でお金を積み立てたり具体的な規則まで作ったりしたという．そのような体制づくりに，植杉さんや三瓶さんといった富岡町の職員が，住民の影となるような形でリーダーシップをとっていたことも重要であろう．
　植杉さんは，杉戸町・宮代町・幸手市の職員による支えがあったことに感謝の意を述べている．

　　（植杉）職員さんの支えが，バックアップがあってこそできたんじゃないのかなと思っております．やっぱり行政ということだけではなくて，人間として，誰かが困っているのであれば，助けなければいけないという気持ちを常に意識しながら，やっていただいたのがよかったのかなというふうに感じています．

　この「人間として助け合う気持ち」という指摘は，「共助」の関係性が築き上げられていくうえで，とても重要なことだろう．

5　杉戸町役場職員から見た原発事故災害

　杉戸町は，埼玉県の東部に位置し，東側には千葉県との県境があり，北側は幸手市，南側は春日部市，西側は宮代町と久喜市に囲まれている．人口は約4万5000人であり，面積は約30平方キロメートルの町である．町内には江戸川に接する部分もあり，古利根川の自然堤防が残るなど，大部分は海抜8メートル前後の中川低地として歴史的に大きな河川水害にみまわれた地域である．

5-1　震災直後に富岡町支援に向かう

　東日本大震災では，杉戸町は震度5強を観測し，ブロックや屋根が崩れたりなどの被害が377棟の住宅に生じた．杉戸町は，福島県富岡町と震災前の2010年11月3日に友好都市協定を締結しており，震災が発生した直後から，富岡町からの原発事故避難者を受け入れる体制を整えていった．当時の状況について，当時杉戸町政策課で国内交流を担当していた田原和明さん（現農業振興課課長）は次のように語っている．

> （田原）3月11日に震災が発生して，当時の富岡町の遠藤町長から電話がありまして，まずはお互いの心配をしていたんですけども．何か支援することはございませんかと言ったときに，ブルーシートと水と毛布があったらお願いしたいということで，3月12日，その翌日ですね．町から誰かを派遣することになりました．
> 　次の日の朝は，防災担当と私たち政策課からも数名集まりました．町長が自ら行くっていうので，それを止めるのが大変でした．杉戸町も震度5強だったから，市の基幹が富岡に行ったら杉戸はどうするんだと．それで，当時の職員3名で行きますからということで町長に納得していただき，私が行くことになりました．

　3月12日の早朝，田原さんは当時杉戸町議会議長だった上原幸雄さんと共に，杉戸町の防災倉庫にあるブルーシート・水・食料などをワゴン車2台に積めるだけ積んで出発したという．しかし，富岡町へ向かう道中は険しく，高速道路は消防と自衛隊や重機のみ通行可能であり，その他の車

両は通行不可として行く手が遮られていた．渋滞する国道4号線を使って向かったが，道中で，原発事故の影響により「富岡町の役場へは入れない」という連絡が入った．次に，多くの富岡町民が避難している川内村へと向かったが，再び「川内も無理だから小野町に来てくれ」と連絡が入ったため，小野町の役場へと行き先を変更した．結果的に，朝の出発から12時間かかり，ようやく午後9時に小野町役場に到着した．そこで杉戸町から持ってきた支援物資を渡し，30分もせずに帰路につき，翌朝4時に杉戸町に戻った．

5-2　富岡町からの避難者受け入れの準備

　3月16日になり，富岡町の町長から，郡山市のビッグパレットに避難をするが，ビッグパレットの避難所は収容人数を超えていて避難者が全員入らないため，杉戸町も避難者を受け入れて欲しいとの要請があった．そこで杉戸町はバスを7台用意して，川内村に避難している住民を杉戸町へと迎え入れることにした．町の観光協会副会長を務めていた地元のバス会社社長の協力が得られたが，川内村へ向かうバスに乗る役場職員を決める際に，どの職員が行くべきか揉めたという．

　　（田原）実際ね，原発のとこに行くのはみんな怖いんですよ．バスで迎えに行かなくちゃいけないというときに，もしかしたら原発事故で，バスで行ったまま帰って来られないかもしれない．原発の放射能を浴びてどうなっちゃうかわからない．特に小さな子どもがいる職員とかは震えていましたね．何で私が行かなくちゃならないんだと．ここまで町長が指示する責任があるのか，何かあったらどうするんだと食いついてくる職員もいました．

　杉戸町の住民からも，福島から避難者が来ることに対して「放射能は大丈夫なのか」といった問い合わせがきたという．そのようなさまざまな懸念に対して，田原さんを含む職員は「放射線量のスクリーニングをしているので被曝の心配ない」という情報を伝えて，風評被害が広まることを防いだ．最終的に，保健師2名と職員5名が，7台のバスにそれぞれ1名ずつ乗り込み，川内村へと向かった．田原さんは，避難者を受け入れるため

の準備をするために，杉戸町で待機することになった．

　バス7台に最大300名が乗ることができる．その全員を杉戸町に受け入れることは難しく，隣接する幸手市と宮代町に避難者受け入れ施設の提供をお願いしたところ，「どちらの市町からも二つ返事でわかったと答えが返ってきた」と言う．

　　(田原) 杉戸，幸手，宮代の首長のコミュニケーションが良かったので，すぐに用意していただけました．このように，行政と議会の土台がスムーズにできたことがきっかけで，うまく事が運んだのだと思います．

　3月17日になり，最初に158名の避難者が到着した．田原さんは，受け入れ施設として，畳があり入浴施設も備わっている公民館が良いだろうと考えた．最初の到着の後からも，個別に続々と杉戸町へ入ってくる避難者をどの施設に収容するべきか，幸手市と宮代町とも協議しながら決めていった．

　　(田原) 富岡町の職員の方と，杉戸町，幸手市，宮代町の職員の方，代表の方で合同調整会議を開きました．その中で，家族とか，年齢とか，病歴とかいろいろ考慮して，体の弱い方に関しては保健センターや病院が近い「すぎとピア」がいいとか，個人で来られた方にはちょっと遠いけど「エコ・スポ」に入ってもらおうとか．家族で来られた方は，幸手さんとか宮代さんに協力していただこうかとか，そういうことを調整しながら分けさせていただいたということを覚えています．

　4月3日時点で，杉戸町の「彩の国いきいきセンターすぎとピア」に44名，「ふれあいセンターエコ・スポいずみ」に44名，幸手市の「幸手市老人福祉センター」に60名，宮代町の「ふれ愛センターみやしろ」に13名が入所した．富岡町からの避難者は，このように用意された避難所で半年間ほど過ごすことになる．その間，杉戸町は町一丸となって避難者の支援に取り組んだ．

5-3　支援チームの結成と避難所の運営

　避難者の受け入れに際し，当初杉戸町では国内交流担当と災害担当のふたつの部門で対応していたが，到底それでは間に合わないということになり，田原さんは役場内で12名からなる支援チームを結成した．支援チームは住民参加推進課が統括し，政策財政課と消防本部が副リーダーとなり，避難者の住宅や健康管理など，これから生じる可能性のあるさまざまな問題を予測して，建築課，保健センター，社会教育課，環境課，税務課，総務課，都市施設整備課，福祉課から1人ずつ人員を選抜した．

　（田原）プロジェクトチームを作ろうとすると，とりあえず役所の中で誰かしらひとり出しとけって編成するパターンがありますが，このときには，いろいろなケアする必要があるからということで，必要な課を選んで，ひとり一人1本釣りしました．「この人をぜひ支援チームに入れていただきたい」と各課に直談判して，各課からその人たちを呼んで，優秀な職員を集めました．

　活動としては，①避難者からの問い合わせ対応と避難者の受け入れ調整，②各種情報の収集と提供（災害救助法，義援金，支援物資，公共住宅，就業先紹介，ボランティア等），③救援物資の受け入れと提供，④避難者からの相談窓口などであった．
　この他にも避難所の運営支援にもあたった．各避難所に連絡所を設置し，それぞれに連絡員として富岡町の職員を1人ずつ配置してもらい，郡山市にある富岡町役場からの情報と，埼玉の各避難所の情報を伝達してもらった．各避難所の受け入れ係同士でも，毎週月曜日に合同会議を開き，その都度各避難所の情報などを交換し共有した．
　杉戸町での避難生活が開始されて数日が経過した頃，南相馬郡青年会議所のOBから，杉戸町に連絡所を開設してほしいとの要請があった．富岡町から埼玉県に避難した人々が，杉戸町が富岡町の住民受け入れを行っているという情報を聞きつけ，避難している住民の所在の情報を共有化したいということであった．杉戸町は，役場にパソコンや電話を設置して「福島県双葉郡支援センター」という連絡所を設けた．連絡所には3名が配置され，毎日その場から情報収集と情報発信が行われるようになった．その

結果，富岡町の住民1512名，566世帯の所在を確認することができた．

情報発信を行っていくと，次第に支援物資が集まるようになったが，逆に集まりすぎてしまう事態が生じた．避難開始から約1ヶ月経った5月に，集まった支援物資を「被災者に必要なもの」と「そうでないもの」とに分け，支援活動の一環としてチャリティーバザーを行った．バザーは，2010年に富岡町と友好都市協定の調印式が行われた，富岡町とのゆかりのある場所「アグリパーク夢杉戸」で行われた．このバザーでは富岡町と杉戸町のこれまでの交流や，杉戸町がこれまでに行ってきた支援の様子を町民に見せるなど，物語性のある紹介を行った．結果的に杉戸町の住民からも多くの支援が集まり，富岡町へ約27万円の義援金が集まった．

　（田原）災害時には，臨機応変にその場に応じて，さまざまな頭を使って，ニーズがあるかどうかっていうことを，考えながらやるっていうことが大事だと思います．

災害発生直後は，食料や水，毛布など，生命の維持に関わるものが求められる．次第にときが経ってくると，新しい住まいはどうするかなどといった問題への対応が求められてくる．その場，そのときによって求められることが変容していくのである．

5-4　友好都市関係の構築

杉戸町はなぜこのような素早い支援を実施することができたのだろうか．田原さんと共に事故直後に福島県まで支援物資を運んだ上原さんは，「20年前から町同士の交流があったことが基盤になっている」と言う．

上原さんが初めて富岡町を訪れたのは1994年であった．滋賀県で開催された少年少女ソフトテニスの全国大会で，富岡町の子どもたちのプレーを見て「どうして強いんだろう」と思い，富岡町に興味がわいたと言う．初めて訪れた富岡町で，道に迷ったときのエピソードを次のように語った．富岡町を雪国だと思い込んでいた上原さんは，富岡の人々の優しさと，町のテニス施設の充実に魅了されたと言う．

　（上原）畑の農作業をしている人に「富岡の役場にはどうやって行っ

たらいいんでしょう」って聞いたんですね．そうしたら，仕事をやめて道端に出てきて丁寧に教えてくれて，それだけでなくて農作物のトマトまでもらったんです．それから，富岡について1番驚いたのは，町の施設です．富岡町は雪国でもなく，全天候型テニスコートがたくさんあって，テニス専門のドームまであったんですね．杉戸の子どもたちのソフトテニスを強くするためにも，「ここと仲良くするしかない」と正直に思いました．

　上原さんの夢が膨らみ，テニスを通じての子どもたちの交流がスタートした．その後上原さんは，富岡町に毎年5-6回は通うようになった．8年がたった2002年には，富岡町教育長と意気投合して，子供たちの授業の一環として「総合学習」の交流を開始した．通常の授業期間内に富岡町と杉戸町の子供たちがそれぞれの学校の家庭に宿泊し，その家庭の子供と一緒に通学し，席を並べて学ぶということが実現した．偶数年には富岡から杉戸町へ，奇数年には杉戸町から富岡町へという交流が4年間続いた．
　学校の交流に始まり，商工会や農協，それぞれの議会の協力のもと，杉戸町と富岡町の交流の輪は深く広がっていった．そして，震災が起きる前年の2010年11月3日に，それまでの長年の交流の成果が友好都市協定という形で結実することになったのである．当時杉戸町政策課に所属していた田原さんは，国内交流担当としてこの協定に尽力した．交流がスタートする際には，「富岡には桜，えびす講という秋祭り，海も漁港もある．杉戸には海や山，特別な公共施設もなく，富岡と釣り合うほどの資源があるのか」と悩んだと言う．それぞれの町の資源について研究していくうちに，「杉戸の町民の間では教育・スポーツ・文化・芸術が盛んであり，産業交流もできるに違いない」と思い，友好都市協定の締結に向けて動いたそうだ．それから半年も経たないうちに，震災が起きたのであった．

　　（上原）そういう思いが長い間ありましたから，震災のときには体が動いて，次の日の朝早く，富岡を目指して行こうっていうことで，田原さんといっしょに向かったんです．

　このような長年の友好関係があったからこそ，杉戸町町長自らが「富岡

町に行く」と主張し，その思いを共有する上原さんと田原さんが，震災の翌朝に被害状況の全くわからない富岡町に急いだのである．

6 ワールドカフェの知見

本事業では 2015 年 12 月に，原発事故当時に避難所として使用された杉戸町「彩の国いきいきセンターすぎとピア」にてワールドカフェ形式によるワークショップを開催した．2011 年の災害発生当時に避難所の開設や運営に携わった自治体担当職員，およびボランティア団体や一般市民に集まっていただき，「行政と住民が協働して作り上げる災害に強いまちづくり」に当時の経験をどのように活かしていくか話し合う機会を設けた．2011 年当時に実際に避難所として使用された場所でワークショップを行うことで，参加者が当時の様子を思い出しやすい雰囲気をつくったことも，企画者の工夫である．

杉戸町住民参加推進課を通じて広報を行って申し込みのあった 15 名が参加した（表 3）．全体の進行役を筆者が行い，ファシリテーター，書記，記録（ビデオ・録音）係を大学生・大学院生が担当してワークショップの運営を行った．

6-1 ワールドカフェの方法と特徴

ワークショップはワールドカフェ方式［香取・大川 2009］を採用した．カフェでは，自分の意見を積極的に話すと同時に，相手の話に積極的に耳を傾けて対話することが求められる［ボーム 2007］．自分と異なる意見であっても否定をすることはせず，相手がなぜそのような意見に至ったのか，話者の考えの背景を探るように聴いていくことで相互理解を深め，対話から新たな発見を目指すものである．この対話のスタンスは極めて文化人類学的なものと言えるだろう．異文化理解と多文化共生を目指したグループ対話の手法である．

本事業では，A, B, C の 3 チームに分け，それぞれのチームにファシリテーター 1 名，書記 1 名，記録係 2 名を配置した．図 2 にワールドカフェの様子を示す写真を掲示した．

各ラウンドのテーマは，ラウンド①「それぞれの立場で行った支援活動

表3：ワークショップ参加者の概要と所属

チーム	番号	性別	年代	市町村	当時の所属	役職	支援への関わり	現在の所属	役職
A	1	男性	50代	杉戸町	消防本部	主幹	支援チーム副リーダー	住民参加推進課	課長
A	2	男性	50代	杉戸町	建築課	主幹	支援チーム（住宅担当）	建築課	課長
A	3	男性	30代	杉戸町	社会教育課	主査	支援チーム（防災担当）	社会教育課	主幹
A	4	女性	40代	杉戸町			なし	住民参加推進課／消防防災担当	主任
A	5	男性	50代	宮代町	町民生活課		避難者支援担当	町民生活課	課長
B	1	男性	50代	杉戸町	政策財政課	主幹	支援チーム副リーダー	社会教育課	課長
B	2	男性	30代	杉戸町			なし	住民参加推進課／消防防災担当	主査
B	3	男性	30代	杉戸町	都市施設整備課		支援チーム（施設整備担当）	産業団地拡張推進室	主査
B	4	男性	60代	富岡町	住民		避難者	NPO法人	代表
B	5	男性	50代	幸手市	監査員事務局		なし	市民生活部／防災安全課	課長
B	6	男性	40代	幸手市	税務課		なし	市民生活部／防災安全課	主幹
C	1	女性	50代	杉戸町	保健センター（保健師）	主幹	支援チーム（健康管理・衛生指導担当）	健康支援課	課長
C	2	男性	70代	幸手市	市議会	議員	避難者支援担当		
C	3	男性	40代	幸手市	市民生活部／防災安全課		避難者支援（宿泊当番・物資運搬仕分担当）	庶務課	主席主幹
C	4	男性	60代	杉戸町				NPO法人	事務局

図2:ワールドカフェの様子

の振り返り」,ラウンド②「他グループで出た意見の共有」,ラウンド③「災害に強いまちづくりに経験を活かす方法」とした.表3に示したように,それぞれの小グループの配属メンバーは,事故当時の出来事をできる限り想起しやすいように,当時同じ場所で支援に携わった者を同じグループに配置し,さらに事故当時は支援に携わっていなかったものの,現在の町の防災に重要な役割を果たす役職の者を配置した.現在と事故当時の所属や支援活動時の役割を勘案して,筆者らワークショップ企画者が事前に割り振ったのである.

6-2 各グループの話し合いの知見(図3)

　Aグループは,杉戸町の支援チームの主メンバーと宮代町の支援代表者,そして現在の杉戸町消防防災の担当者から構成された.ワールドカフェの結果として,ラウンド①「支援の振り返り」の「(1)成功要因」として【日常からの強いつながりの効果】【自治体をまたいだ合同調整会議の成果】の2つの内容が提示された.そして,ラウンド③「災害に強いまちづくりに経験を活かす方法」では,【正確な情報共有】【地域防災力の強化】【地域のきづなの強化】【防災マニュアルの作成】の4つが提案された.

　Bグループには,杉戸町の支援チームの主メンバーと幸手市の現在の防災担当者,そして本事業の企画者であるNPO法人代表の佐藤さんが参加

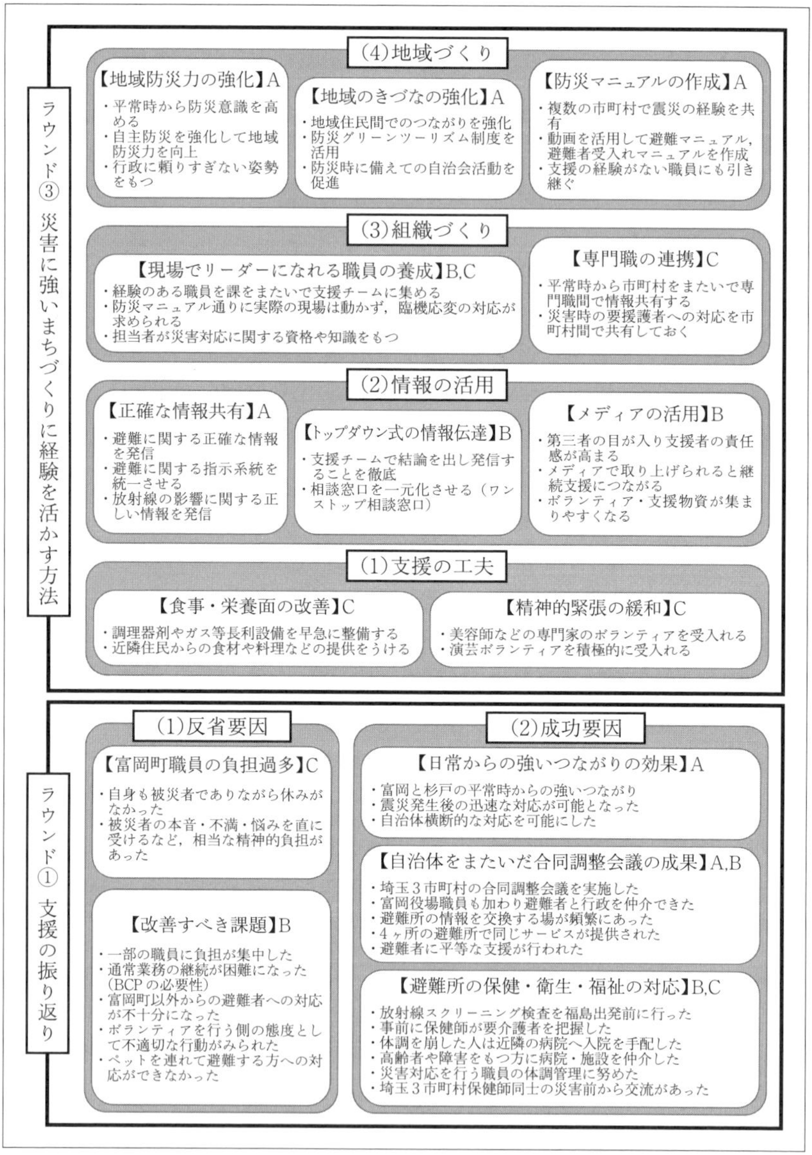

ラウンド③ 災害に強いまちづくりに経験を活かす方法

(4) 地域づくり

【地域防災力の強化】A
- 平常時から防災意識を高める
- 自主防災を強化して地域防災力を向上
- 行政に頼りすぎない姿勢をもつ

【地域のきずなの強化】A
- 地域住民間でのつながりを強化
- 防災グリーンツーリズム制度を活用
- 防災時に備えての自治会活動を促進

【防災マニュアルの作成】A
- 複数の市町村で震災の経験を共有
- 動画を活用して避難マニュアル、避難者受入れマニュアルを作成
- 支援の経験がない職員にも引き継ぐ

(3) 組織づくり

【現場でリーダーになれる職員の養成】B,C
- 経験のある職員を課をまたいで支援チームに集める
- 防災マニュアル通りに実際の現場は動かず、臨機応変の対応が求められる
- 担当者が災害対応に関する資格や知識をもつ

【専門職の連携】C
- 平常時から市町村をまたいで専門職間で情報共有する
- 災害時の要護者への対応を市町村間で共有しておく

(2) 情報の活用

【正確な情報共有】A
- 避難に関する正確な情報を発信
- 避難に関する指示系統を統一させる
- 放射線の影響に関する正しい情報を発信

【トップダウン式の情報伝達】B
- 支援チームで結論を出し発信することを徹底
- 相談窓口を一元化させる（ワンストップ相談窓口）

【メディアの活用】B
- 第三者の目が入り支援者の責任感が高まる
- メディアで取り上げられると継続支援につながる
- ボランティア・支援物資が集まりやすくなる

(1) 支援の工夫

【食事・栄養面の改善】C
- 調理器剤やガス等長利設備を早急に整備する
- 近隣住民からの食材や料理などの提供をうける

【精神的緊張の緩和】C
- 美容師などの専門家のボランティアを受入れる
- 演芸ボランティアを積極的に受入れる

ラウンド① 支援の振り返り

(1) 反省要因

【富岡町職員の負担過多】C
- 自身も被災者でありながら休みがなかった
- 被災者の本音・不満・悩みを直に受けるなど、相当な精神的負担があった

【改善すべき課題】B
- 一部の職員に負担が集中した
- 通常業務の継続が困難になった（BCPの必要性）
- 富岡町以外からの避難者への対応が不十分になった
- ボランティアを行う側の態度として不適切な行動がみられた
- ペットを連れて避難する方への対応ができなかった

(2) 成功要因

【日常からの強いつながりの効果】A
- 富岡と杉戸の平常時からの強いつながり
- 震災発生後の迅速な対応が可能となった
- 自治体横断的な対応を可能にした

【自治体をまたいだ合同調整会議の成果】A,B
- 埼玉3市町村の合同調整会議を実施した
- 富岡役場職員も加わり避難者と行政を仲介できた
- 避難所の情報を交換する場が頻繁にあった
- 4ヶ所の避難所で同じサービスが提供された
- 避難者に平等な支援が行われた

【避難所の保健・衛生・福祉の対応】B,C
- 放射線スクリーニング検査を福島出発前に行った
- 事前に保健師が要介護者を把握した
- 体調を崩した人は近隣の病院へ入院を手配した
- 高齢者や障害をもつ方に病院・施設を仲介した
- 災害対応を行う職員の体調管理に努めた
- 埼玉3市町村保健師同士の災害前から交流があった

図3：ワールドカフェによる知見のKJ法結果図（図内のA，B，Cはグループ名）

した．カフェの結果として，ラウンド①「支援の振り返り」の「(1) 反省要因」として【改善すべき課題】が5つ提示された．「(2) 成功要因」としては【自治体をまたいだ合同調整会議の成果】【避難所の保健・衛生・福祉の対応】が提示された．ラウンド③「災害に強いまちづくりに経験を活かす方法」では，【トップダウン式の情報伝達】【メディアの活用】【現場でリーダーになれる職員の養成】の3つが提案された．

Cグループには，杉戸町支援チームの保健師と，幸手市の支援者，NPO法人の事務局担当者が参加した．カフェの結果として，ラウンド①「支援の振り返り」の「(1) 反省要因」として【富岡町職員の負担過多】，「(2) 成功要因」として【避難所の保健・衛生・福祉の対応】が提案された．ラウンド③「災害に強いまちづくりに経験を活かす方法」では，【食事・栄養面の改善】【精神的緊張の緩和】【現場でリーダーになれる職員の養成】【専門職の連携】の4つが提案された．

これら3つのグループから提案された知見を，図3に表わした．カテゴリーを表わす印【】の右横に提案されたグループ名を示した．ラウンド③「災害に強いまちづくりに経験を活かす方法」では，食事や栄養面の改善や精神的緩和に役立つ「(1) 支援の工夫」をすること，正確な情報共有やトップダウン式の情報伝達，そしてメディアの活用といった「(2) 情報の活用」，杉戸町が12名の先鋭メンバーによる支援チームを作ったように現場でリーダーになれる職員の養成，防災担当者や保健師などの市町村をまたいだ専門職の連携といった「(3) 組織づくり」，さらに「(4) 地域づくり」の4つの観点に整理することができた．図には，より上位の概念や課題と考えられるものを上部に表示した．

7　防災に向けたソーシャル・キャピタルの醸成

第4節に示した福島県富岡町役場職員の経験，第5節に示した埼玉県杉戸町役場職員の経験，そして第6節に示したワールドカフェの知見からも，災害が起こる前からのスポーツ交流や教育交流などを基盤とした住民同士のつながり，保健師や防災担当者などの専門家のつながり，そして自治体職員同士のつながり，が大きな役割を果たしていることが理解できるだろう．本節ではこの現象を，政治学・経済学・社会学・公衆衛生学などの分

野で近年注目を浴びている「ソーシャル・キャピタル（Social Capital）」すなわち「社会関係資本」という，社会の中での人びとの信頼意識やつながりの状態をとらえる概念をもとに考えていきたい．

7-1 ソーシャル・キャピタルという概念

アルドリッチ［2015］は，阪神・淡路大震災，インド洋大津波，ハリケーン・カトリーナの事例をもとに，同じ被害で同じ経済的サポートを受けている自治体であっても復興のスピードが異なり，その要因にソーシャル・キャピタルが関連していることを報告している．

ソーシャル・キャピタルには，「結束型（bonding），橋渡し型（bridging），連結型（linking）」の3種類があると言われている．「結束型」は，コミュニティのメンバー内あるいはメンバー間が家族のように親密で結束している関係性を表わす．このネットワークでは，互いによく似た考え方を持っており，距離的にも近い関係性にあり，家族・親族だけでなく自治体や近隣の人びととの関係もこれに該当する．「橋渡し型」は，民俗や宗教といった垣根を越えて，あるネットワークと外部にあるネットワークとの間に築かれた関係性を表わす．組織や集団の橋渡しを行うことによって，異なる地域の人びとや，異なるアイデンティティを持つ人びと，異なる言語や文化をもつ人びとを結びつけることができる．「連結型」は，社会における制度的な権力関係や権威勾配の垣根を越えて交流する人びととの間につくられる信頼関係やネットワークを意味する．結束型が水平方向の関係だとすると，連結型は垂直方向の関係性を表わし，特に開発途上国における経済発展に重要な役割を果たすことが多い．

7-2 準備期：原発事故発生前のソーシャル・キャピタル

福島原発事故後に埼玉県杉戸町が福島県富岡町に対して行った支援は，2010年11月に締結された国内友好都市協定に基づいて行われた．この協定の締結に至るまでには約15年間の町民・役場職員・商工会等の密な交流があり，形式だけの災害協定ではない信頼関係の積み重ねが災害時には効果的であることが示された［福島県双葉郡富岡町・埼玉県北葛飾郡杉戸町 2010］．

東日本大震災の経験を受け，「防災対策基本法」の改正（2013）により，

大規模で広域的な災害により避難者が多数発生した場合は，避難者を被災していない市町村が受け入れできる制度が確立された［内閣府 2013］．被災した県と受け入れる県が国と連携をして実施する手順が取られるが，杉戸町でも自らの経験と同改正を受けて，「地域防災計画」の修正が行われた［杉戸町 2013］．これらの制度が実際の災害時に十分に活用されるためにも，形式だけに限定されない行政レベル，市民レベルの人的交流を行うことが重要である．

　このような自治体を超えての結束は，「橋渡し型」ソーシャル・キャピタルの概念でとらえることができる．Small［2010］らは，橋渡し型は社会的集団を超えて緩やかに結束する友人関係を指し，教育関連団体や政治組織，共通の趣味を持った人々の集まりなどへの個人の関わりから生じると述べている．本事業では，ソフトテニスという共通のスポーツを通した少年少女の交流から始まり，それがお互いの町の生活を知る教育的な事業に発展し，最終的には政治レベルの提携につながっていた．「橋渡し型」の結束は，被災自治体住民を受け入れた，杉戸町・幸手市・宮代町の3市町村の間でも認められ，今後の防災対策として，保健所・保健センターの保健師，医師会や薬剤師会，社会福祉協議会同士の，自治体をまたいだ情報交換や人材交流が有効であると考えられた．

　ワールドカフェで指摘された「防災グリーンツーリズム」の取り組みが，全国で注目されている［山下 2010］．NPO・地域などを通した顔の見える関係づくりを行うことを目的に，田舎体験，農業・漁業体験，豊かな自然体験などのプロジェクトである．日常的な文化交流のような平常時からの信頼関係の構築による「橋渡し型」ソーシャル・キャピタルの醸成が，今後の防災対策に重要であることが示唆される．

7-3　対応期・緩和期：避難者の受け入れと避難所運営におけるソーシャル・キャピタル

　本事例では，受け入れ直後からの生活基盤づくりの支援が杉戸町の「避難住民受け入れ支援チーム」を中心に行われた．第5節で示したように，支援チームが被災者の生活基盤づくりまで見据えて，必要とされる課が選ばれている点に注目する必要があるだろう．専門的な視点からの支援が早期に行うことができた背景には，チームの構成員が各課の政策意思決定を

行える経験を持つ職員であったことが関連している．被災者が避難所を退所した後にも，必要に応じて避難所でできた専門職とのつながりを利用することが可能であり，安心した環境で生活再建が行えたのではないかと考えられた．本事業のワールドカフェでも提示されたように，今後の防災対策としては，「現場でリーダーとなれる職員の養成」が必須であろう．

このような被災者と行政のつながりは，「連結型」ソーシャル・キャピタルの概念でとらえることができる．連結型ソーシャル・キャピタルは，社会的権力や権威の枠を越えて交じり合う人々の間の敬意や信頼関係であり［Szreter and Woolcock 2004］，これによって防災活動が行われたり，災害直後や復興初期段階で被災者が行政からの救援を受けたりすることが可能となる［Hawkins and Maurer 2010］．

もうひとつ重要な点として，避難者内の自治組織が重要な役割を果たしたことが挙げられる．避難所の各部屋の代表が集まった上で話し合いが持たれ，清掃班や食事班の組織など，活動内容が町民の主体的な参加のもと決定され，避難者同士の「共助」の意識が醸成されたと考えられた．第4節で述べたように，この自治組織の結成に自治体職員のリーダーシップがあったことも重要である．井上は，被災者支援に役割をもって関わることで，自分の行動が喜ばれたりお礼を言われたりすることで自信を持ち，自己効力感が向上すると報告している［井上 2015］．本事例においても，誰かの役に役立っているという自己効力感が，避難所における町民同士のつながりや関係性を築くのに役だち，退所後の関係性を維持していく為にも重要であったと考えられる．

このような同じ町民同士のつながりは，「結束型」ソーシャル・キャピタルで捉えることができる．Hurlbertらは，結束型の強い絆が社会的・個人的な支援を効果的にもたらすと報告している［Hurlbert et al. 2000］．

7-4　復興期：避難所退所後のソーシャル・キャピタル

次に，退所後の関係維持と地域資源へのつなぎについて考えてみたい．阪神・淡路大震災後の調査から，「孤独死」は仮設住宅から災害復興住宅への移動直後にも発生したことが報告されている［田中ほか 2010］．避難所や仮設住宅では集団生活をしているため，自治会やボランティア団体による見守り・声かけ・サロン等の支え合いの活動が行われやすい．しかし，

個別に民間の住宅に転居したり，復興住宅に移動したりすることによってそれまでの近隣関係が失われ，孤立する危険性が大きく高まることが想定される．筆者ら［岩垣ほか 2016a；2016b］は，原発事故後の避難において被災者に見られたメンタルヘルス悪化の要因の一つが，コミュニティ崩壊や家族離散などの個人レベルのソーシャル・キャピタルの低下であったことを報告し，ソーシャル・キャピタルの醸成を踏まえた被災者支援が重要であることを述べてきた．

　本事例では，避難所から杉戸住宅へ移られた方を一軒ずつ訪問し連絡網を作成し，孤立しないための定期的な交流会『杉戸元気会』を開催した佐藤さんの活動が重要である．初年度には東京電力の担当者による補償・賠償についての説明会や，杉戸町職員による生活相談会が実施されている．2年目からは地元の特定非営利活動法人と共同で『つつじの里サロン』が立ち上げられ，当事者だけでなく民生委員や地域の方も一緒に参加できる茶話会が開催された．サロンは，地元住民からの支援物資やイベントの招待に関する窓口の役割も果たしていたため，地域住民と繋がるきっかけを作ることができていた．また毎週の定期開催であったため，しばらく参加がない者には個別訪問するといった「見守り」の機能も備えていた．

　2015年時点で，避難者への訪問活動は福島県内の各市町村が設置する復興支援員によって行われている［稲垣 2015］（2018年も継続中）．原発事故による避難者支援の困難な点として，偏見や差別によって避難者が声を挙げにくい状態［辻内 2016；2018a；2018b］があり，一般の福祉行政サービスにつながることができていない可能性が考えられる．愛甲も，近隣住民の放射能被曝に関する偏見や補償賠償金に関する無理解から，避難していることを隠して生活を続けている避難者について報告している［愛甲ほか 2016］．このような偏見や差別を解消していくため，専門職と復興支援員や地域の住民が連携して支援を行う体制を構築し，継続支援やモニタリングを行うことが重要であると考えられる．

7-5　豊かなソーシャル・キャピタルを基盤とした災害に強いまちづくりモデル

　防災心理学者である矢守［2009, 2010］は，阪神・淡路大震災を経験した兵庫県神戸市，東日本大震災からの復興途中にある岩手県野田村，今後南海トラフ地震の被害を受けることが想定される高知県四万十町の住民を

つなぎ，震災の経験を語り記録し防災に生かすという取り組みを行っている．その活動の中で，地域を超えてつながることを意味するインターローカリティや，年代を超えて繋がることを意味するインタージェネレーショナリティが，災害の記憶の風化を防ぎ，次の防災・減災に重要であると指摘している．さらに，災害に強いまちづくりは，行政や防災の専門家などが一方的に知識を伝えるのではなく，防災を担う住民と一緒に活動を行う「実践共同体」で進めなければならないこと，また，実践活動はトライ＆エラーを何度も繰り返していく中で経験を蓄積していく実践科学的なアクションリサーチの形式で行われることが望ましいと指摘している．

　本事例では，地域や年代，立場を超えて関係者がつながり，災害の経験を共有するインターローカリティやインタージェネレーショナリティといった視点を踏まえながらワークショップを実践した．インタビュー調査やワークショップで得られた証言を，ソーシャル・キャピタルの観点から総合的に分析した結果，図4に示したような「豊かなソーシャル・キャピタルを基盤とした災害に強いまちづくりモデル」が考案された．災害前の平常時には，橋渡し型の特性を活かして多地域・多世代が交わり信頼関係を構築する交流が重要である．災害発生時には，結束型・橋渡し型・連結型

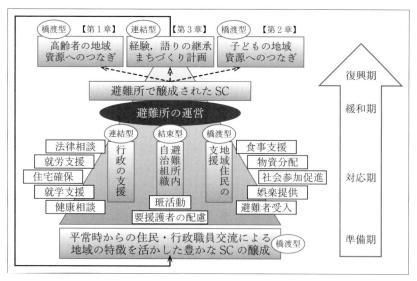

図4：豊かなソーシャル・キャピタルを基盤とした災害に強いまちづくりモデル（岩垣ら，2018より）

それぞれの特性を活かした避難所運営が重要である．生活再建を目指す時期には，避難所での醸成された人間関係の継続，地域資源への繋ぎを行うために，橋渡し型・連結型の特徴を活かして支援を行うことが重要である．

8 おわりに

本章では，福島県富岡町から埼玉県杉戸町に避難してこられた住民の佐藤純俊さんの立案による『平成 27 年度埼玉県共助社会づくり支援事業』によって得られた知見をまとめた．事業の軸となる部分のみの紹介となったが，被災者と自治体と研究者による協働で実施された人類学的営為の一部が描けたものと考える．

東日本大震災における自治体の取組みに関する報告や研究はいくつか存在する．『3.11 岩手　自治体職員の証言と記録』［自治労連・岩手自治労連 2014］には，大槌町・大船渡市・陸前高田市を含む岩手県沿岸部の 50 名を超える自治体職員の貴重な経験が記録されている．監修者の晴山は，政府によって強引に進められている「経済成長・開発優先の創造的復興事業」では，「目に見える復興」ばかりが強調されて「目に見えない復興」が進んでいない実態を批判している．

金子［2018］は，川内村行政の中心人物のひとりのライフヒストリーから，何が本当に「村のため」になるのか判断していく過程で，より上位の行政体や被災者個々の利害と対立せざるを得なかった葛藤を描いている．渡部［2018］は，楢葉町の自治体職員への丹念な聞き取り調査を行い，原発事故発生当初に，家族との生活より町の職務を最優先に行動した時の苦悩と葛藤を描いている．さらに，渡部［2018］は，町への帰還が求められる時期に，町に戻るか戻らないかという選択において，家族の事情との間で苦悩し葛藤する自治体職員の姿を描いている．当然であるが，このような自治体職員の苦悩や葛藤は，一人ひとりの住民の苦悩や葛藤と地続きである．今回の原発事故は，長期で広域の避難生活をする十数万人の人びとを生み出した．国が 2011 年に制定した『原発避難者特例法』は，避難先自治体における適切な住民サービスの提供を目的としたものであるが，長期にわたり元の自治体の住民であり続けることを可能にしている［渡部 2018］．放射能汚染によって居住できなくなった地域は，ある意味でバー

チャルな自治体を維持せざるを得なくなり，住民達も地元の自治体のアイデンティティを維持しながら，避難先の住民としての生活を続けている．渡部［2018］が言うように，「生活の本拠としての客観的に1つの住所に限定する従来からの住民概念の限界を示している」ということであり，「地域社会を維持していくために，必ずしもそこに住んでいない住民も自治の担い手として認める」という新たな制度が必要とされている．

　自治体政策を専門とする今井［2014］は，原発事故によって自治体ごと避難しなければならなくなった現象を「移動する村」と呼び，福島県の広野町・楢葉町・富岡町・川内村・大熊町・双葉町・浪江町・葛尾村の8町村の動向を中心に分析している．今井は，歴史分析から「本来，村は地図上の区画ではなく，人の集合体であった」と述べており，今回出現した「移動する村」から学べることとして「もともとの自治体と現在の自治体との二重の住民登録を可能にする特例措置」を提案している．

　今井［2014］が指摘するように「私たちの生命と生活を守るのは自治体に他にない．現代の『移動する村』はその使命を果たした」のである．筆者らの示した事例でも示唆されているように，災害というカタストロフィーに対応できるのは，結束型・橋渡し型・連結型ソーシャル・キャピタルといった，人びとのつながりの小さな単位だと言えるだろう．「移動する村」を出現させた原発事故という歴史的な災害は，地域防災を再構築するための知恵を提示しただけではなく，地図上の土地を超越した自治体や住民同士の関係性に目を向ける土台を提示したとも言えるだろう．公共人類学が明らかにしようとするローカルな知の集積から，地方自治体の制度的なあり方を問うことも可能ではないだろうか．

謝辞
NPO法人「全国福島県人友の会」の方々，福島県富岡町および埼玉県杉戸町・幸手市・宮代町の各自治体職員の方々，埼玉県労働者福祉協議会，埼玉県民生活部共助社会づくり課，そのほか2015年度埼玉県共助社会づくり支援事業『東日本大震災と原発事故災害に学ぶ「災害弱者」対策事業』にご協力いただいた皆様に感謝申し上げます．

共同研究者
NPO法人『全国福島県人友の会』代表：佐藤純俊
早稲田大学人間科学部・大学院人間科学研究科・人間科学学術院・災害復興医療人類学

研究所：赤野大和，久場寛人，白澤康介，鈴木悠紀，関茉衣子，竹永奈緒子，友道文和，萩原万智，川崎拓真，黒沢大樹，小林乙恵，清水要，高橋光咲，滝澤柚，広瀬智紀，深谷早紀，扇原淳，多賀努

※本章は，岩垣穂大・辻内琢也（2016）『東日本大震災と原発事故災害に学ぶ「災害弱者」支援事業提言書』および，岩垣穂大・辻内琢也・扇原淳（2018）「ソーシャル・キャピタルを活用した災害に強いまちづくり―福島原子力発電所事故の県外避難者受入れ経験から」『日本災害復興学会論文集』12：46-58 の論文をもとに増補改稿したものである．

参考文献
【和文文献】

愛甲裕・辻内琢也・岩垣穂大（2016）『2015 年度 SSN 活動報告書――孤立している方／問題を抱えている方を見つけ出し，社会資源につなぐ』震災支援ネットワーク埼玉．

相田潤・カワチイチロー・S. V. スブラマニアン・近藤克則（2013）「第7章　災害とソーシャル・キャピタルと健康」『ソーシャル・キャピタルと健康政策――地域で活用するために』カワチイチロー・高尾総司・S. V. スブラマニアン（編），近藤克則・白井こころ・近藤尚己監訳，pp.207-233，日本評論社．

アルドリッチ，P. ダニエル（2015）『災害復興におけるソーシャル・キャピタルの役割とは何か』ミネルヴァ書房．

稲垣文彦（2015）「復興支援員の課題と展望――自治体の視点から」『ガバナンス』167: 22-24．

井上考代（2015）「東北被災者における援助体験学――支援者セラピー原則に着目して」『東西南北』2015: 117-133．

今井照（2014）『自治体再建―原発避難と「移動する村」』筑摩書房．

岩垣穂大・辻内琢也・増田和高ほか（2016a）「福島原子力発電所事故により県外避難する高齢者の個人レベルのソーシャル・キャピタルとメンタルヘルスとの関連」『心身医学』57（2): 173-184．

岩垣穂大・辻内琢也・小牧久見子ほか（2016b）「福島原子力発電所事故により自主避難する母親の家族関係及び個人レベルのソーシャル・キャピタルとメンタルヘルスとの関連」『社会医学研究』34（1): 21-29．

岩垣穂大・辻内琢也・扇原淳（2018）「ソーシャル・キャピタルを活用した災害に強いまちづくり―福島原子力発電所事故の県外避難者受入れ経験から」『日本災害復興学会論文集』No.11（印刷中）

香取一昭・大川恒（2009）『ワールドカフェをやろう！』日本経済新聞出版社．

金子祥之（2018）「カタストロフィーと行政対応」『原発災害と地元コミュニティ―福島県川内村奮闘記』鳥越皓之（編），pp.39-65．東信堂．

斉藤誠二・岸本寛史（2003）『ナラティブ・ベイスト・メディスンの実践』金剛出版．
自治労連・岩手自治労連・晴山一穂（2014）『3・11岩手　自治体職員の証言と記録』大月書店．
清水展（2014）「応答する人類学」『公共人類学』山下晋司（編），pp. 19-36，東京大学出版会．
杉戸町（2013）『地域防災計画』https://www.town.sugito.lg.jp/doc_lib/1/12737/杉戸町地域防災計画_本編.pdf（2016-10-02取得）．
杉戸町住民参加推進課（2015）『杉戸町による福島県富岡町への支援の経緯等』杉戸町
田中正人・高橋知香子・上野易弘（2010）「応急仮設住宅における「孤独死」の発生実態とその背景──阪神・淡路大震災の事例を通して」『日本建築学会計画系論文集』75（654）: 1815-1823．
辻内琢也・鈴木勝己・辻内優子（2006）「心身医学研究における医療人類学の貢献」『心身医学』46: 799-808．
辻内琢也・中上綾子・谷口礼（2009）「医療人類学から見た補完代替医療の世界──ナラティブ・ベイスト・メディスンへの期待」『病院』68: 919-923．
辻内琢也・増田和高・千田瑛子ほか（2012）「原発避難者への官民協同支援体制の構築──埼玉県を事例に」『日本心療内科学会雑誌』16（4）: 261-268．
辻内琢也（2016）「原発事故がもたらした精神的被害──構造的暴力による社会的虐待」『科学』86（3）: 246-251．
辻内琢也（2018a）「原発避難いじめと構造的暴力」『科学』88（3）: 265-274．
辻内琢也（2018b）「原発避難いじめの実態と構造的暴力」『福島原発事故　取り残される避難者』戸田典樹（編），pp. 14-57，明石書店．
辻内琢也・増田和高（2018c）『フクシマの医療人類学──原発事故・支援のフィールドワーク』遠見書房．
富岡町（2015）『「東日本大震災・原子力災害」の記憶と記録』富岡町企画課．
内閣府（2013）『災害対策基本法等の一部を改正する法律の概要』http://www.bousai.go.jp/taisaku/minaoshi/pdf/kihonhou_01_1.pdf（2016-10-16取得）．
福島県双葉郡富岡町・埼玉県北葛飾郡杉戸町（2010）『友好都市協定に基づく合意書』
ボーム，D.（2007）『ダイアローグ──対立から共生へ，議論から対話へ』英治出版．
宮本常一・安渓遊地（2008）『調査されるという迷惑──フィールドに出る前に読んでおく本』みずのわ出版
山下晋司（2014）「公共人類学の構築」『公共人類学』山下晋司（編），pp. 3-18，東京大学出版会
山下 義（2010）「防災グリーンツーリズム」『中小商工業研究』105: 102-109．
矢守克也（2009）『防災人間科学』東京大学出版会．
矢守克也（2010）『アクションリサーチ──実践する人間科学』新曜社．
渡部朋宏（2018）「楢葉町に見る自治体職員の生活実態と新たな課題」『福島原発事故　取り残される避難者』戸田典樹（編），pp. 58-74，明石書店．

【欧文文献】

Hawkins, Robert L., Maurer, K. (2010) Bonding, Bridging and Linking, How Social Capital Operated in New Orleans Following Hurricane Katrina, *British Journal of Social Work* 40 (6): 1777-1793.

Hurlbert, J.S., Haines, V.A., Beggs, J.J. (2000) Core Networks and Tie Activation, What Kinds of Routine Networks Allocate Resources in Nonroutine Situations?, *American Sociological Review* 65 (4): 598-618.

Small, Mario Luis (2010) *Unanticipated Gains—Origins of Network Inequality in Everyday Life*, Oxford University Press.

Szreter, S. and Woolcock, M. (2004) Health by Association? Social Capital, Social Theory, and the Political Economy of Public Health, *International Journal of Epidemiology* 33 (4): 650-667.

第 6 章

当事者が語る
――一人の強制避難者が経験した
福島第一原発事故

トム・ギル・庄司正彦

はじめに

「サバルタンは語ることができるか」，とガヤトリ・C・スピヴァクは疑問を投げかけた．東日本大震災の被災者はアントニオ・グラムシが造語した「サバルタン」（社会的，政治的，地理的に疎外された人々）という言葉に当てはまるのではないか（Spivak 1988）．大震災以降，震災を語るのは主に学者，ジャーナリスト，政治家であり，当事者が発言するときその語りは感性的な「証言」であり，学者などのプロがそれを理性的に解釈するという役割分担が見られる．この論文では当事者と学者の壁を壊し，社会人類学者のトム・ギルと福島第一原発事故をもろに経験した飯舘村長泥行政区の農民兼型枠大工[1]の庄司正彦が共同でその事故の意味を探り公共人類学に貢献できるか，検証する．

公共人類学は英語で「パブリック・アンスロポロジー」となる．一見，綺麗に響く言葉ではあるが，どのような公共性が可能か，相手にするパブリックは誰なのか，明らかでない部分が多い．例えば，何人も死んだ高速道路の事故に「カウンセラー」がやって来る．絶大な震災で荒らされた地域に「人類学者」がやって来る．「人類学者は当事者を助けに来たから，もう大丈夫！」と言わんばかりに見える．大変な単純化ではあるが，下手をすると「公共人類学」はそういう偉そうな態度につながってしまう危険性が常にある．この論文で，なるべくそうならないように，人類学者が控え目な態度で，当事者の連絡手段に徹しなければならない．

当事者にとって，人類学者は玉虫色の存在である．確かに，大震災直後，故郷が放射能で汚染され，住民が無理やり避難に強いられたとき，その事情を世界に報告する研究者は割と有難い存在だったかもしれない．しかしその後，東京電力の賠償金がだんだんと膨らんで，いつのまにか庄司を含む長泥の被災者は裕福になって，その多くは福島市とその周辺に立派な家を現金で購入していて，長泥に戻るつもりはなくなった．この事実を世界に伝えてほしくない住民は数多くいる．故郷を放棄したというイメージをつくってしまう可能性があるし，妬み差別につながる可能性もある．住民の秘密をバラすには一体どのような「公共性」があるだろうか？ しかし同時にどの学者でも「真実」を述べる責任がある．賠償金の話抜きでは長泥行政区を語るとそれは被害者論に留まり，人類学の研究としては失敗作

となるだろう．これは簡単には解決できない問題である．しかし今回の論文には，庄司があえて故郷喪失の悲劇だけではなく，賠償金が可能にした新しい人生も話してくれている．そうすることで長泥の仲間に怒られてしまう可能性もある．「当事者たち」も，決して一枚岩ではないから．この論文は真実をしぶとく伝えるという意味で一般読者というパブリックには「公共性」があると望みたい．しかし当事者というもう一つのパブリックに対して，「公共性」が認められるかどうかは別問題である．

　2011年3月11日の大震災が勃発したとき，沿岸から30キロメートル以上も離れている飯舘村は安全だとされた．その後，福島第一原発の原子炉が相次いでメルトダウンしても，飯舘村は行政が決めた30キロ半径の避難区域のわずかに外だから多くの村民は他人事のように見ていた．しかし放射能はきれいに半径で広がるものではない．風の向きや雪と雨のタイミングの結果，飯舘村はもろに放射能に汚染された．全村避難まで80日間がかかった．その80日間で浴びた放射能はどれぐらい健康に害をもたらすか，専門家は熱く論じている．

　飯舘村は20の「行政区」という集落に分かれており，その最南部は蕨平と比曽と長泥という「南3部落」，その裏にある阿武隈山脈は他の17行政区の盾になったのに，この3部落は特に高い放射能を浴びてしまった．中でも長泥だけは2012年7月の段階で年間50ミリシーベルト以上の「帰還困難区域」と指定された．2017年3月30日，飯舘村のよその19行政区は避難解除となったが，長泥だけが取り残され，今現在でもバリケードが道路に張ってあり，ガードマンが立っていて，無許可では立ち入り禁止である．長泥の人口は約70世帯の約250人であり，全員は今日まで避難生活を強いられている．その一人は型枠大工兼農業者，庄司正彦，61歳である．最初のうちは彼を「庄司さん」と呼んだ．いつの間にか「正彦」に変えた．そして今はあだ名の「マッコ」で呼んでいる．

　本章は，著者二人の対話という形で記される．ギルが質問し，庄司が答えた録音記録が元になっているが，記述にあたっては，内容および形式について十分吟味し，いわば対話の民族誌となることを目指した．これにあたって頭にあるのはヴィンセント・クラパンザーノの「精霊と結婚した男」(1991)やマーショリー・ショスタックの「ニサ──カラハリの女の

物語り」(1994) という，一人だけのインフォーマントに基づく民族誌である．ある社会的立場におかれたインフォーマントの目で，その人物の周囲に広がる社会を眺めると，アンケート調査で分からない現象が分かると気づき，私も一人だけのインフォーマントとの対話を基に民族誌を書いてみたことがある（ギル 2013）．

こういった対話の民族誌を公共人類学とつなげようとする人類学者は最近現れている．まずエリクセン（Eriksen 2006）は人類学が目標の社会をもっぱら学者の解釈でしか描かないし，学者の権力を固めるため，抽象的な専門用語を使用すると指摘する．よって読み手は概ね同じプロの人類学者に限られ，調査される人々には意味がないと厳しく従来の人類学を批判する．これに対してバトラー（Butler 2009）は「対話の人類学」(dialogical anthropology) を模索する論文で，当事者との対話でテキストを作成すれば当事者にも一般人にも読み応えがあり，場合によって「役に立つ」ことさえあると主張する．これから読者に披露される論文によって，そういうことが達成できれば私とマッコにとっては極めて幸いである．

パート1：　大震災前の長泥

ギル

「原発に故郷が奪われた」とよく言われる[2]．しかし厳密に言うと何が奪われた．この国には「故郷」を美化することがよくある．美しい大自然の中ののんびりした田舎生活．人間性に富んでいる温かい村社会．故郷はそういった楽園として概念化されるから，故郷を奪った東京電力の罪はさらに悪質に見える．しかし福島の阿武隈山脈の村社会は果たして楽園だったと言えるのだろうか．

庄司

飯舘村のスローガンは「までいライフ」．「までい」は飯舘弁で，物事をゆっくり，注意深くする，茶わんを両手で持つ[3]，ご飯一粒も残さない，という意味だ．で，実にまでいライフだった．これにはのんびりした，急がない意味もあれば，「貧しいからもったいないことをする余裕がない」という意味もある．ご飯は少ししかないからこそ，一粒も無駄にしてはい

けない．小さいころから俺はそう育てられた．「までいに食べなさい，までいにやりなさい」，とか．物持ちは良かった．壊れれば，自分で直す．僻地，過疎地だからまでいにしなきゃ．裕福ではない．いっぱいあるのは借金だけ．みんなローンで農機を買って，収穫のとき，取り立てがやってくる．ちびのとき，嫌いだった．大きくなったら山の中で貧しい生活するより，北海道に行って一儲けしようと思った．

　長泥の人はめったに苗字を使わない．だって，人口の半分以上は「高橋」・「菅野」・「鴫原」・「杉下」だから，「高橋さん！」と呼んだら5人も来る．下の名前，もしくはあだ名を使う．俺は「マッコ」．従妹の次男は「あんにゃ」（兄貴，2年先輩だから）．芳輝はヨッテル，酒飲まないが．利弘はトッチ．このあだ名は小学3年生のときに川村先生につけられた．昔の先生は家族と交流があった．川村先生は酒が好きで，休日前なら俺の親父と一緒に飲んでいた．

　長泥はそれほど古い部落じゃない．もともと2つの集落だった，長泥と曲田．そして両方とも比曾村に入っていた．「行政区」になったのは1956年（昭和31年）．本長泥は三つの組に分かれていて，曲田は二つの組がある．俺には一番大事なのは家族だ．その次は隣近所，向こう三軒両隣．その次は一組，そして長泥．飯舘村とか福島県はあまり関係ない．村や県の用事があれば行政区長が話をとどけるから俺たちはタッチしない．震災後はもっと関わることになったが．

　俺が入っている長泥一組は最後にできた集落．俺は庄司家の四代目で，一組で一番古い．明治時代から先祖が入った．爺ちゃんは今の飯舘村関沢区から長泥に入植した．家の周りは2代目，3代目が多い．みんな開拓者だ．中には太平洋戦争終わってから来た人もいる．土地がない次男，三男も．飯舘村の中では長泥は一番土地が悪く，長泥の中では一組の土地は一番悪い．平坦な土地がほとんどない．棚田を作っていた．きれいだったよ．カメラマンが撮影しに来ていた．でも棚田を耕すのは大変だよ．水管理は特に大変．だからこそ，一組は一番団結が強い．負けず嫌い．日常生活ではよその組の人とあまり会わないが，同じ一組の人なら田畑が集中しているから必ず誰かと会う．声をかけて，「何をやっている」．挨拶程度，「元気か」「動きが悪いなあ，二日酔いじゃねえか」とか．

　部落にはやることないから，みんな飲む．俺は長男だから後継者なはず

だが，15歳のとき，中学3年生で，親父が亡くなった．酔っぱらって耕運機を道路で運転していたとき，耕運機ごと横転し親父は死んだ．親父が飲酒運転で死んだから，酒飲みにはなるまいと思った．でも高校3年生になって悪友でもある親友の影響で，弱い意志に負けて俺も酒の味を覚えさせられた．

酒の次に人気だったのはギャンブル．幼い俺の記憶では大人はみんな酒飲みながら賭け事をしていた．主に花札，時々「チンチロリン」，茶碗でサイコロを隠す丁半．中にはずるい人が酔っ払いをカモにしていた．うちの親父は賭け事に弱くよく借金していた．金借りてでも賭けていた．

三つ目のすることは子作り．だからどこの家も兄弟が多かった．家族で野球チームが作れるほどの大家族の家庭もあった．

本音と建前というなら，長泥は主に本音．オヤジたちが酔っ払って，本音出して，喧嘩する．花札のズルさ，女問題．ヤキモチ．「喧嘩するほど仲が良い」次の日，忘れている．「酔っ払っていたから」と謝る．何でも酒のせいにする．恨みはあまりない．貧しいからこそ負けず嫌い．村のスポーツは強すぎる．駅伝大会，いつも長泥が優勝していた．

俺は子どもだったころ，長泥の主な現金収入源は炭焼きと出稼ぎだった．炭焼は主に夏．できた炭は仲買人がまとめて，業者が部落に来て買っていた．業者だけが私腹を肥やしていたようだ．一方出稼ぎは主に冬，農業が暇な時期に，主に関東の方面だった．俺の親父は東京などによく行った．でも出稼ぎから帰れば，金がない．向こうで贅沢して，酒飲んで女遊びして金は殆どない状況だったらしい．農業は稲作や野菜をやっていたがあまり販売することなく，自給自足だった．共同作業は主に田植えで「結い」という制度だった．お互い様に忙しいとき，苦しいとき，手を貸すという習慣．

貧富の差が多少あった．飯舘村の初代村長になった高橋市平（いちへい）氏は長泥の長者だった．でかい田んぼがあって，彼の場合だと田植えは結いではなく，「手間働（てまばたらき）」という，一日働いて，コメ一升もらう制度だった．金の価値観はなかった．貧困で食料不足だから．俺も手伝っていた，小学生時代から．市平氏は財閥系で長泥が最初に開発したときの長老．地域の面倒を見たし，学校[4]も作った．使わなくなったまゆの養蚕室を提供して分校の教室にした．部落は学問的に遅れていたので勉強させたかった．それまではもより

の小学校は蕨平にあった．往復12キロだから，小学生にはきつい．

　青年時代の頃は楽しかった．18歳で青年会に入った．同時に「ブラックバード」というロックバンドのドラマーにもなった．ダンスパーティーやコンクールに出たし，隣町の川俣でもライブした．一時は引っ張りだこだった．燃えていた．飲み会が多かった．18歳から30歳までやっていた．長泥の一年の目玉はお盆の祭の盆踊りだった．都会から里帰りの人も参加して，2010年までは14～15日の2日間やっていた．

　自分の本業は型枠大工．主に福島市内のマンション系とか数階建ての鉄筋コンクリート作りの型枠工．農業は仕事の合間でやっていた．日曜日と朝晩．夏場に限って，夜もやっていた．現金収入が必要だからしょうがない．会社は菅野建業という小企業．社長と作業員はみんな長泥の人だった．その前，23，24歳のとき，福島第二原発で働いていた．菅野建業に入ったころ妻と結婚した．その一年前に俺の妹が妻の兄と結婚した．それから30年間，型枠大工をしていた．バブルのときは結構良かった．しかし仕事はきつく大変だった．現場の仕事が終わって，ボロボロに疲れて帰宅の通勤バスの中で皆で酒飲んで，「そんなに酔っ払って明日の仕事できるのか！」と妻に気合いを入れられた．俺は庄司家の長男で家長なのに．でも活気があった，現場は．

パート2：大震災発生時

　あの日はパイプハウスでトルコキキョウの床づくりのために耕転の準備中だった．揺れ始めた．のんべえだから二日酔いかなとも思ったが，ふらふらが止まらない．パイプハウスの柱にでもつかまらないと立っていられない．それはどんどんどんと激しくなって．地音も聞こえた，「ドドドドド」．

　母はすぐ近くの実家にいた．長泥には神仏を信仰熱心な田舎の常識があって，我が家でも神仏を大事にする習性で，母は仏壇と神棚を気にして下敷きになってないかと心配だった．母はとにかく先祖の仏様を守らなければと．自分の命の方が大事でないかと母に言い聞かせた．

　余震が続いて，家の中にはいられなかった．ビニールハウス内で避難待機した．3月だから寒いし，外に長くいられない．母は，建物がゆらゆら

揺れているのを目のあたりにし「正彦，おらいの家5)，つぶれっちまうんでねえべがぁ」と言いながら両手のひらを合わせて神仏に祈っていた．

　子どものころから教えられていた，「安心，安全，低燃費の原子力発電所」という神話を自分は信じていたので心配していなかった．むしろ大津波の方が気になっていた．

　妻はその日ちょうど野菜と生椎茸の出荷のために南相馬市原町区にある直売所に行っていた．帰りの時間帯には震災のために交通渋滞で平常の倍ぐらいの2時間以上かかってようやく帰ってきた．停電だったし，携帯電話は何回かけても繋がらない．帰宅後の妻の話では帰り道の長い橋も電柱も電線も激しく揺れていたそうだ．

　相馬市にある東北電力の火力発電所は大津波に被災し，停電は3日間ほど続いた．夜の灯りはローソクだった．まだまだ冷え込んでいる時期だから飯食い終わったらすぐ寝る．でも何回も来る余震の恐怖心で，いつでも外に飛び出せるようにと，玄関近くの客間の6畳間でみんなで雑魚寝をしていた．当時は5人暮らしだった．俺と妻，母，子2人．みんなびくびくして固まって寝ていた．「阿武隈山系は岩盤地帯だから地震には強いはずだから大丈夫だ」とみんなに安心感を与えた．

　飯舘村内では震災による家屋，建て屋の倒壊の被害はなかったが，長泥行政区で祀っている白鳥神社の中の祠が震災でずれ落ちた．境内入り口の対の石灯籠は全壊だった．

　電池のラジオを持っていなかったし，携帯電話は不通だから3日間ぐらい孤立状態だった．

　原発周辺の大熊とか双葉，浪江の住民は早期避難できた．俺の従弟は浪江に住んでいた．造園業会社の造園技術士として働いていた．会社は浪江町内にあり，造園技術士数人のグループ・リーダーで原発などの植栽手入れなどの仕事をしていた．平常ならば18時ごろには帰るのに，その日は大部遅れた．11人の家族が待っていた．俺は従弟たちの家族が心配で心配で何回も何回も携帯に電話してたところ，偶然に携帯がやっとつながった．事情を聞くと避難場所に集まるようにと町の広報車が推薦していたのに，従弟の妻，家族は「主を残してはいけない」ということで周りの方々と一緒に避難せずに主の帰宅を待ち孤立してしまっていた．

　福島第一原発水爆事故発生後，避難経路の国道114号線（福浪線，福島

から浪江の唯一の横断道路である浜通りと日本海側をつなぐ幹線国道)に「立ち入り禁止」のバリケードが張られていた．浪江の従弟家族全員で避難するには，車に入っている燃料が少なく，無理な状況だったそうだ．ガソリンスタンドも閉鎖していてどうしようもないという．苦渋の選択で「今から，俺が，迎えに行くから，最低限の避難の準備しておけな」と言った．8人乗りのワゴン車に携行缶にあったガソリンを給油して迎えに出かけた．浪江の従弟の家に着いたのは夜の11時ごろ．深夜のためか，検問バリケードには機動隊も誰もいなくて，普通に通過ができた．

　当時，うちの長男が特別養護老人ホーム「いいたてホーム」で働いていたので放射能被爆に関する情報が少し入っていて，息子が言うには「浪江の住民なら放射能を浴びているはず．玄関に入る前に上着を脱いで家の外で上着に付着した放射能をパンパンと叩いて振り払えば放射能が落ちると言っていた」という情報を聞いたそうだが，浪江の従弟の家族はその情報もなく，普通に玄関から入ってきた．その状況を見ていた長男と四男が，「浪江から非難してきた家族の衣服に付着している放射能が家の中に飛散した．ここにいれば全員放射線を浴びる．だから，我が身を守るために一時，兄ちゃんのとこに避難する」と次の日，浪江から避難してきた家族とは一緒に生活はできないと言って，川俣町の次男のアパートに1週間避難した．

　13日，村の井戸水や水道水を飲まないように村の役場から広報があって，その日の午後にペットボトル水が配布された．俺は行政区の役員だったので各戸の配布作業に参加した．隣国の韓国などから，いち早く食料品や飲料水の物資支援があった．飯舘村の山間部は水道の普及がなく全世帯が地下水や沢水の引き水だったが，その沢水に「放射能が浸透しているかもしれないので飲まないで下さい」と，広報車が全村を回っていた．飯舘村は30キロメートル圏外だから，放射能の飛散はないと村当局が宣言したので，安心してはいたが，念のため，当分，解除まで天然水を飲まなかった．それ以外は通常の生活をしていた．

　村民に対して放射能に関する健康への影響の安心，安全講話を長崎大学の山下俊一教授より説明会が4月1日あり，みんな真面目に受講した．当時政府は放射能の飛散による被爆対象区域では，乳飲み子，幼少児，若年層（特に女子）には甲状腺がんの恐れがあるからとヨウ素剤を配っていた．

飯舘村にもヨウ素剤は村役場には配布されたが村民には配布されなかった．30キロ圏外だから必要ないと判断したようだ．
　3月15日，村が臨時集会を開いた．「栃木県の鹿沼市の体育館で2,000人ぐらいは避難できるスペースを確保し，引き受けできます」という説明があった．「栃木行きのバスは村を二日後には出発しますから，家族内で相談して下さい．早期に決めて下さい」という切羽詰まった内容の話だったが，実際に避難する希望者は村内全体で900人程だったそうだ．長く栃木に避難していた人は一ヶ月ぐらいだったと聞く．長泥行政区からも数十人が栃木の避難所に行った．
　4月17日ごろかな，旧長泥小学校体育館で比曽，長泥，蕨平の3行政区を集めての住民説明会があり，会議の途中に村長に政府から一本の電話が入った．「今，入った電話は，飯舘村は国に裏切られました」と村長は泣きながら，集まっていたみんなさんに謝罪の言葉を発していた．その電話は村の避難命令が決まったという内容だったようだ．
　なぜ，多額の公費を投じて導入したSPEED1（緊急時迅速放射能影響予測ネットワークシステム）をこの未曾有の危機に使用しなかったのか未だに不明だ．後々にだんだんそういう情報が入ってきた．最初は西方向だった風が北西方向の風に変わり，阿武隈山系に雪が降ってきて，放射能が雪に付着し長泥に降った．当時は福島第一原発水爆事故地点から30キロメートル圏外だから避難指示は「ありえない」という国と東電側の言い分ばかりを鵜呑みにしていたので，まさかこんな事態になるとは思いもしなかった．
　あらゆる業務は全部大震災で作業停止，休業の事態だった．でも，俺の場合は，生椎茸の菌床の生産出荷販売を継続していた．村内の「まごころ」，村内のJAスーパーの「Aコープ」，という直売場にも出荷していた．4月中旬まで通常通りだった．でも4月21日，飯舘村の生産物は出荷停止になった．
　本宮市のセリ場で，飯舘村専用のセリが行われた．俺の牛はなんとか売却した．放射能検査があって，「ND」（No Data）だったから大丈夫．落札価格は平常通りか少し安め．普段は牛が生まれて10ヶ月でセリに出るけど，今回は親子セットをサービス単価で売った．耳標ナンバーは個体ナンバーであり，ウナギと同じく．中国産であっても，一日以上日本にいれば

「日本産」．同じく飯舘の牛が宮崎などの牛になった．今でもけっこう出回っているよ．

　椎茸は全部捨てなければならなかった．トムにもあげたね[6]．ハウス内でも 20 マイクロシーベルト以上だと朝日テレビの記者に言われて，彼にあげた．キノコはセシウムを吸収しやすい．

　一番迷惑をかけたのは飯舘村に逃げてきた南相馬の人たち．放射能の低いところから高いところに逃げた．長泥行政区でも一日 600 個のおにぎりを 3 日間彼らに提供していた．今思えば「避難者に悪いことしたなぁ，放射能入りのおにぎりを食べさせてしまって」と思っている．

　村長はなぜ確かな情報を知っていたのに 2 ヶ月も村を放置していたのかと村民の中から批判された事実もあった．これから甲状腺がんが出れば，村長の責任がある．実際，今だって一部の子どもたちから甲状腺がんの疑いが検査の結果で発覚している．原発事故と関係ないというけど，隠蔽工作の話ではないかと疑いが残る．そのせいで小さな子どもを持つ親たちは将来のことが不安で過敏症になっている．うちの次男夫婦も，岡山県に自主避難して 7 年になる．福島に戻るかどうか，まだ悩んでいる．子どもたちをまた転校させるかどうか．避難者差別があるので，次男は友だちのアドバイスに沿って車のナンバーを岡山ナンバーに変えた．「どうせ原発から逃げて賠償金もらっているんだろう」と思われて車に傷を付けられたりパンクさせられたりした人もいたらしい．

　避難民は迷惑者だとされた．交通渋滞とか，スーパーのレジの行列ができたら「あんたたちがここに避難したからだ」と言われた．しかし俺的には，避難区域になるまでずっと長泥に残っていたし，特に大きな差別の問題はなかった．

　4 月中旬，白鳥神社の例大祭がある．春と秋で年 2 回行われる．その祭の準備のために区長が神社に行ったら，大地震により相当被害があって，これを完全に修理しなければ罰当たりになる．「このまま放置しては避難できない」と．修復作業が完成したのは 4 月 20 日だった．ちょうど避難指示が出た日．初めてトムに会った日でもあった．神社修復作業が終わったお祝いの祝杯を神社で行っている真最中，戸が開いて知らない外人が入り込んできた．驚いたよ．

パート3：第一避難

ギル

 4月20日発表，5月30日付，飯舘村全村が計画的避難区域と設定された．そのときにさかのぼりましょう．

庄司

 初日の避難，5月20日あたりか，バス2台が来て，妊婦，乳児がいる家族を優先的に福島市吉倉にある公務員宿舎に向かって出発した．新築の7階建て公務員宿舎で，1DKから3DKまでのタイプがある．結構いい生活空間だった．

 他の避難者は，自分で借り上げ住宅を探すか，仮設住宅が完成するのを待つかの選択だった．最初のうちは親戚に頼る人がいたが，お互いに気疲れで長期避難はありえない状況だったそうだ．

 俺自身は仮設住宅を要望していたが，まだ建設されていなかったので，一時的に飯坂温泉の「赤川屋」という旅館に避難した．5月31日だった．長泥から車で約一時間ちょっとの宿だ．5月31日から8月10日までの期間，70日間ぐらい赤川屋さんにお世話になった．毎日温泉に入れるということが，避難者にとっては唯一の慰めのひとときだった．スタッフのみなさんも，家族的な感覚で接してくれた．赤川屋旅館に飯舘村の村民は100人程度避難していた．長泥からも10世帯の40人ぐらいが避難した．大勢の機動隊の隊員も赤川屋に泊まっていた．

 赤川屋の避難者同士の間には口論，喧嘩などはなかったが，派閥があった．朝昼晩の食事のとき，必ず同じ人と一緒に座り，仲よくしゃべる人．一方，空いている席でポツンと食事する人．朝食は7時から8時まで，避難民はセルフサービスだったが機動隊員は御膳出しだった．国から旅館に支給された宿泊代は3食付きで避難民は1日5千円コース，機動隊は8千円コースだったそうだ．食事の時間もずらしていた．機動隊員が仕事に出発するときは女将さんとスタッフのみなさんが一列に並んで「お気をつけて行ってらっしゃいませ！」と言って送り出した．後々に機動隊は「聚楽」という，赤川屋よりずっと贅沢なホテルに引っ越した．

 6月～8月ごろの時期の震災前の農作業は，田んぼの中の草取り，あぜ

道の草刈り，害虫，稲病の管理に追われる．が，突然，何もしなくてもよくなった．それが，幸か不幸か．俺としては，農作業，日常の当たり前の生活習慣，家族のコミュニケーションが奪われたと思っている．長泥の放射能値は不安だったが，我が故郷が錆びついて草ぼうぼうになるのを見過ごすのも罪悪感で自分を許しがたかった，そんな自分が嫌だった．

　残された空き家を守るために飯舘村が特別雇用事業として「いいたて見守り隊」という村民パトロールを立ち上げた．見守り隊パトロール出勤日は赤川屋旅館を6時半に出発して，飯舘村までの48キロメートルの道のりを1時間半ぐらい運転して8時出勤だった．「今日は仕事だ！」という解き放たれたハトのような嬉しい感じだった．他にやることないから．特に辛くもなかった．でも復興建設業務のトラック，作業員の送迎バス，機動隊，自衛隊の捜索隊の車，見守り隊の通勤者，飯舘村の送迎スクールバス，一般業務の輸送トラック，南相馬への出勤者などで通勤ラッシュの渋滞は，想像以上だった．30分早く出ても遅刻することさえあった．その当時の見守り隊パトロールは3交代で，24時間体制だった．夜間は楽だった．8時間の勤務だが巡回パトロールは1回2時間以内の巡回を2回した．あとは詰め所で待機，ほとんどの人が仮眠する光景だった．

　詰め所になっていた「いちばん館」[7]の中は，テーブルは20行政区用に20の島になっていて，行政区ごとに12人ほど座れるテーブルが配置されていた．よその行政区の人はヤジを飛ばしていた．「長泥はいっぱい賠償金もらうよね．いいなあ，金いっぱいもらえて」，と．しかし長泥は放射線量も一番高かった．各行政区のパトロール隊員は自分の行政区を巡回することに決まっていたが，長泥はあまりにも放射線量が高いから三日に一度しか行けなかった．よその行政区は一日おきだった．よって彼らの収入は俺らの1.5倍で一ヶ月15日出勤できたし，日雇い雇用保険も掛けられていたが，長泥行政区だけは日数が足りないから雇用保険加入は該当外だった[8]．

　故郷の環境保全維持管理は，中山間事業継続で一年2回草刈して手入れをしていた．そのときもよその行政区に馬鹿にされた．「そんなに金が欲しいのか，銭乞食か」．放射能のため農業・林業ができないところに草刈するのは無意味だ，補助金をもらうためだけだ，ということだ．

　平成24年6月，避難区域再編成のとき，飯舘村の20行政区の中，長泥

だけが帰還困難区域になった．よその行政区の人は長泥が大変だと思っていなかった．賠償金がもっと入るから，うらやましがった．長泥の隣の部落である蕨平も是非とも帰還困難区域に該当させて欲しがったが，当局に断られてしまった．ところにより長泥と似ている放射線量があったのは確かだった．結局蕨平行政区は帰還困難区域にはならなかったが，放射性廃棄物の減容化施設を受け入れて，それで交付金がかなり入った．総決算すると一番裕福な行政区になったのではないか．

　大震災の年の8月10日，やっと申請していた仮設住宅が完成し，赤川屋から松川工業団地第二仮設住宅に引っ越した．仮設住宅の部屋タイプは1Kと2Kと3Kがあって，家族構成によって部屋のタイプが決まった．5人以上は3K，一人なら1Kだった．俺たちは4人暮らしだったから2Kだった．なるべく震災前のコミュニティを残そうと村側で配慮してくれた．俺の場合，隣は知り合いだったが，後ろは知らない人だった．でも一緒に暮らしているうちに，人間を知るようになって，距離感が短くなって，絆ができた．ありがたい気持ちだった．村長は「2年間だから頑張って」と言って避難させたのでみんなその言葉を信じていた．今現在7年半が経っているのにまだまだ仮設住宅に住んでいる人が結構いるけどね．

　その最中だった2012年7月17日0時，長泥に進入禁止のバリケードが突然設置された．ショックだった．「こりゃー，震災前の生活には，長い期間戻れないんだ」．ざわっと，背筋に寒けが走った．

　俺は30歳のときから躁鬱病で，そのとき，鬱の方が出ていた．脳神経がパニック状態だった．仮設住宅では他の人とのコミュニケーションをとらなければならないと重苦しい空気だった．常に監視カメラが作動していて束縛されている状況に感じた．長泥では朝早くから夕方暗くなるまでやりきれないほど仕事があったが，仮設住宅生活は何もやることがない．ストレスは溜まりっぱなし．

　2年後に中古家を買って仮設住宅を出た．まず一人で出て，家の準備ができたら妻と息子も出てきた．しかし母一人はさらに2年間仮設住宅に残った．母にとってそこが癒しの場であり，家族的な感覚で日々過ごしていた．グループで定期的に散歩に行ったり，「ほら，散歩に行くどぉ」との声がけ，高齢者同士のコミュニケーションが構築されていた．いつもの顔が見えないと応答するまでドアのチャイムを鳴らし，それでも出なければ

鍵が開いていれば声をかけながら，侵入することもあった．周りの皆が声かけをしてくれたり，お互いに面倒みたりしていた．「またお願いしますね」とか．人と人との共感，同じ境遇と付き合う安心感は共有できていた．心地よかったみたい．

でも母は腸閉塞の持病があり，何回か手術しているうちに仮設の管理人から電話があって，「ここは介護施設ではないので家族と一緒に生活させて下さい」と．仮設から多くの人が引っ越していき，コミュニティが崩壊し始め，仮設住宅に残った人の中でも派閥ができ始め，それも母は嫌になっていた．絆がだんだん希薄化していた．爺ちゃん婆ちゃんを仮設に残し世代別々になっていく家庭も多かった．老人には元気なうちに一人で気がねなく生活すると仮設に残った人がいれば，仮設から一人で復興住宅に入る人もいた．それにしても俺的には不思議に思う．新築を作ったのに親を呼ばない人．一人だと認知症になって，ガスをつけっぱなしにするなど心配が多い．一人だと認知症が進むのは早いよ．

仮設に住んでいると食生活の乱れが出た．肉体労働していないから食欲はない．酒を飲むだけ．俺だってアルコール依存者になっているかも．

パート 4：賠償金が出る

ギル

　二年間仮設住宅の狭い生活を我慢したが，時間が経っていくうちに東京電力からの賠償金が出るようになり，いつの間にか仮設を出て今の家に入ることができた．その過程を話してくれる？

庄司

　最初は大した金額ではなかった．避難する前，4月17日，義援金の配分として，お見舞金一人3万円が村から出た．うちは夫婦，母，長男，四男の五人家族だったから15万円だった．一時的な凌ぎで，一ヶ月の生活費にもならない低額だった．

　その後，東電の精神的損害への慰謝料が発表された．金額は一人当たり一月10万円だった．最初の一年間は10ヶ月分だから一人100万円だった．うちは五人家庭だから計500万円．息子は二人とも大人だが，まだ家に住

んでいた．四男は飯舘村の弱電会社に勤めていた．大震災後，家を出て吉倉の公営住宅に住み始めた．仕事に近いから．しかし賠償金は決まっていて，大震災の当日，飯舘村に住民票がある人が対象になった．

　自分は失業していたから，就労不能損害金の申請をして，月14〜15万円を受けた．前に勤めていた菅野建設から証明書をもらって，東京電力に提出した．それは2016（平成28）年2月いっぱいで打ち切りになった．そこまで俺と長男と四男がもらっていた．俺の場合だけ，農業兼業者だが就業先がないから，特別事情で一年延長ができた．2017年の2月末まで．

　6月から見守り隊[9]が始まって，2年間働いていた．週2〜3回行って，1日1万円だった．それでちょっとした収入になった．妻も4年間ほどやっていた．

　2012年3月25日，長泥区は原子力損害賠償紛争解決センター（ADR）に集団申し立てすることを決めた．東京第二弁護士会のメンバーで弁護団を作った．ADRの申し立ては長泥が村内県内の一番先だった．全面的に，家，財物，宅地，農地，森林の土地，農機，墓地，井戸水，全部一緒に申請した．あとで蕨平，山木屋なども真似て始まった．

　2年間戦った．弁護士たちは好意的で，ずいぶん安くしてくれた．着手料は1万円で弁護士報酬料は出来高の2.5％が依頼人の負担で東京電力側で3％の負担ということで実際の弁護士報酬料は出来高の5.5％ということでスタートした．一千万勝ち取ったら，弁護士の手取りは55万円．それでも人によってかなり躊躇した．弁護料は高いとか，1万円の着手金はなぜ支払わなければならないのかとか，わからないことばかりなので戸惑っていた．それでも，最初は74ある長泥の世帯の約80〜90％の世帯が依頼することになった．最初から入らない人がいれば，賠償金の支払いまで長期間の時間が過ぎたのでしびれを切らして途中でやめた人もいた．個人で東電と交渉した人もいた．逆に途中から参加した人もいた．

　藁にもすがる思いで東京第二弁護団に委ね，東京電力に対して損害賠償金の支払いを求める申し立てを作成してADRを始めた．原発事故後の最初のADR訴訟団だったので，弁護士も本気だったが，賠償金の支払いが始まるまで書類作成，聞き取り調査など，約2年間かかった．弁護士1人当たり5〜6世帯を担当していた．

　ADRの結果だが，賠償金は様々な種類があった．まず母屋は母親の名

義分と俺の名義分が一部あり，他には牛舎，倉庫，機械庫等合計6棟があり，約5千万円弱の損害賠償金が支払われた．

農地の損害賠償金，山林の立木の損害賠償金などが支払われた．

農機の一部を避難先に運んできたが，すべてに対して損害賠償金が支払われた．トラクター，田植え機，稲刈り機，脱穀機，草刈り機，椎茸乾燥機，大型冷蔵庫など，17機に対して当時の価値相当額の損害賠償金をもらった．

また，福島第一原発水爆事故により，放射能が飛散したため農作物の作付けが不可能になった地域に関して「不耕作損害賠償」の訴訟があり，2010年以前のJA販売取引をしていた生産者には不耕作損害賠償金が支払われた．ちなみに俺の場合は飯舘牛の繁殖，稲作，トルコキキョウのハウス栽培，ローテーションでほうれん草，小松菜や，菌床生椎茸のハウス栽培などの複合農家での経営世帯だったが，朝から晩まで忙しく働いているだけで生活的には厳しく，年の暮れになると農機具店，農協の借金返済に悩む状態だった．

ADRで勝ち取った賠償金とは別に精神的慰謝料分は月一人10万．俺の場合は5人家庭だから月50万円，年600万円．それとはまた別に帰還困難区域である長泥行政区に関しては1人当たり700万円の支払があって，これで2023年までの11年間分の個人的な精神的損害慰謝料は支払済みだと東京電力が言う．

賠償金はそれぐらいだが，それと別に，帰還困難区域の世帯に限り，長期間居住できないという意味で人が居住していない住居に関しては保険をかけることができないという保険会社の規定があるそうで，積立地震保険に入っていた人は火災保険で家が全壊した場合の50%の支払いを受け保険契約解除になった．俺もJAの建物積立地震保険に入っていたので50%の保険金の支払いを受けた．

また，別な話だが，福島第一原発水爆事故のために農業再開ができないので避難先でも農業を再開したい方は市町村，県の認可を受けて復興庁への申請ができる施策があり，俺も「飯舘村耕作放棄地対策協議会」という農業再開支援事業に申請した．結構認可まで期間は長かったが，やっと一昨年家の近くに25アールの土地を8年間作付けするという条件で使用権利の手続きをしていただき，その地に大型ビニールハウス6棟を建てても

らった．俺にとってはハイテクで，コンピューターに管理されるスプリンクラーなど，温度センサーも付いていて凄いフル装備だなと思った．その借用土地でトルコキキョウ，手鞠草，切り花用マリーゴールド，アスター，ブプレリウム，ストック等多種の花栽培でやる気が弾んだ．収穫した花卉は，東京・板橋の市場に出荷している．ときには，地元の直販所にも．

東京電力からの賠償金の支払合計金額は精査していないが，かなりの金額だ．しかし東京電力からの損害賠償金額のすべては「あったもの」に関する損害賠償金である．先祖が築き上げてきた故郷，戦前，戦中，戦後を生き抜いてきた，守ってきた故郷をそう簡単な計算，試算では片付けて欲しくないと思う．家と農地は奪われた財産だし，俺たちは常に借金して買った機械も財産だ．いつもお金に困っていた．保険金を担保にしてローンを返済していた．仕事があるのに収入が少ない，借金返済のローテーション農業の傍ら型枠大工などしてなんとか家計を立てていた．原発事故の前の生活はそうだった．

賠償金のおかげ，中古物件だが四男の家も買うことができたし，自分の家も築13年の中古物件を購入できたし，国の復興事業でハウスの仕事ができた．

原発事故のせいでここに避難してきたが，長泥に戻り故郷を守りたい気分はまだある．今でも，あの土地であの自給自足の生活ができるなら，幸せだ．約5ヘクタールあったが，土地を守るのは長男の宿命だ．原発事故でそれができなくなった．先祖に申し訳ないという気持ちは引き続いている．その土地はどうするか，まだ半信半疑だ．どうやって守る．俺も年を取って還暦になった．53年間そこに育ち，生きてきた．

俺は3人兄弟の長男．弟は東京の町田で婿養子になってITの仕事をしている．俺は長男でなければ部落を出たかもしれないが，15歳で親父を亡くしたから，残るしかない．高校にさえ行くつもりじゃなかったが，地区の民生員が高校に行くべきだと言ったので，奨学金を借りて地元の農業高校に入った．その時代，裕福な人しか高校に行けなかった．奨学金は一ヶ月2万円で返済したが，約10年間もかけてやっと返した．

トムさんは転勤族だからそれが分からない．トムは58歳で今まで27回引っ越していると言ったが，俺は大震災のとき53歳だったが，人生初めての引っ越しだった．で，いきなり家から旅館，旅館から仮設，仮設から

新天地と3年間で3回引っ越した.

　53年間暮らしていた故郷は一気に捨てることはできない.「俺が死んだら長泥に納骨して下さい，そこが俺の墓場ですから」と言う. 俺も将来先祖代々と会いたいと思うし. やはり金の問題じゃない. 地域愛着もある. どんな値を付けられてもその土地を売らない頑固な日本人がいるのと同じだ. 守らなければならないものがある.「継続は力なり」「建設は一生. 破壊は一瞬」. 俺が15歳のとき，埼玉の伯父さんに教えられた. そのとき，意味はよく分からなかったが，最近やっと意味が分かった.

　俺がこの次生れ変われたならば，長泥に戻りたいという思いもある. 自給自足でもいい，自然の中で生きてみたい. 俺は100歳まで生きられるならあと40年間ある，何か生きた印でも残せればと思う気持ちもある. 長泥で農業をやりたいという思いもある. 福島市から長泥に通ってでも. 週1～2回行って手入れできるような，手間がかからない作物を育成できればいい.

　長泥の区民として俺が支払われた損害賠償金は特段高いとは思わない. 震災前までの歴史，長泥区内のコミュニティーの崩壊，長泥行政区自体が一つのファミリーみたいな形態だったので「長泥ファミリー」の崩壊の再生は現状ではマイナススタートの数値ではないかと感じます.

　震災後7年半経つが，生きていてよかったと思うのは今日このごろだ. 大震災当時は，先が見えないので啞然とした状態が常で「心ここにあらず」という心境だった. 現在は，原発事故避難指示区域に対する復興再生支援事業対策でハウス栽培での花卉栽培に充実している. 東京の花卉市場への出荷と近くにある「道の駅」への直販等の出荷が楽しみで生きがいを感じている. 健全な限り，ボケ防止のためにも作付けしていくつもりだ.

　ここから車で3分のところに「ここら直売所」がある. 俺と甥っ子と一緒にそこに花（俺），野菜（彼）を持って行く. 最近出荷したやつはほぼ完売状態. あそこに花がないのは寂しいから，持って行く. 意気込みだね，継続して. 夢でも，明日なにを直売所に持って行くか，見る. きれいだと思われて，買ってもらって，うれしいね. 明日はどの花を持って行こうかと試行錯誤する.

　現住の俺の家の購入のきっかけは地方新聞広告誌のチラシにあった. 敷地面積が結構あり，うらに家庭菜園ができるスペースもある. 自給自足で

何とか次の大震災を凌ぐことができるのでは．個人の精神的賠償金は家族に分配していたが，家族会議でみんなに投資してもらって，ここに決めた．

新天地の生活は，5年目で大部コミュニティーにも慣れた．向こう3軒両隣に引っ越しの挨拶で粗品を届けて挨拶回りをした．避難者であることは秘密にしなかった．どうせみんな，推測していると思う．みんな一般的な反応はよい．内々「原発爆発事故避難世帯だなあ」と思われているかも．なじめないと思っていたから，頭を下げて挨拶するしかない．たまには栽培した花を配ったり，野菜なんかも作りすぎたとき，配ったりしていた．コミュニティーになっている．町内会の行事には都合がいい限りは出席するようにしている．草刈機での除草に参加する．でも長泥の行事とぶつかることが多く，最近は出られないときが多いね．

「ボケ防止で回りました」と言って，うろうろする近所のおばあさんがいる．俺を見ると「避難区域だからお金いっぱいもらったべ」と言う．同じ福島でも避難区域とそうじゃない人に温度差がある．「使い切ったわ」と返事する．おばあちゃんはひがみ根性っぽい．彼女は被害にあたったわけじゃないけどね．しかし最近ちょこちょこ立ち寄るのが日課みたいになったね．「ミツばあちゃん，この花じいちゃんに供えて」とあげると「すまないね，いつもいつも」と言う．

パート5：原発事故総合感想

ギル

大震災からちょうど2年間が経ったとき，マッコが短い原稿[10)]で避難者の観点から原発事故を書いた．そこで被災地復興政策は復興が可能であるということを「世界にアピールするための実証試験にしか思われなく，世界初の人間モルモット的な存在にされているのではないかと，現実的に思い始めています．」今も，こういう気分？

庄司

その当時の乳児，2～3歳の子ども，妊婦さん，将来は赤ちゃんを出産する人に対して行政は長期的な研究をやっているでしょう．それはモルモット的な使い方ではないか．またいつ，どこで原発事故が発生するか分か

らないからそういった研究しないといけないだろうが，人間が研究材料になってしまうのは嫌に決まっている．大震災当初，記者たちはみんな「モルモット扱いだね」と言っていたから，なるほど，そうだよね，と思った．

村民の命を一番大事にしなかった菅野典雄村長には問題があると今でも思う．「飯舘をなくしたくない」気持ちが大きくて，それで80日間も村を避難させなかった．俺たちが「長泥を残したい」と同じ気分なのに，結果として飯舘という村を守るために村民の健康を犠牲にしたという逆説がある．村長は好意的な人だし，人気があった．いい村長だと俺も思っていた．南相馬と合併しなかったときもよかった．平成16年，国策の平成の大合併で原町と鹿島町と一緒に南相馬市と合併する話があったが，村長は反対だった．村民投票では合併賛成が50%以上だったのに，結局村長の一声で決まったことではないかと当時批判はされたが，結果はよかった．やはり飯舘村をなくしたくなかったね，村長．しかし村がなくなるパターンは二つある．「名前・独立性が消える」，それに「住民が消える」．村長は前者を防ぐことができたが，後者を防ごうとして，村民の健康を犠牲にした．今でも自分の任期中でなるべく村民を返したいとは言うが，年間20ミリシーベルトで村民を返すという話ならば，これも問題．

2016年の村長選挙では菅野さんが6期目を決めて再選したが，共産党系の佐藤八郎さんは大健闘した[11]．選挙のとき，典雄さんは中央政権にコネが多く縦割りのルートがあるのに，八郎さんは共産党系だからそのパイプが使えなくなってしまう，と言われた．そういう懸念で典雄さんが勝ったと思うが，現役村長に対してこれほど反対票が多いのは意味がある．不満の人が多く，典雄さんに入れた人にも「自分が作った問題を自分で直せ」という気分の人もいた．俺は青年時代から八郎さんと付き合っているから，当然彼に入れた．地方政治には共産党がいいよ．よそと違って人の話をじっくり聞くし，対応が早い．

ギル

長泥はもともと人間の集まりとしての共同体があっただろう．土地と離れているが，昔の人間関係はまだ健在でしょうか．

庄司

それは組によってだ．俺が入っている一組は毎年部落の定例総会のあとで懇親会を行うし，春は花見会，秋はもみじの会もよくやる．年2回は確実に集まっている．今年，俺は幹事だから，トムを呼ぶよ．よその組も年一回，組の年度末の総会をやっているはずだ．3月中旬まで区の総会の資料を作らなきゃならないから．でも多分一泊でやるのは一組だけで、他の組は日帰りコースだ．

それとは別に昔のロックバンド，ブラックバード関係の集まりがある．そのバンドは俺の人生に大きな意味がある．昔，仕事から帰ってくるとだいたい月水金はバンド練習で，午後6時から音合わせ練習後次の朝の3時ごろまでしゃべったり飲んだりしていた．今でも元メンバーと時々集まる．元メンバーだけなら「ブラックバードの会」．奥さんたちも入ると「ドリームの会」と名付ける．子どもたちも参加すると「ひまわり会」．子育ての時代ね．ブラックバード系で昔は月1回集まっていた．今は年2回．忘年会と慰安旅行．

あと，「長泥行政区研修会実行委員会及び懇親会」という名目でときどき集まる．

役員会は月1回ある．前は寿司屋「むさし」で昼食会をやっていたが，最近はコンビニ弁当で済ませている．最近はミニ拠点[12]の話で忙しいから月2，3回になっている．

別な懇親会として2〜3年前からトルコキキョウを栽培している俺を含む3人の家族の気の合う仲間たちで，忙しくない日は懇親会を行う．俺がハウスを作ったときから．毎月，幹事交代で．年10回程度やっている．メンバーが次第に増えて，最近6家族，多いとき20人のメンバーになったこともある．

たまには会う人は一組14世帯，トルコキキョウ関係2世帯，役員会3世帯，ブラックバード系3世帯の計22世帯．平行線で，減っていない．しかし一番社交的である一組だったり，役員だったり，バンドの会があったりして，組織的な関係が多い．こういった組織と関係がない人はあまり区民同志で付き合っていないかも．ただ，年寄りはよく集まると思う．老人会で．60歳以上の高齢者．彼らには「生きているうちにもう一回会いたい」という動機がある．

毎年10月，飯坂温泉で長泥研修会を行っている．今年は8回目．参加人数は少しずつ減っている．当初は約130人だったところ，今は100人．子どもが来なくなって，成人のみになった．若い世代は集合しない．それで減ったかな．会場に訪れる人がみんなの顔を見て今の状態を聞きたい，みんながどこに住んでいるかを知りたい人ではないか．そういう人は絆が強い．会えること自体は嬉しい．信頼感が前よりも深くなったと自分では感じる．
　と同時に，精神的に切羽詰まった人もいる．
　最近（長泥時代）うちの近所の人が自殺の話をした．年配の女性．電話があって「なんで私みたいなやつがいつまでも生きていけないか」．一人生活で閉じこもっている．精神安定剤飲まないと頭がおかしくなるって．最近「自主会に参加できない」という電話が来る．俺は庶務だからね．返事として「無理しなくてもいい．出席はいいから，なにかあったらば連絡下さい」と言う．それ以外に何を言えばいい．
　皆，よく将来のことを悩んだりする．長泥のときは兼業したり，日雇いしたりしていて貧しかったが，助け合う精神ができていた．しかし避難してから自分が生きて行くのは精一杯という思いが強くなった気がする．家族の関係が薄くなったし，核家族化で家庭生活が変わってきた．大震災前は夕食を皆一緒に食べていた．今は一緒に食事していない．花をやっているとき，ハウスでスーパーのおにぎりを食べながら仕事する．一緒に食事するのは夕飯昼食週2回ぐらいかな．大震災前，妻は嫁として当たり前に料理していた．間に合わせでも．今は花が忙しいから母が一人で食事を自炊することが多い．一日おきに俺はお昼を作る．一緒に食いたいのは老人．うちの場合，俺の母親だ．でもなかなかそうはいかない．定期的な食事の時間が少ない．
　俺の日常生活も変わった．震災前は夜が花，昼間は現場だから，自由時間は少なかった．たまに休みの日があっても，起きられない．ベッドで一日を過ごす．今は花だけなので，暇なときはもっと多い．起きるのは7時半，昔は6時．ときには5時も4時もあった．
　長泥に戻らなくても，お墓だけは長泥に残す．それは俺のスタンスだが，最近ちょこちょこと区民がお墓を移し始めた．曲田にあるみのる石材という職人を雇って，新しいお墓を避難先で作る．ただし，飯舘村飯樋区の善

第6章　当事者が語る　　191

応寺の檀家として残る．お葬式などの場合は，呼べば飛んできてくれるそうだ．福島市の西南に新しい墓地がある．宗教はこだわりません．キリスト教の墓も大丈夫．長泥の人は何人か使おうとしている．うちの妻のお姉さんもそのお墓を買った．

俺はお墓を移さない．二ヶ所持っている．自分の先祖のところとおばさんの分も持っているから，俺が生きている間は守りたい．

お墓を移す人はだいたい2代目．俺は4代目．戦前と戦後の差．うちのおじいさんは国のために戦った．帰ってきて威張っていてばかりだったが．世代が若い人はお墓にいるのは親だけだから，墓に入っている人の人数が違う．おまけにうちは土葬の人が多い．つい最近まで土葬だった．

住民票はまだ長泥．まだ避難解除じゃないし．将来は賠償金の支払いが来なくなったら福島市民にならざるをえない．飯舘村の住民票の方が税金が安いし，二重住民制度が可能の状況であり，市民税と村民税は全然違うから．

俺は4代目で長男がいるから庄司家は5代目まで安泰，確実だが，そのあとの6代目の後継者は孫にあたる子だが，どうなることやら不明だ．誰でもいいから継いでもらいたいところだが無理も言えないだろう．悲しいことだが，時の流れに任せるしかないかと思う今日このごろです．お盆とか春，秋の彼岸は先祖の供養で線香の1本だけでもあげてほしいものだ．先祖があって今の自分があり，DNAを引き継いでいることを教えてやって気持ちだけでも引き継いで欲しいと願うばかりだ．初代の開拓者が現在の土地に足を踏み入れ，苦労し，ゼロからのスタートで現在に至るという事を言い聞かせ，言い伝えを次世代へと子から孫へ伝承してほしい．田舎，農家は，特に宗教の信仰も熱心で神仏は大事に重んじている．そのDNAを引き継いでいれば自ら祀ってもらえるはずだと期待するだけだ．

トムと一緒にこの原稿を作るのは面白かった．毎回の記録，勤勉に直している．夜中までね．パソコンのキーが打てなくなれば寝る．生活は不規則でね．

注

1) 型枠大工は建物の基礎に必要な木造型枠を組み立てる作業員である．その型枠に液体コンクリートを注いで基礎を作って，コンクリートが固まってから枠を外す．高層ビルの場合は，フロア毎に枠を作る．
2) 例えば同じ飯舘村民の長谷川健一が書いた『原発に「ふるさと」を奪われて〜福島県飯舘村・酪農家の叫び』(宝島社，2012 年)．
3) 「真(ま)の手」は「までい」の語源という説もある．
4) 長泥小学校．1923 年，飯曽村の学校の分教場として創設．1964 年，長泥小学校として独立．1977 年，閉校．
5) 「おらい」．飯舘弁で「私(たち)」．
6) このエピソードと庄司さんの写真はギル他 2013, 212 頁にある．
7) 飯舘村役場の隣の集会場．
8) 日雇い失業保険制度では，最低月 13 日間働かなければならない．
9) 「見守り隊」は飯舘村が組織した人民パトロールである．定期的に非難された村を歩き回り，空き巣，空き家を荒らす野獣などをチェックしながら放射能測定も行っていた．日給 1 万円が支給されて，雇用対策という面もあった．2011 年 6 月から 24 時間体制で始まり，次第に縮小しながらも約 6 年間続いた．
10) 2013 年 3 月 10 日，庄司正彦曰く「私が最近，諸専門分野の大学教授，世界の見解，専門メディア，諸外国の専門分野の見解，情報を少しかじり始め思い，考え，成すべきと思うこと，又は，国際的，社会的，人間的に成すべきことの重要な，重大な，課題としての，意見及び訴えたいことを過ぎ去らないように書く！」．ギルの英訳付きで「亡命の憤り」／'The Rage of Exile' というタイトルで *Japan Focus* というオンラインジャーナルで出版．http://apjjf.org/2013/11/49/Shoji-Masahiko/4046/article.html
11) 平成 28 年 10 月 16 日の村長選挙．有権者数は 5236 人で投票総数は 3709 票．投票率は 70.64% で過去最低．得票数は菅野典雄氏 2123 票，佐藤八郎氏 1542 票．
12) 帰還困難区域に「ミニ復興拠点」を作るという話が 2017 年に行政サイドから出た．

参考文献
【和文文献】

ギル，トム (2013)『毎日あほうだんす──寿町の日雇い哲学者西川紀光の世界』キョートット出版．

ギル，トム，ブリギッテ・シテーガ，デビッド・スレイター (編)，(2013)『東日本大震災の人類学──津波，原発事故と被災者たちの「その後」』人文書院．

クラパンザーノ，ヴィンセント (1991)『精霊と結婚した男──モロッコ人トゥハーミの肖像』大塚和夫，渡部重行 (訳)，紀伊國屋書店．

ショスタック，マージョリー (1994)『ニサ──カラハリの女の物語り』麻生九美訳，リブロポート．

【欧文文献】

Butler, Udi Mandel (2009) Notes on a Dialogical Anthropology, *Anthropology in Action* 16 (3) 20-31.

Eriksen, Thomas Hylland, (2006) *Engaging Anthropology: The Case for a Public Presence*, Berg.

Spivak, Gayatri Chakravorty, (1988) Can the subaltern speak?, *Marxism and the Interpretation of Culture*, Cary Nelson and Lawrence Grossberg (eds), pp. 271-313, Macmillan.

第7章

まなび旅・福島
―― 公共ツーリズムの実践

山下 晋司

1　はじめに

　21世紀に入り，自然災害が世界のあちこちで猛威をふるっている．主だったものを挙げてみても，2004年スマトラ島沖地震，2005年米国ニューオリンズ・ハリケーン・カトリーナ，2006年インドネシア・ジョクジャカルタ地震，2008年中国・四川大地震，2008年ミャンマーサイクロン，2010年ハイチ地震，2011年東日本大震災，2015年ネパール地震，2016年熊本地震などと枚挙にいとまがない．2017年も中国九寨溝，メキシコで地震が起き，インドネシア・バリではアグン山が噴火した．さらに2018年もインドネシアではアグン山の噴火が続き，ロンボク島やスラウェシ島で地震が起きた．日本では，2018年6月に大阪府北部地震，7月に西日本豪雨災害，9月に台風21号による関西空港などでの高潮被害，北海道胆振東部地震と続いた．世界的な地殻変動期に入っているのかもしれない．地震だけではなく，地球温暖化（海水温の上昇）のせいか，台風やハリケーンなどによる風害・水害も凶暴化している．近代においては，人間が自然をコントロールできたかにみえたが，むしろ近年，自然が猛威をふるい，災害が頻発しているのである．さらにテロや戦争，過度な開発によって引き起こされる環境災害などの人的災害を加えると，災害は現代世界の常数だと言わなければならない．

　そうしたなかで，筆者が関心を持っている観光研究の分野においても，災害と観光というテーマが重要になりつつある．観光は災害というリスクにきわめて弱い産業で，災害が起こると観光活動は成り立たなくなる．また，観光地が災害に見舞われた場合，地域住民だけではなく，観光客をどうするか（須田　2013），被災した有形・無形文化財の復興をどうするかという問題がある（高倉・滝澤（編）2014，橋本・林（編）2016）．災害は観光に何をもたらし，どのようなリスク管理が必要なのか．これはグローバルな観光活動が加速している今日においては，きわめて基本的な問いである．

　本章では，観光／ツーリズムの視点から[1]，2011年の東日本大震災にともなう東京電力福島第一原子力発電所事故以後の福島を検討する．とくに筆者がかかわったまなび旅・福島というプロジェクトからこの問題を取り上げ，被災地と外部世界をつなぐ観光／ツーリズムを通して世界に開かれた問いとしての福島を考える．同時に，まなび旅を公共ツーリズムの実践

として捉え，本書の震災復興の公共人類学というテーマにつなげる[2]．

2　東日本大震災後の新しい観光スタイルの出現

　東日本大震災は観光／ツーリズムにも甚大な影響を与えた．震災後，海外から日本を訪れた観光客は前年比約 240 万人（28％）減少した[3]．観光は安全であることによって担保される活動だが，震災，とくに東京電力福島第一原発の事故によって，日本の安全イメージが大きく揺らいだのである．もっとも，1 年後には日本全国レベルではほぼ震災前の状況に回復したが，東北の被災地では観光の回復はあきらかに遅れた．震災後 6 年たった 2017 年の時点でも，東北 6 県（青森，岩手，宮城，山形，福島，秋田）の観光目的の宿泊者数は震災前の 85％ にとどまっている．とりわけ福島県の場合は 81％ と低い[4]．原発事故によるイメージダウンとそれにともなう風評被害が大きいと考えられる．

　しかし，その一方で，震災は新しいタイプの観光も生み出した．別稿で論じたように（山下 2015），震災後の新しい観光のスタイルとして，まずボランティアツーリズムが挙げられる．震災直後から「ボランティアツアー」，「ボランティアバス」などの言葉が使われ，旅行業者や NPO によりさまざまなボランティアツアーが企画された．岩手・宮城・福島三県のボランティアセンターで受け付けたボランティアの数は 2018 年 1 月までに約 155 万人に達している[5]．

　「ボランティア」と「ツアー」の組み合わせは，ボランティアを「まじめ」，ツアーを「遊び」と考えるならば，奇妙にみえるかもしれない．通常，観光客は余暇の時間に楽しみを求めるが，ボランティアツーリストは余暇の時間を「社会的な貢献」に使う．こうしたボランティアツーリズムは，欧米では新しいかたちの余暇の過ごし方として，1990 年代から普及してきたが（Callanan and Thomas 2005; 依田 2011），日本ではとくに東日本大震災以後顕著になった（山下 2013, 2015）．メアリー・モスタファネザトはボランティアツーリズムを「ネオ・リベラル時代のヒューマニタリアリズム」と捉えている（Mostafanezhad 2014）．

　ボランティアと並んで，「まなび」も震災後のツーリズムの重要なキーワードの一つとなっている．修学旅行，スタディツーリズムなど「まな

び」と「旅」の結びつきは以前からあるが，震災後，被災した地域について学び，復興に役立てようという試みが現れ，「まなび旅」という言葉が使われるようになった（稲葉 2013）．東北観光推進機構も「東北まなび旅」というサイトを設け，東北各県の観光情報を提供している[6]．筆者が関係しているNPO法人「人間の安全保障」フォーラム（HSF）も被災地へのまなび旅を企画・実施した．HSFは，東京大学大学院総合文化研究科「人間の安全保障」プログラムの教員と学生が中心になって2011年4月に立ち上げられたNPO法人だが，設立直前に東日本大震災が起こったため人間の安全保障という立場から復興支援活動を展開してきた[7]．人間の安全保障とは，国家の安全保障を補完するものとして，あるいは国家の枠を越えて，人間一人ひとりの生存・生活・尊厳を保障しようというものである．この考え方は，貧困と戦乱にあえぐアジア・アフリカなどの途上国地域に適用されることが多かったが，この震災によって日本の被災地もその適用対象であることが明らかになったのである．

　そうしたなかで，HSFは2012年から2014年まで，毎年8月，計3回にわたり「まなび旅・宮城」を実施し，登米市南方仮設住宅の夏祭りを支援した．この夏祭りは，震災1年後の2012年8月，南三陸町からの避難者が多く住んでいる登米市の南方仮設住宅で復興のシンボルとして始められたものである．仮設住宅の住民は高齢者が多く，祭りをするには若い力が必要ということで，HSFはこのツアーを企画し，東京の学生たちを中心に参加者を組織したのであった（山下 2015: 337-341）[8]．

3　まなび旅・福島

　HSFのまなび旅は，福島においても，2012年から2016年にかけて計5回にわたり実施されている．以下ではこれについて述べる．

　第1回目のまなび旅・福島は，2012年7月に行われた．これは本書の編者の一人で，HSFの常務理事でもある関谷雄一によって企画され，東京大学の学生が参加して実施された．福島市内で飯舘村の関係者や市民団体の方から被災について話を聞き，南相馬市で再開された相馬野馬追いを見学するというものであった（関谷 2013）．相馬野馬追いは，国の重要無形民俗文化財にも指定されている祭りイベントで，震災の起こった年は中

止されたが，この年に震災復興を期して再開された．同様なツアーは，2013年7月にも第2回目のまなび旅・福島として，関谷の企画で行われている．

　第3回目のまなび旅・福島は，2014年11月に，この年から始まった科研プロジェクト「震災復興の公共人類学：福島県を中心とした創造的開発実践」（平成26〜28年度，代表関谷雄一）の一環として行われた．筆者は当時米国に滞在中だったためこの企画には参加できなかったが，このときはつくば市から国道6号線を放射線量を測定しながら車で北上し，南相馬市新地町の語り部・村上美保子さんから津波の被災経験をうかがったと聞いている．このまなび旅の様子は，科研プロジェクトの研究協力者で，本書の執筆者の一人でもある田部文厚により動画記録されている．

　さらに，2015年10月31日から11月1日にかけて，第4回目のまなび旅・福島が行われた．このまなび旅に，筆者は科研のメンバーとして，またHSFのメンバーとして，参加した．参加者は科研メンバー以外に，東京大学や一橋大学の学生など計12人．その行程は以下の通りである．

　10月31日午後，JR郡山駅に集合．郡山市内の「富岡町3.11を語る会」の事務所を訪れ，代表の青木淑子さんをはじめ3人の「語り人」（すべて女性）から被災経験をうかがった．彼女らは原発事故に見舞われた富岡町からの避難経験についてそれぞれの物語を語った．11月1日にはいわき市に住む「富岡町3.11を語る会」のメンバー2人の案内で，富岡町の現状を見学した（写真1）．富岡町は，東京電力福島第一原発から約10キロメートルのところに位置し，避難指示区域に当たり人々は町外に強制移住，町はゴーストタウン化していた．町内の「避難指示解除準備区域」や「居住困難区域」町内の除染作業が続けられていた（写真2）．他方，「帰還困難地域」は将来にわたっても当分居住できない状態が続くと考えられ，放置されていた[9]．次に，隣接する楢葉町へ移動し，猪狩杜夫さんの案内で町内を視察した．楢葉町は2015年9月に避難指示が解除され，町役場は稼働していたが，町内はまだ病院や商店など生活インフラの整備が十分でなく，帰還した住民は全体の5.7％に過ぎない（2016年1月現在）．町内のあちこちには除染物質の入った黒いフレコンバッグの山が点在していた（写真3）．見学終了後，JR郡山駅に戻り，解散した．

　第5回目のまなび旅・福島は，2016年3月5〜6日に実施された．3月

5日午後，JR福島駅に集合後，桜の聖母短期大学に移動し，田中大介准教授（当時）と学生による「桜の聖母短期大学における福島学の展開」に関する報告を聞いた．桜の聖母短期大学では震災後，「福島学」というタイトルで被災地を支援する授業が行われ，学園祭を被災地で行うなどのイベントを通して被災地復興プロジェクトが展開されている．翌日6日の午前中は，飯舘村から避難してきた市澤秀耕さんが経営する椏久里珈琲店で被災経験などについて話を聞いた．それによると，被災後，家族間の考え方の違いにより，家族は崩壊の危機に置かれている．一般的に夫は飯舘村への帰還を志向するが，妻は福島市の新天地での生活に期待を寄せる．他方，子どもたちは東京のような「より安全な」場所での子育てを考えているという[10]．その日の午後は，岩瀬郡天栄村に移動し，放射能汚染と農業をテーマに天栄村産業振興課の大木心伸一さんと天栄村栽培研究会会長岡部政行さんから話をうかがい，岡部さんの田んぼを実見した．天栄村では，被災による風評被害に抗して，放射能フリーの米を作る試みが展開されていた（写真4）．見学後，JR郡山駅で解散．

写真1：まなび旅・福島：富岡町見学ツアー（筆者撮影）

写真2：富岡町の除染作業（筆者撮影）

写真3：楢葉町の除染ゴミ：フレコンバッグの山（筆者撮影）

写真4：天栄村：放射能フリー農業の試み（筆者撮影）

第6回目のまなび旅・福島は，2016年9月5〜6日に，科研メンバーとHSFの学生会員が参加して，東京電力福島第一原発見学というかたちで実施された．原発見学に先立って，5日の午後，福島第一原発3号機の廃炉作業に従事している鹿島建設の郷健一郎さんをいわき市の事務所に訪れ，廃炉作業についてうかがった．廃炉には少なくとも30年はかかるといわれており，廃炉に向けての作業はまだ始まったばかりの段階であった．鹿島建設は福島第一原発3号機を建設した企業だが，建設会社が廃炉という解体作業に当たるというのは皮肉である．郷さんの勤める鹿島建設のいわき事務所は，同社の廃炉作業のフロンティア基地で，作業員の手配などを行っている．翌日6日の午前中は，いわき市役所を訪れ，市の職員からいわき市における福島からの避難民についての話を聞いた．いわき市は約2万人の福島からの避難者を受け入れているが，地域住民との間にはさまざまなコンフリクトもあるという．こうした聞き取り調査を行ったうえで，その日の午後，東京電力福島第一原発を訪れた．これについては次に節を改めて述べよう．

4　東京電力福島第一原発ツアー

　最初にこのツアーについていくつかの問題点を指摘しておきたい．まず，こうしたツアーは近年の観光研究において「ダークツーリズム」と呼ばれるタイプのものである（Lennon and Foley 2010）．日本語の観光は，「光を観る」と書くが[11]，ここでは「光」ではなく，「影」がツアーの対象となる．この場合の影とは，戦争，災害，事故など「痛みと恥の場所」（Logan and Reeves 2009）に関わり，その「痛みと恥」はたんに現地だけの問題ではなく，多くの人びとに共有されるべきものとしてツーリズムの対象となるのである．例えば，ユネスコの世界遺産にもなっているポーランドのアウシュビッツ強制収容所や広島の原爆ドームを訪れることはダークツーリズムの典型的な例である．日本におけるダークツーリズム研究の先駆者である井出明は，ダークツーリズムを「悼む旅」と捉えている（井出 2013: 145）．

　災害とツーリズムという点では，2004年のスマトラ島沖地震と津波で大きな被害を受けたインドネシア・スマトラのバンダアチェーでは，2009

年に津波博物館が建てられ,惨事を記憶するための「ツナミ観光」が行われている(西 2014: 168-171).中国でも 2008 年の四川大地震以降,大きな被害を受けた四川省北川チャン族自治県や震源地の汶川県映秀鎮の「地震遺跡」を訪れる災害ツーリズムが展開されている[12].1986 年に事故を起こしたウクライナのチェルノブイリ原発もいまや見学ツアーが解禁され,世界中からツーリストが訪れている(東(編)2013a).福島第一原発においても,訪問者は事故から 2015 年 9 月までの約 4 年半で 1 万 6000 人に上っており,当初は専門家や政治家が中心だったが,放射線量が下がるにつれ,一般の人たちの視察が増えているという(『朝日新聞』2016 年 1 月 13 日).

　さて,2016 年の第 6 回 HSF まなび旅・福島の一環として,筆者が福島第一原発を訪れたのは 9 月 6 日の午後だった.ツアーの出発点は楢葉町の J ヴィレッジである.J ヴィレッジは,もともと日本のサッカーのナショナルトレーニングセンターとして 1997 年に設立されたが,福島第一原発事故以後は復旧・復興のための拠点となっている.そこで東京電力の職員から福島第一原発の現状,ツアーの概要などについて約 1 時間のレクチャーを受ける.その後,バスで約 20 キロメートル離れた大熊町・双葉町の福島第一原発に移動.入退域管理棟で,本人確認後,一時立入者カードを受け取り,防護装備(靴カバーと綿手袋)を着用し,APD(線量計)貸与される.そのあとで,構内バスに乗り,車内より視察ツアーを行った(写真 5).バスには東京電力の職員 2 人が同乗し,構内の要所要所で立ち止まり事故状況や現状について説明する.構内は巨大な工事現場という感じ

写真 5:東京電力福島第一原発:構内バスツアー(東京電力提供)

写真 6:福島東京電力福島第一原発 2 号機:カバーで覆われている(東京電力提供)

で，事故を起こした原子炉建屋はカバーで覆われ，外からは内部をみることはできない（写真6）．構内では，廃炉に向けてマスクをつけた原発労働者により廃炉に向けたさまざまな作業が行われていた．汚染ゴミ，廃棄物は構外に出すことができないため，あちこちに廃棄物の山がみられた[13]．

構内の線量は，入退域管理棟付近のバス車内で1.3μシーベルト／毎時だったが，2号機付近では40μシーベルト／毎時まで上昇した．構内バスツアーは約50分で，終わると入退域管理棟で防護装備脱衣，身体スクリーニングを受け，APDと一時立入者カードを返却して終了となる．その後，バスでJヴィレッジに戻り，解散．この間の被曝量は5μシーベルト程度だった．この線量は歯科でのレントゲン検査による被曝量に相当し，健康には害はないとされている．

以下の節では，この福島第一原発ツアーに関し，次の3つの視点から検討する．第一にヘテロトピアとしての福島，第二に現代における死をめぐる公共ツーリズム，第三に再帰的ツーリズムという視点である．

5　ヘテロトピアとしての福島

チェルノブイリのダークツーリズムについて，フィリップ・ストーンはヘテロトピアという視点から検討している（Stone 2013）．「ヘテロトピア」とは，フランスの哲学者ミッシェル・フーコーの用語で，ユートピアが空想上の場所であるのに対し，ヘテロトピアは現実に存在しながら，「他の場所」あるいは「異界」として存在する場所である．フーコーによると，ヘテロトピアは「カウンター・サイト」（反-場所）でもある（Foucault 1986）．

この視点からストーンはチェルノブイリについて次のように述べている．「要約すると，チェルノブイリはいまや一つの異界である．それは日常生活のなかの普通の空間と並んで存在するが，災害が捕捉され，宙づりにされている場所である．それは危機の場所であり，逸脱の場所であり，真剣な考察が行われる場所である……（中略）……ツーリストはこの場所を環境災害，技術破綻，および政治崩壊の場所として儀礼的に消費する．さらに，チェルノブイリとそのデッドゾーンは，ダークツーリズムによってあらわになる現代世界の現実を反映した超現実的な空間でもある」（Stone 2013: 90-91）．こうして，チェルノブイリはヘテロトピアとしてダークツ

ーリズムの場所となる．

　福島県内の避難指示区域（大熊町，双葉町，浪江町などの帰還困難区域；飯舘村，富岡町などの居住制限区域；南相馬市，川俣町，葛尾村，川内村の一部などの避難指示解除準備区域）14) もそのような異界──現実に存在しながら，通常の空間とは別の原理が支配している異空間──として捉えることができよう．このヘテロトピアへの旅を通して，ツーリストは福島第一原発事故が提起しているさまざまな問題を知ることができる．観光／ツーリズムはここでは「楽しむ」行為ではなく，「学び，考える」行為となる．彼らがそこでみる廃墟は，過去の出来事ではなく，現実の世界に抗して，そこから未来が立ち上がるための「反–場所」なのである．

6　死をめぐる公共ツーリズム

　ストーンらによると，ダークツーリズムは死に関心を寄せるツーリズムである（Stone 2009, Stone and Sharpley 2008）．現代社会において死は，「私」の領域に押し込められ（privatization），「医療」（病院と医師）に委ねられている（medicalization）．そのような意味で，現代における死は公共社会から隔離されている．フィリップ・アリエスのいう「転倒された死」である（内堀・山下 1986：13 および 291-292）．そうしたなかで，死が公共空間において強く意識されるようになるのは，この現代社会の死をめぐるシステムが，天災，事故，戦争により破壊されたときである．地震，津波，原発事故と未曾有の三重の災害によって引き起こされた福島の事例が明らかにしたのは，じつは現代社会が巧妙に隠そうとしていた死にほかならない．原発事故は隠されていた死の覆いをはぎ取ったのである．そこでは死は凶暴でむき出しのかたちで現れ，現代社会へ挑戦状を突きつける．それが「福島」というヘテロトピアが提起している問題である．

　この異空間／ヘテロトピアへと誘う旅がダークツーリズムである．重要なのは，このタイプのツーリズムが「転倒された死」を公共のまなざしのもとに置こうしている点である．そこでは死は私的領域ではなく，公共領域の問題として現れる．2015～16 年のまなび旅・福島は，科研プロジェクト「震災復興の公共人類学」と連携して行われたが，公共人類学とは公共領域の課題の解決に向けて人類学の知見や方法を活用しようとするもの

である（山下 2014）．これをツーリズムと組み合わせることで，「公共ツーリズム」とでも呼ぶべきものが成立する[15]．そこではツーリストは公共領域の問題点を学び，考え，解決に向けて行動をおこすことができるのである．

　もっとも，この種のツアーはコマーシャリズムに乗りにくい．一般の旅行会社のパンフレットでは福島が取り上げられることがあっても，原発事故被災地域が取り上げられることはほとんどない．そのようなツアーはNPOなどが企画する「ニッチツーリズム」（Novelli（ed.）2005）というかたちで行われることが多い．例えば，相馬市のNPO法人野馬土による「福島第一原発20 km圏内ツアー」はそのようなもの一つである．2013年からのツアー参加者数は約13,300名に達しているという（2018年3月現在）[16]．

　福島県では，ふくしま観光復興支援センターなどが中心になってこの種のツアーをコーディネートしている．同センターが出している『来て見て知ってふくしま』の第1号（2013年7月）は，「福島を語る人に出会う旅」を特集し，大熊町，いわき市，富岡町からの復興ツーリズムに関する情報が掲載されている．第2号（2013年10月）『ふくしま復興ツーリズムガイドブック』では，「磐梯エリアで体験学習と震災を学ぶ」「避難者の受け入れ体験を話す早川さん」「農業体験を通して農家や被災者と交流」「風評から自力で復興を目指す観光果樹園」など45の「震災視察先とモデルコース」が挙げられている．さらに第3号（2014年8月）でも，「県内での視察やお話のコンテンツを紹介します」として，「避難生活の体験談や自治会長としての活動を語る」「除染や放射線について考える」「被災地の言葉で震災を後生に語り継ぐ——富岡町3・11を語る会」などのツアーが紹介されている．ふくしま観光復興支援センターのウェブサイトには「皆さまの観光支援は福島県の大きな力になります」とあり，同センターは「行って応援したい」という声と「来てほしい」の地元の声をつなぐ役割を果たしたいと述べている[17]．こうして，ダークツーリズムは，ツーリズムというツールを使って被災地と他の地域をつなぎながら，公共領域における問題を共通し，学び，考え，解決しようとする公共ツーリズムとなるのである．

7　再帰的ツーリズム

　ウルリヒ・ベックによると，現代社会は「再帰的近代化」（reflexive modernization）という視点から理解されるべきリスク社会である．彼のいう再帰的近代化とは，工業社会によって特徴づけられる近代社会の「創造的（自己）解体」（creative（self-）destruction）のプロセスである．この新しい段階では，近代社会の「進歩」は「自己解体」につながるのだが，その過程で，時代はベックが再帰的近代化と呼ぶもう一つの近代へと転換していくのである．その意味では，解体はたんに破壊的だけではなく，創造的でもあり，再帰的近代化は，新しい近代性へと向かう表裏一体のプロセスである（Beck et al. 2005: 2）．こうしたコンテクストにおいては，災害というリスクに対処していくことは，リスク社会の大きな課題の一つであるばかりでなく，新しい社会に至るための道でもある．

　観光／ツーリズムに関して言えば，近年の観光の新しい形態であるエコツーリズムやヘリテージツーリズムなどは，近代工業社会が生み出した環境汚染や伝統文化の破壊というリスクに観光の立場から取り組もうとする試みである．かつて筆者はこのようなツーリズムを「再帰的ツーリズム」（reflexive tourism）と呼んだことがある（Yamashita 2010）．例えば，インドネシアのバリでは，観光開発によって外部の巨大資本が流入し，観光資源である「文化」がバリ人の手を離れようとしている．そうしたなかで，「もう一つの観光」として1990年代には村落ツーリズムが試みられ（山下 1999 第8章），近年では村落コミュニティを観光開発主体とした「コミュニティベーストツーリズム（community based tourism）」が現地のNGOとの連携で始められている（岩原 2012）．こうした試みは，私のいう再帰的ツーリズムの例である．

　福島という課題は，原発事故が提起した再帰的近代という問題を考えるために不可避の事例である．そもそもベックがリスク社会論を世に出すきっかけになったのは1986年のチェルノブイリの原発事故だった（ベック 1998：1）．現代社会の基本的なエネルギーである電気は近代技術の粋を集めた原発によってつくられる．その原発が事故を起こし，大きなリスクとなって社会を揺るがす．そのメカニズムを福島への旅によって学び，考え，新しい社会と未来を構想する．そのような旅を再帰的ツーリズムとして位

置づけることができるのである．

8　福島第一原発という世界遺産

2015年にユネスコの世界遺産登録された「明治日本の産業革命遺産」というものがある．これは近代日本の基礎をつくった石炭，鉄鋼，造船などの産業遺産が対象となっており，構成資産としては長崎市の軍

写真6：近代産業遺産・軍艦島：炭坑労働者住宅の廃墟（筆者撮影）

艦島（端島炭坑）や三菱重工長崎造船所，大牟田・荒尾市の三井三池炭坑，北九州市の八幡製鉄所，山口萩市の反射炉と松下村塾などが含まれている．

筆者は2017年7月に軍艦島を，8月には大牟田・荒尾市の三井三池炭坑を訪れる機会があった．軍艦島は，19世紀後半に長崎在住のスコットランド出身の商人トーマス・グラバーらにより開発が進められ，三菱の高島炭坑とともに近代日本の石炭産業を担った炭坑である．往時は，5,000人が住む炭坑の島であったが，1975年に閉山され，いまは廃墟だけが残っている（写真6）．しかし，ここはいま年間約30万人の観光客が訪れる産業遺産観光の聖地になっているのである．

1975年の軍艦島の閉山と前後して，日本のエネルギー政策は，石炭から石油，さらに原子力へと推移し，各地に原子力発電所がつくられていった．常磐炭坑の衰退を受けて，福島県大熊町・双葉町で東京電力福島第一原発が営業を開始したのは，1971年であった．それから40年後，東日本大震災により福島第一原発は炉心融解，建屋爆発事故を起こし，いまは廃炉作業の途上にある．原発発足当時のキャッチコピーは「原子力，明るい未来のエネルギー」というもので，原発の位置する大熊町・双葉町へ向かう道路の歩道橋上に掲げられていた．しかし，この標語をつくった大沢勇二は，原発事故後の2012年に自らこの標語を取り下げ，「原子力，破滅未来のエネルギー」に書き換えたという（『朝日新聞』2016年3月5日）．

この新しい標語は，原発がかつての炭坑のように，過去の遺産になりつつあることを示唆している．このことをふまえて，筆者は福島第一原発を「平成日本の産業遺産」として世界遺産に登録すべきではないかと考えている．他方，東浩紀らは「福島第一原発観光地化計画」を提案している

（東（編）2013.b）．それによると，まずは2020年の東京オリンピックに向けて，観光客に原発事故の実態を広く知らせる試みを行う．そのために東京に災害博物館をつくり，福島Jヴィレッジ跡地で復興博を開催するなどして，災害教育を強化する．東京オリンピック以後は，Jヴィレッジ跡地を再開発してビジターセンターをつくり，そこからバスで廃炉作業の見学に向かう拠点とする．そしてビジターセンターを地域経済と東北観光の核として位置づけるというのである．こうして，福島第一原発は産業遺産観光／ダークツーリズムの聖地となる．

9　結語

　本章執筆時点（2018年3月）で震災後7年が経つ．しかし，福島という課題は終わっていない．とくに原発という課題を抱えた福島はこれからが正念場である．本論で検討したまなび旅・福島は，観光／ツーリズムを通して課題を学び，考え，被災地と他の世界をつなぎ，問題を解決していく試みである．本稿ではこれを公共ツーリズムという言葉で捉えたが，そもそも人類学は旅（フィールドワーク）を通して考えることを方法論としており，公共ツーリズムとは，ツーリズムを利用した公共人類学の実践形態の一つだとみなしうるのである．

　このような旧来の観光概念では捉えきれない新しい観光／ツーリズムは，少子高齢化と過疎化が先端的なかたちで現れている東北の被災地にとってはとりわけ重要である．なぜなら，観光／ツーリズムというかたちでの人の移動，外部世界との交流は，地域の復興にとってきわめて大きな役割を果たすと考えられるからである[18]．

　日本の災害復興過程においては，国家の果たす役割がきわめて大きかった．しかし，今日，政府の公的サービスへの不信感や国家財政への懸念から，官ではなく，民をベースした公共の在り方が重要になりつつある．本稿で論じた公共ツーリズムは，観光／ツーリズムを活用して，官が担うべきパブリック・サービスを補完し，震災復興という公共の課題を解決することに貢献しようとするものである．人類学者もまた公共ツーリズムを公共人類学の一つの実践形態として大いに活用すべきではないだろうか．

注

1) 日本語の「観光」は，中国の古典『易経』にある「観国之光．利用賓于王」(「国の光を観る．用（もっ）て王に賓たるに利（よろ）し」）に由来するとされている．これは，円を描く道具を意味するラテン語の"torrnus"を語源とする英語の「ツアー（tour）／ツーリズム（tourism）」と概念的に異なるところがある（岡本（編）2001：6）．本稿では，観光とツーリズムを同義的に使うところもあるが，使い分けることもあり，これを観光／ツーリズムと表現しておく．
2) 本稿は，2015年5月28〜29日，名古屋市南山大学における第50回日本文化人類学会研究大会分科会「福島県の創造的復興開発をめざして——公共人類学の挑戦と課題」（代表関谷雄一）における筆者の発表論文「まなび旅・福島——公共人類学の実践」，および2016年11月，タイ・チェンマイ大学における英文による基調講演（Yamashita 2016）をもとに加筆・修正を施したものである．
3) 日本政府観光局（JNTO）年別訪日外客数，出国日本人数の推移．ウェブサイト：https://www.jnto.go.jp/jpn/statistics/marketingdata_outbound.pdf　アクセス2018年6月25日．
4) 「東北地方における観光の現状」（平成30年3月）．東北運輸局観光部．ウェブサイト：http://wwwtb.mlit.go.jp/tohoku/chikoushin/21chikoushin/ks-chikoushin21_shiryou4-1.pdf　アクセス2018年6月25日．
5) 全社協，被災地支援・災害ボランティア情報．ウェブサイト：https://www.saigaivc.com/2017/02/24/東日本大震災ボランティア活動者数の推移/　アクセス2018年3月17日．
6) 東北まなび旅．ウェブサイト：https://www.tohokukanko.jp/manabi/　アクセス2018年3月17日．
7) 「人間の安全保障」フォーラム．ウェブサイト：https://www.hsf.jp　2018年3月現在筆者が理事長を務めている．アクセス2018年3月17日．
8) 南方仮設住宅の夏祭りは，復興住宅への転出にともなう仮設住宅の住民の減少と残った住民の高齢化等の理由から2015年に中止となり，それにともなって3年間続いたHSFの「まなび旅・宮城」も中止された．
9) 2017年4月1日付けで，富岡町の避難指示は，「帰還困難地域」を除き解除された．しかし，2018年3月1日現在，富岡町内の居住者数（帰還者）は458人で，住民登録者数（13,192人）の約3.5％にすぎない．富岡町．ウェブサイト：http://www.tomioka-town.jp　アクセス2018年3月17日．
10) 飯舘村の避難指示は2017年3月31日に解除された．帰還者は2018年3月1日現在で537名．県内外の避難者数は5850人なので，帰還者は約9％ということになる．飯舘村．ウェブサイト：http://www.vill.iitate.fukushima.jp　アクセス2018年3月17日．
11) 「観光」の語源については，注1参照．
12) 中国ではダークツーリズムに対して「黒色旅游」という言葉が使われている．しかし，中国共産党政府による災害復興の成功が強調される場合は「紅色旅游」という

言葉が好んで使われる（田中　2017）．筆者は 2018 年 3 月に四川省の被災地である北川地震遺跡や映秀地震遺跡を訪れる機会があり，このような観光をなんと呼ぶか現地のガイドに尋ねてみた．北川のガイドは「紅色旅游」と答え，映秀のガイドは（災害についての）「教育旅游」だと述べた．両地とも，平日であるにもかかわらず，多くのツーリストが訪れていた．

13) 竜田一人（2014-2015）は，自らの体験をふまえて，原発ルポ漫画を刊行し，構内の様子を描いている．

14) これは 2016 年 9 月現在の分類である．2017 年 4 月までに，帰還困難区域を除く避難指示解除準備区域，居住制限区域はすべて解除され，居住可能になっている．しかし，先述の富岡町や飯舘村のように，帰還率は多くの場合 10% に満たない．『朝日新聞』（2018 年 3 月 22 日）によると，浪江町など 4 町村（計約 3 万 780 人）の避難指示が一斉に解除されて間もなく 1 年になるが，帰還住民は計約 1880 人で，全体の 6.1% にとどまっているという．その理由としては，「住宅が住める状態にない」「生活環境（病院，買い物など）が不便」，「放射線被曝への健康不安」などが挙げられている．

15) 公共ツーリズム（public tourism）という用語は，2015 年 2 月に筆者がカリフォルニア大学バークレー校に招かれて，"Volunteer Tourism and Public Anthropology: In the Aftermath of the 3.11 East Japan Disaster" というタイトルで講演した際，ネルソン・グレーバーン教授から示唆されたものである．

16) NPO 法人野馬土．ウェブサイト：https://nomado.info/20km/　アクセス 2018 年 3 月 20 日．

17) ふくしま観光復興支援センター．ウェブサイト：http://ふくしま観光復興支援センター.jp/about/ アクセス 2018 年 3 月 20 日．

18) 2016 年の熊本地震で大きな被害を受けた熊本県益城町東無田集落でも，住民たちがスタディツアーや都市住民との交流イベントを通して，被災地を外部とつなぎながら復興計画を模索している（NHK 総合テレビ「明日へつなげよう」2018 年 3 月 18 日放映）．

参考文献
【和文文献】

東浩紀（編）（2013a）『チェルノブイリ・ダークツーリズム・ガイド』（思想地図 β Vol. 4-1）ゲンロン．

―――（2013b）『福島第一原発観光地化計画』（思想地図 β Vol. 4-2）ゲンロン．

井出明（2013）「ダークツーリズムから考える」『福島第一原発観光地化計画』（思想地図 β Vol. 4-2）東浩紀（編），pp. 144-157，ゲンロン．

稲葉雅子（2013）「被災からの学び ―― 新たな地域資源」『復興ツーリズム ―― 観光学からのメッセージ』総合観光学会（編），pp. 76-83，同文舘出版．

岩原紘伊（2012）「観光資源となる村落 ―― バリ島村落コミュニティツーリズムの事例

から」総合観光学会研究大会（2012年6月9～10日，日本大学商学部）における発表．

内堀基光・山下晋司（1986）『死の人類学』弘文堂．

岡本伸之（編）（2001）『観光学入門——ポスト・マス・ツーリズムの観光学』有斐閣．

須田寛（2013）「『震災』と『観光』——反省と復興へ」『復興ツーリズム——観光学からのメッセージ』総合観光学会（編），pp. 2-8，同文舘出版．

関谷雄一（2013）「福島県へのいざない——学びの旅からの教訓」『復興ツーリズム——観光学からのメッセージ』総合観光学会（編），pp. 68-75，同文舘出版．

高倉浩樹・滝澤克彦（編）（2014）『無形文化財が被災するということ』新泉社．

竜田一人（2014-15）『いちえふ——福島第一原子力発電所労働記』（1～3）講談社．

田中孝枝（2017）「『震災に抗う』というナショナリズム——紅色旅行基地としての震災遺跡公園を事例として」第51回日本文化人類学会研究大会（2017年5月27～28日，神戸大学）における分科会「ノスタルジアとナショナリズム——東アジアの戦争観光の比較から」（代表山口睦）での発表．

西芳実（2014）『災害復興で内戦を乗り越える——スマトラ島沖地震・津波とアチェ紛争』京都大学学術出版会．

橋本裕之・林勲男（編）（2016）『災害文化の継承と創造』臨川書店．

ベック，ウルリヒ（1998）『危険社会』東廉・伊藤美登里訳，法政大学出版会．

山下晋司（1999）『バリ 観光人類学のレッスン』東京大学出版会．

——（2013）「ボランティアツーリズムの可能性」『復興ツーリズム——観光学からのメッセージ』総合観光学会（編），pp. 60-67，同文舘出版．

——（2014）「公共人類学の構築」『公共人類学』山下晋司（編），pp. 3-18，東京大学出版会．

——（2015）「復興ツーリズム——震災後の新しい観光スタイル」『新しい人間，新しい社会——復興の物語を再創造する』清水展・木村周平（編），pp. 327-356，京都大学学術出版会．

依田真美（2011）「ボランティアツーリズム研究の動向および今後の課題」『国際広報メディア・観光学ジャーナル』12: 3-20．

【欧文文献】

Beck, Ulrich, Anthony Giddens and Scott Lash (2005) *Reflexive Modernization: Politics, Tradition and Aesthetics in the Modern Social Order*, Polity Press.

Callanan, M. and S. Thomas (2005) Volunteer Tourism: Deconstructing Volunteer Activities within a Dynamic Environment, *Niche Tourism: Contemporary Issues, Trends and Cases*, Marina Novelli (ed.), pp. 183-200, Routledge.

Foucault, Michelle (1986) Of Other Spaces, *Diacritics* (Spring): 22-27.

Lennon, John and Malcolm Foley (2010) *Dark Tourism: The Attraction of Death and Disaster*, CENGATE Learning.

Logan, William and Keir Reeves (2009) *Places of Pain and Shame: Dealing with "Dif-*

ficult Heritage," Routledge.
Mostafanezhad, Mary (2014) *Volunteer Tourism: Popular Humanitarianism in Neoliberal Times*, Ashgate.
Novelli, Marina (ed.) (2005) *Niche Tourism: Contemporary Issues, Trends and Cases*, Routledge.
Stone, Philip R. (2009) Making Absent Death Present: Consuming Dark Tourism in Contemporary Society, *The Darker Side of Travel: The Theory and Practice of Dark Tourism*, Richard Sharpley and Philip R. Stone (eds.), pp. 23-38, Channel View Publications.
Stone, Philip R. (2013) Dark Tourism, Heterotopias and Post-apocalyptic Places: The Case of Chernobyl, *Dark Tourism and Place Identity: Managing and Interpreting Dark Places*, Leanne White and Elspeth Frew (eds.), pp. 79-93, Routledge.
Stone, Philip R. and Richard Sharpley (2008) Consuming Dark Tourism: A Thanatological Perspective, *Annals of Tourism Research* 35: 574-595.
Yamashita, Shinji (2010) A 20-20 Vision of Tourism Research in Bali: Towards Reflexive Tourism Studies, *Tourism Research A 20-20 Vision*, Douglas G. Pearce and Richard W. Butler (eds.), pp. 161-173, Goodfellow Publishing.
―― (2016) Disaster and Tourism: Emerging Forms of Tourism in the Aftermath of the Great East Japan Earthquake, *Asian Journal of Tourism Research* 1 (2): 37-62.

Ⅲ

津波被災地の生活再建の現場から

第 8 章

現在から過去へ,そして未来へ
―― 「復興」への手探りの協働

木村 周平・西風 雅史

1　はじめに

　本章は東日本大震災で津波によって被害を受けた前浜（仮名）というまちで進められた「復興」に関わる活動を，震災後7年を経た時点で振り返り，そこから，震災に対する人類学の関わりについて考察するものである．

　本章の2人の筆者のうち木村周平（昭和53年生まれ）は文化人類学者である．震災後，岩手県沿岸部を見て回る中で[1]，2012年2月に半ば偶然，前浜の仮設住宅で開催された集団移転の説明会にやってきた．西風雅史（ならい）（昭和35年生まれ）は前浜の出身で，震災時は東京で働いていたが，直後に前浜に戻った．その後，この仮設住宅に入居し，仮設住宅の自治会に関わり，やってきた木村を前浜の復興委員会委員長に紹介した．委員長から木村に支援についての打診があり，木村はノウハウのある同僚の研究者に協力を依頼し，復興委員会と大学の関わりが始まった．西風は2012年冬に前浜地区の公民館主事兼復興委員会事務局となり，職を辞す2017年秋まで，復興委員会と，前浜を継続的に訪れて支援と調査を行う「大学の先生たち」との調整役を担うことになった．

　本章を共著で執筆するという案は木村から持ち掛けた．震災からある程度の時間が経ち，西風も職を離れていたこの時点で，この執筆を機会として，前浜での「復興」を地元側と外からやってくる側の双方から少し客観的に振り返ってみたい，と考えたからである．

　執筆に際し，はじめ木村は，人類学で問題となってきた，書く側／書かれる側の非対等性が再生産されてしまうことを懸念し，2人で分担を決めて書くことを提案した．しかし結果としては，2人で話し合った内容を録音・テープ起こしし，それをもとに木村が書き，西風がチェックする，という形に変更した[2]．非対称性は問題であることは間違いないのだが，2人は，そもそも対等，対称ではない．西風は震災で大きな被害を受けたが，木村はそうではない．さらに，西風が知るようには木村は地域の人間関係や歴史を知らないし，西風は本書の文脈に馴染んでいるわけではない．そして，木村は前浜を「去る」ことができるが，西風はそうではなく，何をどう書くべきかへのためらいの差はとても大きい．その意味で，協働の出発点に非対称性があり，それが協働のあり方を方向づけていることは否定しがたい．

このような形での執筆になったことで,「これは共著なのか,共著とは何か」も2人にとって問題となった.どの程度,どんな関わりをすれば共著者と認めるかは,学術論文の場合でも,分野によってまちまちである.そして文化人類学ではほとんどが単著である.今回,共著という判断を最終的にしたのは木村だが,その根拠は執筆のためのやり取りが「聞き取り」(木村が西風に聞く)ではなく,相互的な「対話」である,ということが理由である[3].

　なお,本章では地名や人名に仮名を用いることにした[4].2人で話し合ううちに,「復興」のプロセスが,中心となった個々人や,地域の固有の背景にかなり左右されており,本章の記述ではそうした個別の事情に踏み込まざるをえないことを改めて意識することになったからである.本章の記述が,そこに登場する個人への評価や非難として受け止められることは,我々が望むところでは全くない.むしろ読者に意識していただきたいのは,定義上限られた範囲の人々によって構成される「地域」というもののなかでは,ある意味で,つねに人材が限られており,そこで何がどうできるかは,どういう人がメンバーにいて,その人が他のメンバーとどういう関係にあるかという前提条件に否応なく影響を受けるということである.

　前置きが長くなったが,記述に入る前にもう2点だけ確認しておきたい.一つは,「そこで何が起きたか,なぜそうなったか」というリアリティは,人によって異なりうるということである.以下で記述するのは,あくまでも西風と木村の対話のなかで現れてきたものであり,2人にとって妥当であっても,そこで語られる当人の考えと異なる場合がある.残念ながらそれは避けがたい.本章が目指すのは,そうした制約に留意しつつも,何かしらの教訓を引き出すことである.もう一つは,本章の目的上,同じ経緯を,視点を変えて何度か記述する必要があり,どうしても記述に重複が多くなってしまうという点である.この点も,予めお断りしておく.

2　対象地域

2-1　前浜と被災

　前浜は岩手県沿岸部に位置し,昭和,平成の市町村合併を経て,今はある市の一部となっている.本章執筆時点で人口は2500人ほどで,複数の

写真1 前浜の様子（2014年8月）．手前の空き地は津波によって家が流失した跡地．左手中央の陸橋の向こうが海，右上に見えるのがフッコウチに建つ家．

湾に面した10ほどの集落からなる．主要な産業は漁業であり，とくに昭和30年代に始まったワカメ養殖は地域の経済を安定的に発展させた．しかし東日本大震災前から高齢化，後継者不足などの問題が目立ち始め，若い世代では前浜外に働きに出るサラリーマン世帯が増えていた．

前浜は過去にも津波で繰り返し大きな被害を受けてきたが，昭和三陸津波（1933年）の後では高台移転を行った．この場所は「フッコウチ（復興地）」と呼ばれ，現在も住宅地となっている．浜に近いが，海から10m以上高い山裾にあり，今回の津波でも被害を免れた（写真1）．

2011年3月の東日本大震災の津波では低地にあった100戸ほどが流失し，30人ほどが亡くなった．痛ましい被害だが，しかし地区全体を見ればその一部だけが被災した，ともいえる状況である[5]．津波直後，家を失った人々は中学校の体育館や親戚・知人宅などに避難した．その後，避難の中心は公民館のホールに移り，同年6月に中学校の校庭に仮設住宅ができるまで60〜70人ほどがそこで生活した．仮設は90戸で，入居者はほぼ前浜出身者で占められた．

市役所は迅速に復興計画の策定を進めたが，そこに地域の要望が反映されないことを懸念した前浜の人々は，6月頃から地区全体の復興委員会の組織化に動いた．復興委員会には地域の顔役（比較的高齢の男性が多い）がずらりと揃った．委員長となったのは長年，漁業組合長を務め，この地域の漁業の発展を主導してきたチダ（当時70代）であった．チダは9月に，行政によって前浜でなされるべき事業をリストにした提言書を取りまとめ，市役所に提出した．

他方，仮設住宅で自治会が作られたのは8月であった．冬になる頃に移転に向けた話し合いが始まり，行政を呼んでの説明会や，被災住民の意向調査が行われた．本章の筆者二人が出会ったのはこの頃である．制度の複雑さや将来の見通しの不確実さのなか住民の判断は揺れたが，2012年春

に意向調査がまとまり，移転先も決まった．しかし，工事は住民の期待ほど早く進まなかった．

同じく 2012 年春頃から，キムラを含めた「大学の先生たち」と復興委員会の関わりが始まり，それを踏まえて復興委員会は 2013 年初夏に第二次提言書を市に提出した．そこで懸案になったのは防潮堤の高さと形状であった．それによって予想浸水域＝建築制限のかかる区域の範囲や，跡地の使い方，ひいてはまちづくり計画全体も影響を受けるからである[6]．被害を防ぐには高い方がよいが，高い防潮堤は底幅も広がるし，また防潮堤がフッコウチより高くなれば，今回の津波で被害を免れたフッコウチも，次に防潮堤を越える津波が来れば被害を受けてしまう．こうしたことから，地域内の意見集約はかなりの労力を要した．

なんとかこれをまとめたチダは，2013 年いっぱいで復興委員会の委員長職を辞した．それ以降，復興委員会の活動はそれほど目立たなくなり，大学の関わりも支援に加え調査・研究の側面が増えていった．

高台の整地や災害公営住宅はようやく 2014 年に完成し，人々は 2015 年春頃に仮設から移転していった[7]．同年夏から秋にかけて，大学側は調査成果を活用して中学校でのワークショップを行い，また成果を発表する展示会を開催した．そうしたなか，仮設住宅は閉鎖・撤去され，12 月には中学校への校庭の引き渡しが行われた．その後，現在（2018 年春）に至るまで，津波で流された家々が移転した後の跡地利用についての議論が継続するほか，大学側の調査も継続している．

こうした一連の過程は，大学側にとって，比較的うまくいった例だという意識があった．その理由は，（あくまでも他地域と比較して）①仮設閉鎖などの時期が早く，スムーズだったこと，②地域のなかの多様な意見・立場の人に聞き取りを行い，ある程度まで計画に盛り込めたこと，③中学校でのワークショップや展示会などの試みを行い，それなりの手ごたえを得たこと，④支援・調査に関して，分野横断的なプロジェクトが展開されていたこと，が挙げられる．

それでは，地域からはどう見えていたのだろうか．それを検討する前に，協働が始まるまでの個人的な経緯を辿っておく．

2-2 協働が始まるまで

　ナライの実家はかつて前浜で商売を営んでおり，地域でよく知られた家であった．だがナライ自身は高校に入るときに仙台に出て，それ以降も東京などを拠点にして働くことが多かった．前浜のフッコウチの端にある，昭和三陸津波後に建てられた大きな家には，ナライの母と，東京出身の妻，子供たち（震災時に小学6年生，小学1年生）が暮らしていた．2011年3月11日もナライはお台場の会社にいて，帰宅難民となり，一夜を明かした．翌朝電車が動くと，連絡の取れない前浜に向かった．知人と交代で車を走らせ，翌13日の昼頃，自宅に戻る直前に寄った親戚宅で，自宅の流失と妻の訃報に接した．

　ナライはその後，しばらく東京の妻の家族とのやり取りなどに奔走し，仕事上の人間関係もいったん絶った．そして子供たちと前浜に残ることを決めた．津波の日，他の子供には迎えが来たのに，唯一自分の子供たちだけ迎えが来ず，つらい思いをさせたという負い目を感じていた．だからしばらくはいつも家にいるようにしようと考えたのだ．子供たちを連れて東京へという選択肢もあったが，子供たちの意志を優先した．避難所生活は大変だったが，周りにつねに誰かいる状態だったので，子供たちには逆に気が紛れてよかったのかもしれない．

　仮設に入り，しばらくして自治会役員の話が来た．上述の通り，ナライ家は地元では知られた家であったので，自身はあまり前浜にいなかったにもかかわらず「ナライさんところの息子さん」として認識されていた．また仮設自治会は，ふつうの自治会のように地域内のことだけをするのではなく[8]，市役所や復興委員会とのやり取りも必要になるが，ナライがこれまでの仕事柄，そうしたことに慣れていたのも大きかった．加えて，こういう地域ではずっといると人間関係が濃くなりすぎて，しがらみのなかで物事を動かすことが難しくなるので，よそ者とか，ずっと外にいた人の方がむしろ好都合だということもあった[9]．

　キムラはナライと初めて会った時の印象を「まだ若そうだが白髪のおしゃれそうな男性」と調査メモに書いている．会ったのは仮設の集会所での行政による集団移転説明会だったが，MacBookを開いてデータを確認しながら，標準語で，慣れた感じで司会するナライの姿に驚いた．翌日昼に詳しく話を聞く約束をして再訪すると，ナライは震災後の経緯を要領よく

話してくれ,復興委員会のチダ委員長にも紹介してくれた.

しかし,その時の一連のやり取りから,キムラは復興委員会と仮設自治会との間に距離があると感じた.特に集団移転の実現をめぐって,ナライが復興委員会のペースの遅さに不満をもち,また防災集団移転促進制度の複雑な条件や手続きを仮設の老人たちが理解できるかを懸念していると,キムラは受け取った.実際ナライ自身は,復興委員会が仮設住民の移転に際しての具体的な要望をきちんと行政に伝えていないのではと不信感を抱いていた.

写真2 ニワの研究室が作成した地図模型を眺める復興委員会メンバー(2012年4月)

振り返ると両者の間に少しズレがあるのだが,ともかくキムラは,防災集団移転に詳しい同僚のカワダに頼み,前浜に来て制度の説明会をしてもらった.またチダから要望のあった地図模型を作成するため,カワダ経由で別の大学に勤める都市計画研究者のニワに依頼をした.カワダとキムラのもとにはそうした作業をこなせる人員も道具もなかった.他方,ニワはまちづくりに関わった経験があり,また研究室に何人もの大学院生・学生もいて,大学の設備として模型作成も可能だった.発想力のあるニワは長期的なビジョンを持って前浜に関わり,また人的ネットワークも広く,フットワークも軽かったので,すぐに3人の中心となった.3人は市役所や近隣地域に「入って」いた専門家らと情報を共有しつつ話し合い,チダの依頼よりも積極的に,復興まちづくり,より具体的には復興委員会と仮設自治会のギャップの解消の問題に介入しようとし始めた(写真2).

こうした動きの背景には,チダが求めるものが「地図模型」以外,そこまで具体的ではなかったことがある.チダは平常時の,行政等への陳情にもとづく基盤整備の手法に関しては熟知していたが,それとは異なる「復興」に関しては専門家の手助けがあると助かる,とも言っていた.また別

方面からチダの独断を懸念する声も聞いたのも理由の一つである．こうして3人は，復興委員会を手助けしながらもまちづくりの進め方を少し修正し，そこに仮設の人々や若者・女性などを含めた地域内のより多くの考えを取り込もうとしたのである．これは都市計画にとっても，文化人類学にとっても，その理念に沿った方向性だったといえる．

　それでは，そこでなされた協働はどのようなものだったのだろうか．

3　協働

3-1　ズレと調整について

　大学側はまず，ニワを中心に上述のような「多様な声の取り込み」を狙いとして，復興委員会の下に実働的な組織として「作業部会」を導入するという提案を行った．現状として地域内の復興に向けてそれぞれの動き（産業や住まいなど）がバラバラに進んでいるが，長期的には相互に調整し，行政の提示する事業メニューを活用しながら統合的な防災まちづくりを進めることが望ましい．そこで前浜を，中心地（仮設からの移転先となる集団移転地と公営住宅を含む），遠隔の各集落，漁業関連（漁港や倉庫など）など空間的に分け，それぞれで比較的若い世代でグループを作ってもらう．そのグループに対して復興委員会事務局が連絡を取って大学側が今後のまちづくりへの要望について複数回のヒアリングを行い，その成果をまとめる．そして各グループの要望を統合して復興委員会に報告し，それを防災まちづくり計画の基礎とする，ということである．

　これは復興委員会の"顔を立て"つつ，仮設からの移転への手続きを進め，かつ「まちづくり」という将来に関わる計画に，地域内の若い人たちの声も反映させるための一つの方法だと，大学側は考えていた．そしてこの案はチダの了解を得て，2012年のゴールデンウィーク頃から動きはじめた．中心となったニワは，ペースを守って進めることが大切だと考え，片道5～6時間かかる前浜に1，2週間に1度，日帰りないし1泊2日で訪問するという（キムラから見れば驚くべき）ペースでヒアリングを進め，半年ほどで各作業部会からの要望をまとめた．

　これは実際の声を集めるのと同時に，大学側にとってはそれまで知らなかった前浜，あるいは漁業を中心とした地域のあり方を多角的に知るため

の手がかりとなった．とはいえ，そのやり方は，それまでキムラが親しんできた方法とは大きく異なるものだった．この作業部会方式において，フットワーク軽く前浜に通い続けてヒアリングを実施するニワとカワダに対し，キムラは2人を素直に尊敬しつつも，やり方の違いに戸惑い，また日程をなかなか合わせることができずに，脱落気味になった（7月に子供が生まれたことで，キムラの関与はさらに低くなった）．とはいえこうしたこの3人の，大学ごとの違い，ペースの違い，役割分担，調査の仕方などの特徴の違いや，どの程度情報が共有されているかなどは，前浜の人々にはそもそもよく分からないものであった．

　ともあれ，こうしたヒアリングを踏まえ，復興委員会の第二次提言書が，翌2013年初夏に市役所に提出された．もちろん，これ自体は目に見える成果である．しかし，最後の提言書作成プロセスに復興委員会事務局として関わったナライは，チダをはじめとする復興委員会と大学側にズレがあり，大学側が作成した文面にチダが大幅に赤入れをするなどして，結果として大学側のまちづくりについての提案が復興委員会側（具体的には第二次提言書の内容）に十分には取り入れられなかった，と見ている．

　上述の通り，はじめにチダが大学側に何をどこまで求めていたのかは明確でなかった．そこに大学側は介入の余地を見いだし，本人からの許可も得て作業部会方式を進めたのだが，それに対してチダや復興委員会側は違和感を持ってしまったようだ，とナライは見る．もちろん大学側の支援の意義もあった．チダは自分が文面でしか書けないものを図面にしてくれたことには感謝していた．さらに学生が来てやってくれた，海岸付近の土地の高さの計測（どこまでが防潮堤で隠れるかが分かる），コンピュータ・グラフィックで防潮堤を景観写真に入れた完成イメージの提示，同じく防潮堤のデザイン案（線を入れたり植栽したりすることで圧迫感を抑える）などは実際に話し合いに役立った．しかしチダは，作業部会のヒアリングで地域の若い人たちに意見を聞くことに懐疑的だった．復興委員会のメンバーの意見を相対化することにつながると考えたのか，あるいは若者が考えられそうなことなど復興委員会側にはもう分かっていると考えたのか．そもそも，大学側がヒアリングで「発見」する内容が，地元の人間として当たり前すぎることだったのかもしれない．復興委員会の副委員長の1人は当初から大学側に批判的で，彼らが書いてきたものを何に使うのか（意味が

ない），というような発言をしていたようだ．

　しかし，ナライに言わせれば，前浜の人たちは不満や違和感を自分たちの間で語り合うことはあっても，相手に直接面と向かって反論することはめったにない[10]．こうしたコミュニケーション不全の結果，大学側が不満を認知し進め方を修正することもなく，大学側の提案を復興委員会できちんと取り上げる仕組みもできないまま，「結局宙に浮いてしまった」．つまり，ニワたちの意見，提案は復興委員会，幹事会で議題として示されず，単なる参考意見のように受け止められてしまったのだという．

　今から振り返れば，そうした事態を避けるためには，何のために作業部会などをするかをより明示的にチダに話し，彼のお墨付きをもらっていればよかったのではないか，とナライは言う——当時の状況を思い出せば，それが容易ではなかっただろうことは明らかなのだが．いずれにしてもここでの問題は，大学側と復興委員会側，さらに言えば大学側の中心として，自分のアイデアを持って取り組むニワと，復興委員会側の中心であるチダの間を調整することができなかったことだったと，ナライは考える．

　しかし，やはり振り返ってみても，そうした調整ができる（あるいは，同じぐらいに重要なことだが，地域の人々からそう「できると認められて」いる）人は，十分にはいなかった．本来は復興委員会の事務局がそれをするべきだったかもしれないが，公民館館長と主事は当時いずれも70歳近く，双方から求められるタスクに疲弊気味であり，その実務に携わった主事は体調を崩して職を辞してしまうほどだった．チダの漁協組合長としての業績，そして復興委員会での実際の働き[11]を考えた時，彼と対等に渡り合える人について，具体的な顔を思い浮かべてみると——地域内の他の顔役や，前浜選出の市会議員たちを含めても——ほとんどいなさそうに思えた．

　そしてこの点で，大学側では本来ニワらと得意分野が異なるはずのキムラも，ズレの把握や調整に十分に役立てなかった．大学側の3人は後になってから，この時の試行錯誤も含めた経験を通じて，チダがイニシアティブを執って物事を決めていくというのが，ここ数十年の間に形成されていた「前浜のやり方」であり，それ以外ではなかなかうまく物事は運ばないのだ，という認識に至った．しかし，この時点では3人の側の「こうであったほうがよい」という思いが，復興委員会側との間に表面化しないズレを生じてしまっていたのである．

こうした結果，地域のしがらみが比較的少なく，また職業柄いろいろな人に配慮する経験があったナライが，体調を崩した主事の後任として駆り出されたのである．ナライ家の息子としてずっと前浜で育っていたら，逆に調整役はこなせなかったかもしれない，とナライは言う．それでもやはり，特に第二次提言書の取りまとめは「胃が痛かった」．

　キムラは，率直に言って，本章のための対話を行う中で，ナライがトラブル回避のためきわめて多くのことに配慮していたことを知り，驚いた．そのメンテナンスは，地域内の"しがらんだ"人間関係を丁寧にバランスを取ることから，大学側の宿泊場所の確保にまで及んだ．仮設自治会だったナライは行政担当者と掛け合って，空室となった仮設に泊まることを黙認してもらい，さらに仮設内では住人の配置を考えて，トラブルが起きにくい部屋を選んで泊まらせていたのである．

　東日本大震災の被災地のなかでは地域と外部からの支援者がはっきり対立してしまった事例はいくつもある．それと比較すれば，前浜では提言書を提出し，現在まで個人的にもグループとしても友好的な関係が継続されているという点では十分に成功例であり，ここでの記述はズレを強調しすぎているかもしれない．しかし，以上は2人の対話でまず出た論点として挙げておきたい．

3-2　成果の還元について

　大学の側では，作業部会の活動が落ち着いてくるのに合わせて，前浜での活動は調査の側面が増えていった．そこではカワダの関心対象である津波避難，キムラの地域社会の変容に加え，2014年から加わったメンバーが伝統的な建築などを調査した．さらには建築を得意とする写真家も関わるようになり，2017年からは民俗学のチームも合流した．このように前浜を対象として学際的なチームが形成され，複数の助成金を得て調査が進められている．

　調査内容をより具体的に言えば，津波当日の避難経路の聞き取りとそのパターンの把握，家屋の実測や部屋の呼び名の調査と，空間の使い方の変化の捕捉，あるいはフッコウチの形成とそこからの集落景観の変容についての聞き取りなどであり，それらは論文や書籍などの形で成果が公刊されつつある．こちらについても，聞き取りの相手との連絡や場所の確保など

にナライや各集落の長にかなり手伝ってもらっているが,そのように「つなぐ」人が間に立ってくれていることもあり,前浜の人々の反応も好意的であり,多くの方々が協力してくれている[12].高齢層は楽しそうに昔のことを語り,青壮年層にとっては断片的に聞いてきた過去の前浜を改めて見直す手掛かりになっているようである.

そうしたなかで,調査成果の地域還元も行われた.一つはカワダが中心となった,中学生向けのワークショップ(課外授業)である.ナライは自分の子供が中学に通っており,また中学校の校庭に作られた仮設に住んでいたこともあって,中学校の教員や生徒と接していた.子供の数が少ないこともあり,地域のなかで教員や生徒たちは顔の見える存在であり,ワークショップがどのようにすれば実現できるかはナライには見えていた.そこでナライが大学側に持ち掛け,ノウハウのあったカワダが応じた.準備は実施の1年前(翌年の授業計画を作り始める時)から始め,校長と話をし,そこから詰めていった.内容としてはニワの学生たちが作成した前浜版の人生ゲームを行った.これは将来に起きうる津波や地域での暮らしのことを遊びながら考えるものであり,具体的なマス目の内容には調査で分かったライフコースが取り入れられている.これは熱意ある教員のおかげもあって成功し,その後少しずつ内容を変えながら継続して行われている.

もう一つは,昭和三陸津波後に「フッコウチ」に建てられた古い民家のうちで空き家になっているところを借りて,2015年と16年の秋に,それぞれ1週間程度ずつ行った展示である(写真3).ニワが中心となって企画・準備し,他のメンバーは内容面で参加した.具体的には,伝統工法の家屋の実測図と解説,昭和津波以降の地域社会の概略,東日本大震災時の津波避難,前浜での復興まちづくりの経緯,がこの順に展示され,さらには写真家による前浜の写真も飾られ,地域の方が持ち寄った記録映像の上映も行われた.この展示は地元の新聞にも取り上げられ,1年目は地域内外から500人以上の来場者があった.前浜全体で人口が2500人ほどであること

写真3　展示会の様子(2015年10月)

を考えれば，かなりの数である．会場では昔を思い出して語り合う人や，遠方から駆けつける人，孫や子供を連れてくる人などの姿が見られた．中学校の先生も協力してくれ，この展示を見に来ることを宿題にしてくれたので，中学生の姿もあった．このことは何かしら前浜の将来につながるかもしれない．

ナライはこの展示は結果論としてよかったと考えているが，いくつかの点も指摘する．まず，「フッコウチ」の民家で実施したことについて．そこでやったのは，物珍しさもあり，前浜以外の人たちを呼ぶ効果はあったのだろうが，前浜の人にとってメリットがあったのか，確かに公民館のホールでふつうに展示会をするより面白かったが，駐車場がなくて来づらかったし，会場としても少し狭かったかもしれない．また何より，準備段階で家のなかのモノを運び出して清掃するのが大変であった．そこに関してやや大学側の見通しや作業分担が十分でなく，清掃のために来たのは学生だけで，全体のイメージも十分共有できていなかったようであった．そのため，心配になったナライがその場にいた人たちに手伝ってもらって何とかした，というのが実情であった．もっと早くから地域の側と共有していてくれればよりスムーズに準備ができたかもしれない．さらに夜が早い地域なので，会場設営も，大学側のペースで深夜まで会場設営の作業をしていたことに対してクレームが出るのでは，と心配した．

また展示のタイトルに「津波」という言葉が使われていたことが，見に来る側に東日本大震災のことをイメージさせただろうことも，懸念事項だった．展示会の案が来た時，そのことを大学側に言うべきか迷ったが，言わなかった．結果的に展示会にあまり仮設の住民が来なかったように見えることを考えると，津波で被災した人，特に家を流された人たちには，まだちょっと抵抗があったかもしれない．さらに，タイトルから連想されるものに反して，建築や地域社会のことが中心的に展示されていたので，もう少し今回の津波での経験や教訓を前面に出してもよかったのではないか．

それでも，このように支援から調査に展開するなかで，その成果が現地に還元されることは（全く問題がなかったとは言えないが）意味のあることだと言えるだろう．またキムラは，この支援から調査，その成果の還元へという展開は，大学側と前浜の関わりが深まり，時間的な意味で視野が広がっていったことで可能になったと考える．つまり，2012年からの1年

ほどは今回の津波対応から復興まちづくり（被災した現在〜今後10年ほどのまちの姿を視野に入れる）であり，次に，昭和三陸津波から東日本大震災までの地域の変容（約80年前から現在）が調査の対象になり，過去のまちの姿が明らかになっていた．そしてその成果を踏まえて，次の津波を見据えた還元を行うことで，過去から未来へ（約80年前から80年後（？）へ）と拡張していったのである．

3-3 行政とのやり取りについて

最後に，直接的に協働に関わることではないように見えるかもしれないが，「復興」に関わる行政のペースのことを挙げておきたい．上述の通り，ナライは家を流された世帯の意向調査に関わった．意向が全て集まって集団移転への参加世帯が判明し，事業が動き出せば，1年ぐらいで高台の整地も公営住宅もできるだろう，と漠然とナライは考えていた．しかし実際にはなかなか工事が始まらず，入居までに予想よりもかなり時間がかかった．これについてナライは，復興委員会に入った頃だったか，チダに，「早くても丸々2年はかかるだろう」と言われ驚いたが，実際にそうだった．おそらくチダはこれまでの行政とのやり取りから推測したのだろうが，そうでない人には行政のペースは分からず，十分に説明がない分，余計に「遅い」と感じたはずである．

この点について，仮設住民からは，移転に関して直接，国とやり取りするのではなく，復興委員会や市役所などが間に入ったことが影響したと考えられていた．それらは媒介してくれるが，逆に意向は伝わりにくくなるし，伝わるペースも遅くなってしまう．その結果として，いったいいつ整地の工事が始まるかの見通しが見えず，自宅を建てるにも建築業者の確保も大変だった．住民の側を急かすだけ急かして意向を決めさせたのに，あれは何だったのか，という思いをナライは持った．このスケジュールに関しては，仮設自治会として働きかけようとしたり，市役所主催の説明会の場で文句を言ったりもしたが，とくに早まりもせず，仮設自治会役員として他の住民から「どうなってんだ」と聞かれてつらかった．

さらに言えば，市役所も，1年目は復興しなければというピリピリ感があったが，それが2年目にはもう感じられなくなり，だんだん消極的になっていたように，ナライには見えた．前浜では，漁港周辺の，かつては住

宅や倉庫などがあった場所の跡地利用に「漁業集落防災機能強化事業」（通称，漁集）という制度の利用を考えていた．当初，この事業はわりと使い勝手がよいという見通しがあったが，実際に具体的に案を出しても市役所が「できない」と却下することが多かった．また，元組合長のチダが期待も込めて「漁協は自分たち主導でやってほしい」と言ったことが結果としてマイナスに働き，漁集への動きは緩慢なものになってしまった[13]．

　以上から言えるのは，「復興」に関わる動きが組織化・階層化することで，住民から国や市が遠くなり，その考え方やペースが分かりにくくなってしまった，ということである．ここはその外にある大学側が何かできる部分だったかもしれない．市長は「住民のみなさんの声を聞いて進めます」というが，実際にどんな事業を行うか判断をするのは市役所である．にもかかわらず，ナライには，市役所には積極的に「被災したまちをこうしよう」というような姿勢が見えなかった．例えば今後予測される人口減少とか産業の停滞などを踏まえて，今後10年，50年後にどのようなまちにするか，という考えが見えず，概して陳情されればそれに対応するだけのように見えたのだ．

　以上，本節では2人で7年間を振り返るなかから見えてきた3つの点についてまとめた．次節では震災から7年が経った現時点から見える「復興」について論じる．

4　「復興」への道？——震災7年目の現時点で

4-1　区切りとその後

　津波からの「復興」は，一つの道のりのように考えられることがある．その比喩に従えば，被災した個々人や地域は，その（決して平坦でもまっすぐでもない）道を歩むことになるのだが，そこにはおそらく，様々な区切りがある．初盆とか，鉄道の再開，震災何周年というのもそうだろうし，住まいの再建もまたその一つであろう（木村 2014）．

　前浜では2015年12月，ナライが中心となり，また大学側も後押しして，仮設住民から中学校への校庭の返還の式典（仮設のお別れ会）が行われた（写真4）．カワダが司会を務め，中学校校長や復興委員会委員長が挨拶し，住民から中学生に花の贈呈が行われた．それぞれの世帯の仮設からの移転

写真4　仮設のお別れ会で，中学生に花を渡す元仮設住民たち（2015年12月）

はそれぞれのタイミングで行われ，その時点でまだ仮設に残っている人に配慮して「静かに」去っていくことが多かった．そのため，こうした会にどのぐらいの人が集まるだろうか，と不安もあったが，当日は仮設に住んでいた90世帯のうち，60世帯以上が参加した．ナライは，この会がうまくできたのは，ほぼ全世帯が前浜の人であり，また前浜の仮設からわりとスムーズに全世帯が退去できていたから，というのも大きかっただろうと考える．他の仮設では退去してもらうのに苦労する話をよく聞くからだ．ただこの参加者の多さに関して言えば，個別の移転事情をナライがよく把握していたことによるものでもあった．

　ともあれこうして前浜の「復興」は一つの区切りをつけることができた．しかしだからと言ってめでたしめでたし，では決してない．ナライが指摘するのは仮設を出てからすぐに亡くなってしまった人たちのことだ．なかにはまだ70代と若い人もいた．なんとか仮設を出るまでは，と気を張っていたのが緩んでしまったのかもしれない，せっかく新居に落ち着けたのに残念だ，とナライは語る．こうした意味で，区切りがつけられることによって，新しい問題も見え始めている．家を建てた分，頑張って働かなくちゃと家人が家を空けるので，朝から夕方まで家に1人でいる老人も増えている．仮設住宅の時はまだ，すぐに他の家の声も聞こえるし，相互に行ったり来たりがあったが，とくに高台のほうでは，家を出ても人と出会うことも少ないし，相互に訪問しあうことも少なくなっているようだ．

　これらは一般に社会福祉という枠組みで扱われるような問題であるので，震災を契機に生み出された問題ではあっても，「復興」という切り口で「仮設自治会」や「復興委員会」には介入することが困難な問題である．この問題のように，「復興」への道のりを一歩進み，ある意味で日常に戻ったようでいて，一部の問題はかえって事態が悪化している．そうした事態に「進む」（あるいは「戻る」）ことが，「復興」への道のりと言えるのだろうか？

4-2　7年前と変わらないまち

　また，震災から7年が経った現在，ナライが強く思うのが，「まちが変わっていない」ということである．これはもちろん津波前からではなく，津波直後に壊れた家々やモノを撤去してから，ということである．それに関してナライは今も，自宅を撤去してしまったことが正しかったのかどうか，思い出しては悩む．震災直後，そのままにしておいてはいけない，道路をふさいで迷惑かけているという気がかりがあって，早々に壊してしまったが，後からゆっくり考えると，決断が早すぎたかもしれない．その時は「早くしないと」というのと，直すにはお金がかなりかかるだろうが，今なら撤去は全部行政にやってもらえる，ということだけが頭にあったのだが．

　ナライの家は上述の通り昭和三陸津波後に建てられた，100坪ほどの大きな家であった．当時まだ珍しかった2階建てで，商売をしていたこともあり，ショーウィンドーすらある，大変洒落たものだった．ナライ家は伝統的に有力な家だったのではなく，ある意味で当時は"新興勢力"だったから，建てた時は近所の人からやっかみも言われたようだ．ナライ家は前浜でもいち早く電話が引かれたし，テレビなど新しい電化製品が来るのも早かった．そんな家にナライの母は婚入し，ナライは子供時代を過ごし，ナライの妻も嫁入り道具一式を伴って入り，子供たちも生まれた．そのような思い出のある家であったのに，「早く」という雰囲気のなか，東京との往復で忙しかったこともあり，ゆっくり考えることもできないまま，そして家財道具もあまり持ち出すことなく，撤去してしまった．

　今から思うと，ナライは，家を壊したことでナライ自身やナライの子供が「前浜に残る」根拠がなくなってしまったように感じる．「墓があるから残る」のような言い方もしばしばなされるが，ナライの実感として，（戸建ての，賃貸でない）家がそこにあるということは大きい．家がなくなると，前浜で暮らすということが軽く，さしあたりそうしているだけのものになってしまう．子供にも戻ってきて住む家がないと，戻って来いと言うことを強く言えなくなる．その感覚は，今暮らす公営住宅ではかなり弱い．

　またもう一つ，自分がまず家を壊したことで，周囲の人たちも，直せば住めたかもしれない家を連鎖的に壊してしまったように思う，とナライは

言う．近所の家がなくなり，自分の家が海から見て一番手前になってしまうという，ある種の強迫観念が，判断に迷っている人にとって壊すほうに傾くきっかけになってしまったのではないか．なかには修理のための見積もりまでしていたのに壊してしまった家もあった．その結果，辺りに更地が広がってしまった．

こうやって素早く壊して，何かよいことはあったのだろうか，とナライは問う．「復興」が遅いのに，先のことも決まっていないのに，家に対しての決断だけ早くしなくてはいけないというのは，おかしかったのではないだろうか？ こうした疑問が7年後になって頭をもたげるのは，今もまだナライ家の跡地やその周辺が更地のままであるためである[14]．「復興」が7年で進んでいれば，そしてその土地が何かしら利活用され，まちが少しでも変わっているのであれば，自分の判断が正しかったと思えるのだけれど，とナライは言う．

阪神・淡路大震災後の1998年に成立した生活再建支援法においては，生活再建とはまず住まいの再建を意味し，自宅の被害の程度と，修繕か再建かに合わせて支援金が支払われる（重川 2015）．その意味で，制度としても暮らしにおける住まいの重要性は認識されてはいる．しかしこの，家のもつ価値──ふるさとであり，自分がそこにいた，先祖が生きてきた証であり，個々の人の生死を超えて地域での付き合いが継続していく──と，家同士の連鎖反応でまちが失われていくということの意味を，きちんと認識することは，「復興とは何か」という大きな問題とも関わる，大きな課題である．

震災の経験は次の災害対応に生かされねばならない．その意味では，この震災で，過去の災害で起きていた問題（孤立集落の発生，避難所の運営，孤独死，仮設住宅の場所確保など）が繰り返されていたのは悲しく，また被災者にとって大きな不満の残る点であった．さらに今回，今述べてきた家のことを含め，津波に関わる様々な問題が現れている[15]．これらをきちんと検証し，今後対応を取っていく必要がある．

4-3 「復興」への「夢」

前浜の経験（まだ途中ではあるが）から見た時，「復興」とは何だと言えるだろう．前浜の人が目指したものであり，大学側としてもそれに向けて

支援したはずの「復興」に向けて，前浜は進んでいると言えるのだろうか．

　この問いの答えはYesであり，残念ながら，Noでもある．仮設からの移転，あるいは（本章ではほとんど触れていないが）漁業関連施設の再建などは一応完了した．それを「区切り」とし，それ以前よりは前に進んだ，と見ることはできる．しかし，本節で述べてきたように「進む」なかで別の問題も現れてきている．だとすれば「進む」とは何なのか，そもそも，前浜は，被災地は，どこに向かって進んでいると言えるのだろうか？　復興，復興とスローガンのように言われてきたが，その中身はどうなっているのだろうか．単に「元に戻す」だけでなく，「よりよくする」ということがどこまでしっかり考えられているのだろうか．また次に何かあったときに，今回の失敗や成功を生かして，今回よりもよい対応をするということがどこまで考えられているのだろうか．残念ながら，個々の「区切り」となる具体的なモノの建設や出来事を越えて，それらが位置づけられているはずの大きな「復興」という，前方に向かって進む道のり，ストーリー（清水・木村　2015）は，人々の間でリアルなものとして共有されているようには見えない（本章において復興をカギカッコ付きで表記しているのはそのためである）．

　前浜において復興委員会主導で進んだ動きについて，ナライは，今から考えれば実利的で成果もあったが，もっと夢があってもよかったのでは，と言う．近隣の別のまちでは，ある大学が支援して，地域を一から全部作り直し，スポーツ施設なども建てるという，壮大な復興まちづくりの絵を描いた．前浜ではそれを非現実的だと笑う人もあったが，しかしそこには夢があった，とナライは言う．もちろんすべてを実現することはできないだろうが，スポーツ施設の一部は市の事業として実際に作られつつある．その意味で，夢みたいだからと言って，まったくの嘘になるわけではなく，その夢を契機にして実際に地域が変わっていく可能性もあるのだ．

　前浜でもリーダーを中心に，そうした未来に向けた夢を描いて，住んでみたいまちにするようなことも必要だったのではないだろうか．そうしたものなしには，「復興」は目指すべき方向が分からなくなり，単なる復旧にとどまってしまうのではないか．

　4-1でも述べた通り，しだいに日常へと移行しつつあるなかで，どのような形で夢を語り，共有していけるのかということは，震災後7年目にお

ける重要な課題の一つである．

5　おわりに——公共人類学について

　以上本章では，前浜での「復興」に関わる活動について振り返ってきた．ここで木村の立場から公共人類学について考察し，結論としたい．
　前浜の事例においては，人類学者（木村／キムラ）のできたことはわずかであった．その理由としては，まずはそこに関わった人類学者の個人的な能力の不足が大きいだろう[16]．だからこの無力さを一般化して論じるのは間違いかもしれない．だが，そのうえで（それを棚に上げて）目を向けたいのは，「復興」のペースの問題である．公共人類学においてスピードの問題は繰り返し話題になってきた．そして「人類学はスローである」「スローであるなかでできることを」ということが主張されてきた（山下 2014；清水・木村 2015 など）．こうした指摘，主張は決して間違いではない．しかし本章で取り上げてきた事例のように，現場ですでにペースが規定されており，それに対して現地の人々が「早すぎる」「遅すぎる」などと感じているなかで何かしようとする——特に，他の組織や人々の間を取り持つこと（Kimura 2012）——のであれば，人類学者には，調査にせよ何にせよ，「スローである」以外のモードをもつことが求められているのではないだろうか（cf. 高倉 2014）[17]．
　これは言い方を変えれば，必要になるのは，人類学のモード，リズムを多様化すること，そうすることで／それと同時に，現場のモード，リズムを多様化することだと，木村は考える．「人類学のモードの多様化」は，人類学が得意とするやり方からいったん離れるということでもある．人類学的な知見や得意技を何とか現場で生かそうとするのではなく，現場の様々な当事者・活動に合わせて，いわばアマチュアとして関わっていくなかで，やれることをすること[18]．
　これについては三つのことを挙げたい．まず「地域とのコミュニケーションのモードを多層化すること」．前浜の事例では大学側がまとまってしまうことで，現地とのズレが見えにくくなっていた．これは「ペースについていく」ことと矛盾するようではあるが，外からやってきて現地と協働しようとする人々のなかで，意図して異なるリズムで，また異なるチャン

ネルで，現地とやり取りすることで，活動のズレを把握し，軌道修正がしやすくなる可能性がある．例えば前浜においてこうしたズレの一つとして西風が後悔しているのは，4-1 に関わることだが，高台移転の町並みに関して，住民だけで意思決定してしまい，今後を見据えた工夫（人が集まる場を作ったり，獣害など周囲の環境への対策をしたりする）がうまくできなかったことである．その辺りについて，大学側では住民に任せて引いていたが，振り返って考えると，専門家の知恵を借りるべき点だったと西風は考える．

　そして，「新たなつながりを作ること」である．前浜の事例で木村が同僚を連れていくことで大学側の支援が開始されたが，3-3 でもふれた通り，外部者は階層の外にあり，また自分のネットワークを使って，公的復興のなかで階層をスキップして情報や意向を伝えられる可能性がある（逆に無視されてしまうこともあるが）．そうした人的ネットワークによって問題の打開を図ることは，とくに専門的な知識がないなかで目指しうる方向であろう．本章でも述べてきたように，地域の人材はどうしても限られている．そうした状況において，新たなつながりを付け加えることはやはり，重要なことである．

　そして三つめは，人類学の基本に戻るようだが，「関わり続けること，そうするなかで，無理のない形で，現地に別のリズムを作り出すこと」である．3-2 の末尾で述べたように，持続的な関わりのなかで地域の状況や課題，その緊急度は変化していく．それに付き合いながら，自らの視野を変化させ，変化させた視野によって，現場に働きかけること．このことは「夢」の問題ともつながるはずである．外部者でありつつ，しかしできるだけ多様なリズム，チャンネルでできるだけ深く地域と関わりながら，夢を表現すること．

　本章の筆者 2 人にとって，これまでの経験を後悔や失敗も含めて振り返り，現状と向かい合い，これからを考えながら本章を協働で作成することは，それぞれの仕方で，苦しいものであった．本章が読者に何かしら意味のあるものとなっていることを願う．

注

1) 木村がこの地域に来たのは田中聡氏（常葉大学），佐藤隆雄氏（安全・安心な社会創造研究所）の助けによる．改めて感謝したい．
2) 対話は2018年1月〜3月の間に3回，および2018年7月に2回，計12時間ほど行った．また適宜，これまで訪問した時に取ったノートを参照している．
3) もちろん「聞き取り」と「対話」の境界線は，実際は曖昧であり，どちらなのかという判断は主観的なものにすぎない，という批判もあるだろう．この点についてはまた稿を改めて議論する必要がある．執筆に際し，木村は，2人の対話に第三者に加わってもらい，その人に記録・執筆してもらうことも考えたが，適切な人を見つけられなかったため，この方式を断念した．
4) 実際にはこの地域を実名で扱った文章も多数発表しているので，少し調べれば地名などは明らかになるだろうが，本章はあくまでも「とある一つの事例」として読んでいただければ幸いである．また，結果として本章はいわゆるエスノグラフィーとオート・エスノグラフィーとの間にあるような文章となっている．この点についても稿を改めて論じたい．
5) もちろん家の残った人たちからの様々な支援はあったが，少なくとも数年間は，家を流された人／残った人の間には，深い精神的な距離感があったと言ってよいだろう．
6) もう少し正確に書けば，防潮堤の高さはいったん，国の方針（津波の規模を二種類に分け，数十年から100年に一度起きるレベルの津波をL1，数百年に一度発生するレベルをL2とし，防潮堤はL1の高さを基準とする）に従うことで2011年に確定していた．ただ前浜の中心部では防潮堤は県，跡地利用は市の管轄だったが，後から見れば両者の連携が十分でなかった．そのため2013年に跡地利用の話が具体的になることではじめて，防潮堤の問題点が住民側の理解するところとなり，「待った」がかかったということである．地域内の議論と行政との折衝の結果，高さは当初案より2メートルほど低くなった．
7) 自力再建の人々はもっと早い段階から仮設を出て行っている．
8) 仮設内についていえば，ほぼ全世帯が前浜の人だったこともあり，大きなトラブルもなく，他の大きな仮設と比べると問題は少なかったかもしれない．
9) 実際，避難所でのリーダーとなったのも，前浜出身者ではなく，前浜に婚入した人であった．
10) だがそこで明示的な反論がないからとそのまま進めていると，いざという時に「彼らが勝手にやっていただけ」と「はしごを外されてしまう」こともある．
11) ナライは，チダについて「東京で見てきたそのへんの社長さんよりすごい，勉強になる」と語った．キムラもチダと何度も話をしているが，漁業を中心とした前浜の来歴や，行政の政策や補助金がどう使えるか，行政をどう動かせるのかなどに関するチダの理解度や明快な説明能力は，明らかに前浜のなかで抜きんでていると感じた．そして彼が様々な理由で勇退した後，彼のように動ける人は出てこなかった．
12) とはいえキムラは一度トラブルを起こしかけた．伺った内容を確認するつもりで清書したものを印刷して持っていき，関わった方に集まってもらってお渡しし，問題

があれば修正するのでご連絡ください，と伝えた．その場は何事もなく過ぎたが，後から，それを読んだ方の1人から，プライベートな事情を活字にするとは，と怒りの電話があった．キムラの至らなさは当然あるとしても，プライベート／パブリックの境界の曖昧な地域社会で，何をどう公表ないし共有するかはつねに難しい問題である．

13) この漁集については，市役所に外から来ている応援職員がちょうど前浜の仮設住宅を借りて住んでいて，彼の助けもあったのだが，彼と他の職員との連携がうまくいかなかったようであった．そのため彼の努力はあまりプラスに働かなかった．

14) ナライは防災集団移転促進制度での移転であるので，元の宅地は市役所が買い上げている．しかし（と言うべきか），広い土地であったが，その金額は高くはなかった．

15) その一つは土地の問題である．多くの災害では原地での再建が可能だが，今回は移転のため，元の土地を法的に売却可能な状態にする必要に迫られる人も多かった．しかし都市中心部でなく，比較的流動性の低い土地においては，土地登記された時期がきわめて古く，所有者の把握がきわめて困難なケースも多くあった．このことはますます「復興」の道のりを困難にした．

16) 対照的なのは，役場案に対抗する別のまちづくり案まで作成した竹沢の取り組みだろう（竹沢 2013）．

17) 現在の研究者が置かれている状況（業務過多であったり，あるいはポジションが不安定で活動資金が十分でなかったり）を考えると厳しい課題であるのだが．

18) これは別の稿で，人類学者に「しか」できないことでなく，人類学者「にも」できることをする，と表現した（市野澤・木村・清水・林 2011）．

参考文献
【和文文献】
市野澤潤平・木村周平・清水展・林勲男（2011）「東日本大震災によせて」『文化人類学』76（1）: 89-93.
木村周平（2014）「人類学は震災とどう関わり，何を記していくべきか」『季刊民族学』148: 68-72.
重川希志依（2015）「制度の充実と被災者の主体化──生活再建をめぐるせめぎあいの20年」清水展・木村周平（編）『新しい人間，新しい社会──復興の物語を再創造する』pp.199-232，京都大学学術出版会.
清水展・木村周平（編）（2015）『新しい人間，新しい社会──復興の物語を再創造する』京都大学学術出版会.
髙倉浩樹（2014）「結　東日本大震災に対する無形民俗文化財調査事業と人類学における関与の意義」『無形民俗文化財が被災するということ──東日本大震災と宮城県沿岸部地域社会の民俗誌』髙倉浩樹・滝澤克彦（編），pp.290-311，新泉社
竹沢尚一郎（2013）『被災後を生きる──吉里吉里・大槌・釜石奮闘記』中央公論新社.
山下晋司（編）（2014）『公共人類学』東京大学出版会.

【欧文文献】

Kimura, Shuhei (2012) Lessons from the Great Eastern Japan Earthquake: The public use of anthropological knowledge, *Asian Anthropology* 11: 65-74.

第 9 章

津波被災後の稲作農業と
復興における在来知の役割

高倉 浩樹

1 はじめに

　本章の目的は，2011年3月11日に発生した東日本大震災以降の津波被害地域の農業復興に関する文化の役割の解明にある．宮城県の事例を対象に，津波による地元の圃場への影響と，在来知がいかに農業再建に貢献するのかを明らかにしたい．

　社会（文化）人類学者は，自然災害を自然の外力に対して社会文化システムの不完全性が顕在化した過程と見なしている．それは事件ではなく社会的なプロセスと考えることである．災害は，社会が混乱に直面したときの対応や回復力を観察することのできる稀な機会であるが，それゆえにある時点の所与の共同体における社会的機構の本質が明らかになる（ホフマンほか 2006）．東日本大震災と津波の事例では多くの人類学者が，災害に遭遇した文化的持続性の役割，アイデンティティや道徳（ギルほか 2013），祭りや芸能（植田 2013，Lahournat 2016），儀式や宗教（滝澤 2014，Kimura 2016）の面から考察している．本章の関心に近いのは，沿岸漁業地域でのレジリエンスや在来知についての研究である（Delaney 2017，Ueda et al. 2012）．ただこれは被災後の社会文化過程の記述的研究に留まっている．

　在来知は災害リスク低減研究という応用的分野でも議論されている（林 2016，Marin 2010，Oliver-Smith，2013，Speranza et al. 2010）．この領域は，国連などでも検討が進められている．学際的アプローチや政策指向も含むこの領域が本格的に始まったのは，2004年のスマトラ島沖地震によるインド洋津波であった．政策立案者や研究者は，災害リスクを低減させるための教育に効果的な媒体として，自然災害についての地域の口述伝承などの在来知に着目するようになった．画期的だったのは，2008年刊行の『災害のための在来知――アジア太平洋地域の経験からの実践と教訓』と題する，国連国際防災戦略事務局（UNISDR）による出版物であった（UNISDR 2008）．この本は在来知が災害前（予防）と災害後（回復）の両方で，災害リスク低減に効果的な媒体となる可能性があると強調している．人によっては，在来知など災害リスク低減に関連しないと考える人もいるかもしれない．その批判は部分的には正しいが，在来知のなかには，確かに災害に関連するものがあるのも事実である．ただそうであってもその知識は文化固有のものであり，他の文化の人々によっては理解されにくい場合がある．

それゆえこの書籍の執筆者は，アジア太平洋地域に継承されてきたリスク低減に関連する適切な在来知を見出し，文化や地域を超えた広い文脈における適用性を検討している．というのも在来知には，時代を超えた独創性と適応性と同時に，実践的な技能や素材等も含まれているからである (UNISDR 2008: V-VII)．

国連機関がこのような取り組みを発表したことはその後の研究展開にも影響を及ぼした．例えば，震災後の住宅再建における伝統文化の役割を解明した研究があり (Pasupleti 2013)，岩手県での津波を生き残る方法の口頭伝承は「津波テンデンコ」として知られている（矢守 2012）．ヒワサキらのグループによる研究は，在来知と科学的方法論を統合した参与型アクションリサーチを提唱し，災害リスク低減政策に対する社会的文化的側面からの貢献を明示している (Hiwasaki et al. 2014)．日本では一般的に災害リスクが防災という言葉に集約されるが，災害リスク低減研究においては，震災以前と以後は双方とも重要であり，在来知の役割もそのような観点から理解されなければならない．そして在来知の記録と分析において，人類学が果たす役割は大きい．この点で災害研究における在来知の蓄積は，人類学者と政策立案者が共同しうる領域なのである．

本章の目的は，災害後の農業復興プロセスに関連する在来知の性質を解明し復興政策への役割を考察することである．読者のなかには在来知というと，変わらない伝統を連想されるかもしれない．しかしながらこうした考えは近年の社会科学のなかでは否定されており，変わらない伝統などない．むしろ在来知は「動態的で複雑であり，日常的な社会的出会いのなかで生成し，再生産される」ものなのだ (Hiwasaki et al. 2014: 17)．本章は在来知の動態性と複雑性を探り，災害復興過程でいかに機能しているかを検証する．特に在来知と災害後の復興政策の相互作用を詳述し，農業に関わるレジリエンス[1]の過程を明らかにする．最後にその知がいかに災害復興に寄与するか考察した上で，政策的な示唆についても探索したい．

2 地震と津波

2-1 農業復興政策

災害直後，水田には瓦礫が積み上がり，海水による塩害被害をもたらし

た．死者，農業機械の損失，農地の被害，そして震災後沿岸部は津波危険地域として居住が制限されたため，農業人口は著しく減少した．震災から7年が経過し，政府や自治体は様々な復興政策を講じてきた．ほとんどの農地は栽培可能なまでに復旧したが，農業人口は震災前の水準まで回復していない．理由の1つは農業人口の高齢化であり，これは災害以前から継続する問題である．津波による影響を受けた農村の一般像は，農地が復旧したにも関わらず，若い世代を含めて農家が十分いないことである．それゆえの政策的措置は，大規模農家の創出つまり，農業の担い手（集団または個人）毎の耕作地の増加を促進させるというものであった．政府による政策目標は，少数の農家がより大きな面積を耕作し，労働効率の向上化にある．

2-2 山元町

調査地である山元町は，宮城県の最南端の沿岸地域に位置し，福島県に隣接している．災害前の人口は16,704人であった．主な産業は農業および漁業で，特にイチゴ，リンゴ，ホッキ貝で知られている．とはいえ最も重要な農産物は米である．稲作による純収入はそれほど大きくはないが，農地の72%が水田であり地元農業の基盤である．山元町は仙台市からは通勤電車で約30分の距離にあるため，都市部の郊外という位置づけもある．長く浅い海岸の景観は美しく，観光にも適している．

3月11日の地震と津波は，低地の長い海岸線を襲い，住宅・事業所・農地を流し去った．浸水面積は24,000平方メートルであり，この面積は山元町全体の37.2%にあたる．町の人口は2,913世帯8,990人であり，この内 636名が死亡し，3,302世帯の家屋が破壊されたか深刻な被害を受けた[2]．町の農地の80%が浸水した．2010年には1,440ヘクタールの面積があった水田は，災害後の2011年には，約54%の損失となる657ヘクタールにまで減少した．園芸作物農地の損失率は23%であり，水田の損失率よりも相対的に低い．町はイチゴ農家に対する資金援助を決定し，統計を見る限り回復に一定の効果があった．しかしながら稲作被害は，人口構造と土地所有が大きく変化したため，複雑かつ深刻な問題となっている．

山元町は，2018年までに津波前の水準を達成するための農地復旧計画を策定した（第4回山元土地利用計画，2013年）．2014年の統計（山元町

2015）によると，水田は 1,040 ヘクタールに達し，復旧率は 63% であった．もう 1 つの問題は農業人口である．震災以前から過疎化・老齢化・小規模経営者比率の高さなどがあった．宮城県では 2010 年から 2015 年にかけて，農業人口は 15.7% 減少し，65 歳以上の農家はこの人口の 59.7% を占めている．農家数の 53% が 2 ヘクタール未満の経営面積であり，5 ヘクタール以上の農家は増加傾向にあるとはいえ，その割合は全体の 4.6% でしかない．平均農地区画面積は 0.3 ヘクタール未満で小規模農家が圧倒的多数である．

　高齢化と津波被害による労働力不足のため，政府は効果的土地活用のための農地統合を促進する新制度を導入した（大泉 2014：177）．2013 年 12 月に，農地の仲介経営を促進する「農地中間管理事業の促進に関する法律」（平成 25 年法律第 101 号）を採択している．これにもとづき，すべての都道府県は土地仲介のための特別法人「農地中間管理機構」を組織した．農業再建の鍵となる政策は，大規模農地を経営する農業経営体（個人を含む）を増加させることであった．

　山元町は，2015 年に数ヵ年にわたる米生産の再建策を発表した．この計画の 1 つは，農地の統合である．行政が積極的に介入し大規模な農家に対する土地の賃貸を推進している．対象は 937 ヘクタールの浸水地帯にある約 580 ヘクタールの水田である．他には大規模な農家を対象とした農機具支援がある．町が大規模な 10 の米作農家を選定し，米の生産／収穫と乾燥のための特殊機械を無償で 5 年間リースした．こうして山元町では，2015 年春には，270 ヘクタール以上の田植えを再開する計画となった（山元町 2015）．

3　方法

　稲作の在来知に焦点をあてた先行研究を整理することで，そこから得られる視点を基に分析方法について考えたい．日本の稲作についての人類学的研究は現在，盛んとはいえないが，かつては民俗学も含めて重要な課題であった．これらは大きく 4 つに分けることができる．1 つ目は，日本文化を対象にした人類学研究であり，稲作が日本の文化と日本人のアイデンティティの要であることを強調する．また高度成長時代以前の伝統的稲作

に関する技術や米をめぐる宗教観なども明らかにされている（エンブリー 2005，大貫 1995，ベフ 1977）．2番目は，東アジアや東南アジア農村地域との比較による日本の稲作文化史の探究である．この領域は民俗学に端を発し，儀式や世界観に着目しながら，稲作文化の歴史を民族学的手法で分析するというものであった（岩田 1966，杉山 1996，田中 1987，柳田 1969）．3番目は，民俗学分野において，機械化以前の伝統的知識と技術を記録する研究であり（小川 1997，竹内 1976，早川 1973），これらは文化記録としての価値を有している．4番目は，民俗学を中心とした近年の動向である．1つは水田における副次的な漁労などに着目し，複合生業と環境保全に関わる文化として稲作を捉え直す研究である（安室 2012）．それ以外に現代社会の兼業農家と専業農家の労働感（渡部 2008）や生産に関わる新技術の導入における社会変化の解明がある（石本 2014，渡部 2005, 2011）．

　これらから日本の稲作の文化的価値や社会的位置づけ，歴史的変化を理解することができる．特に3番目の民俗学による稲作技術の記述に関わる先行研究は，稲作に関する在来知を分析する上で示唆的である．先行研究（竹内 1976，早川 1973）によれば，米の栽培過程は「播種と田植」「成長管理と除草」「収穫」の3つの段階に分類することができる．竹内（1976: 28-32）によれば，収穫に関わる過程（例えば脱穀）は20世紀初頭にほとんど機械化されたという．一方，播種の機械化と成長管理に関わる化学肥料および雑草殺虫剤の導入は，1950年代以降の高度成長以降であった．本論文では特に稲作栽培における3つの過程に留意しながら，在来知について記述・分析する．

　本研究の民族誌的資料は，2012年から2015年にかけて30回ほど行われた山元町での人類学的フィールドワークにより収集された．筆者は，本研究開始以前の2011年から2013年にかけて，宮城県による委託を受けたプロジェクトの一環として，津波被災地の無形文化遺産，特に神楽に関する調査を実施した．神楽保存会のメンバーの多くは農家である．津波被災の調査を行うなかで，彼らの生業である農業について研究を始めることとなったのである．津波地域における農業調査を始めてからは，地元の農協や技術専門家から聞き取り調査も行った．これらの面談調査から得られた情報のいくつかは，先に述べた地方農業の被害と復興政策に関する一般的な情報の考察のなかで提示されている．

農業復興調査を進めるなかで，筆者は在来知がレジリアンスに寄与しているのでは，と考えるようになった．農業実践と知識を詳しく知るためには，たくさんの農家に対する量的調査より，聞き手を絞って継続的な調査の方が好ましいと判断した．そこで焦点をあてた2人の農家を選び一緒に水田を継続的に訪問する方法を採用した．前述した稲作の3つの作業過程を想定し，1過程毎に複数回の現地調査を実施することで，農作業の理解を深めることを目指したのである．この方法を採った理由は，被災地ゆえであり，また筆者の暮らす場所と調査地は車で1時間ほどの近距離にあったためである．調査開始時期には，多くの人々は仮設住宅に暮らしており，物理的および倫理面で，典型的な参与型観察を実行するのは困難であった．

　2人の農家は震災以前に祖先から受け継いだ土地で，副業として小規模農業に従事していた．現在彼らは，企業での勤めを退職し，農業中心の経済活動を送っている．そして農業政策的には中規模または大規模農家に分類されている．その意味では文字通り震災復興政策のなかで活発に稲作を行っている農家なのである．1人目の農業従事者の高橋氏（仮名，1945年生）は，津波から大きな被害を受けた山元町のなかでハマ（沿岸）地域に住んでいる．彼は自宅と農業機械のみならず，家族5人を失った．近隣農家の多くは米生産をやめるなか，耕作水田を津波前3ヘクタールから30ヘクタールに拡大した．もう1人の農家，安達氏（仮名，1943年生）は，オカ（山側）地域に住んでおり，財産の被害はほとんどなかった．彼は以前，1.5ヘクタールの先祖代々所有する土地で耕作しており，現在は3.5ヘクタールの農地を経営している．ハマとオカは地元の人々による民俗概念である．彼らの増加分の区画はいずれも，地元の人間関係をベースにした非公式の賃貸だが，ネングと呼ばれる手数料は毎年支払われている．

　震災後に2人が増やした水田区画は，2011年の津波浸水区域に位置している．重要なのは，増加分の圃場は震災以前からの彼らの水田から地理的に離れていることである．増加分は点在しているのだ．政府が進める大規模経営農家促進策は進んでいるがそれはあくまで書面上のことである．数値的には農業経営体当たりの耕作面積は増加しているが，少なくとも本事例の場合，水田の区画サイズは以前と同じである．つまり農家は，地震前と同じ労働力で増加した複数の小規模水田の耕作を行っている．仮に増加した面積の水田が拡張された一区画の圃場であるならば，政府が進める

機械支援は効果的であろう．しかし津波浸水地域では水田の区画整理は進んでおらず，支援された機械の効果は限定的である．

　本章が明らかにするのは，農家がこの複雑な条件にどのように適応し，その過程で米生産における在来知の役割をいかに発揮しているのかということである．

4　近年の技術動向

　米生産は国内外の市場で競争にさらされており，技術革新は恒常的である．ここでは本章に関わる種籾に関する2つの重要な技術革新について説明する．1つは種籾管理の方法であり，もう1つはハイテク種籾の出現である．

　人類学者・大貫恵美子の研究で指摘されているように，伝統的な日本の農民にとって先祖代々の種籾を受け継ぐことは経済と文化の観点から重要であった．それは独自の味を持つ米を生み出す種という意味で生物学的多様性に貢献する一方で，イエのアイデンティティを作り出す源だったからである（大貫 1995: 29,181）．しかし宮城県では1978年から米の品質管理を目的に，古川試験場で集中的に種籾の生産が開始され，山元町においては上記の伝統はほぼ消滅した．1970年代以降，日本の消費者はササニシキやコシヒカリなど独特の味と香りを持つブランド名で米を買うことを当然視するようになった．これらは雑多な種籾が混じり合ったハイブリッド種ではないし，どこかの農家が収穫した種籾をそのまま使うわけではない．農家は，特定の圃場で交配管理された種籾を商品として購入し，栽培するのである．

　種籾には種類がある．伝統的には出穂（しゅっすい）の時期に応じて3種あり，それは早稲（わせ），中稲（なかて），晩稲（おくて）である．これらの言葉はいうまでもなく日本文化に組み込まれている．例えば，早稲は早熟の子どもを意味し，晩稲は反対を意味する．これらの3つの伝統的種類は現在でも継続されている．山元町には現在9種類の「ブランド」種籾があるということだった．地元の人々によれば，7月15日から20日の期間に出穂する早稲は1品だけで，それは商品名キララである．7月下旬から8月10日の期間に出穂する中稲は5品あり，それぞれモチゴメ・ツヤヒメ・ヒトメボレ・ササニシキ・マナム

スメである．最後に出穂する3品のブランドは，コシヒカリ・カグヤヒメ・ミルキークイーンである．これらは，8月13日から15日までの期間つまりお盆の時に出穂する．ブランド種籾はそれぞれ早稲，中稲，晩稲に範疇分けされているが，独特の味とわずかに異なる出穂期を有し，市場価格も違っている．この意味で種籾の選定＝購入は，市場評価，天候，労働力など様々な条件を考慮しなければならないものであり，農業生産にとって重要な要素なのである．

　農家はどのように種籾を購入するのだろうか．住民からの話を聞いていた筆者が理解したのは先物取引であることだ．基本的には，種籾は受注生産であり，農家は5キログラム単位で種籾を先行注文する．注文期間は2月で，春からその生産が始まり翌年の3月に納品される．注文の修正やキャンセルはできない．調査を行った安達氏は，このプロセスを次のように説明している．

> 昔は，自分の種籾を3から4年ぐらい使って，時々農協で買ってきてというふうに自分で工夫した．昔は自分用種籾を残すのでたくさん米をとった．今は売る分だけ作る．（中略）このあたりは梅雨開けしない年も多い．早く穂を出すやつがいいか，遅く出すやつがいいか，悩む．コシヒカリは冷害に強い．米の品種での早い遅い，さらにいつ発芽させるかも重要．植える時期を考えて，ずらして蒔く．（2014年7月24日）

　種籾の先物取引にこのような特徴があるため，農家は労働条件と事業戦略を考慮して9種類のなかから1つ以上の品種を選択する．これらの決定は，自然条件と市場価値を熟慮しながらなされる．種籾の種類が異なれば作業工程も変わってくる．

　調査をしているなかで驚いたのは，ハイテク種籾の存在である．地面に直接播種するための鉄コーティングされたものである．日本の水田稲作は田植えが基本である．現在の農家は一抱えできる大きさのプラスチック製容器（育苗箱）を苗代とする．種籾を植え，ある程度育った後に，田植機に設置して水田に移植する．一方，水なしの田んぼに種籾を直接植えるのは直播と呼ばれる．米が芽を出して少し成長すると，農家は田に水を引く．

これが種子を鉄でコーティングする理由である．たとえ湛水しても，鉄の重みで種籾は浮遊せずに地面に根を張る．コーティングのもう1つの理由は，鳥害対策のためである．なお直播による播種には，ヘリコプターか播種機いずれかを用いる．ヘリコプター播種は迅速かつ広い農地において少労働力で播種が可能となる．播種機は時間がかかるが，種籾は列に並んで播種され，ヘリコプター播種よりも収穫量は多い．

鉄コーティング種籾による直播または直接播種は新技術であるが，直播自体は田植えと同様に伝統的な方法としてよく知られている．民俗学では，直播を畑作との関係や水田稲作以前の耕作法として見なしている．ただ伝統的な直播は1960年代までに国内で消滅した（小川 1995）．現代の直播は復活ではなく，米国のカリフォルニア稲作起源のものである（山内 2010）．政府は導入を進めているが，日本では一部の農家が行っているに過ぎない．ある農学者によれば，近年の直接播種技術は，労働効率を30％向上させ，農家の耕作面積管理の拡大を可能にする．田植えと比較した直播の欠点は，10％の収穫量の減少である（下坪 2014）．

農林水産省は災害復興の政策として，大規模な稲作を発展させるため直播の推奨を行っていた．2014年8月25日の山元町農協職員との面談調査では，政府は米の耕地削減政策を実施しているが，農家が直播方式を実施すれば，区画あたりの稲作面積の15％削減と見なされる．農家が政府方針に従って米の栽培面積を減らせば補償の対象となる．とはいえ山元町では極わずかな農家だけが直播―直接播種法を採用しており，地域の総米生産量のわずか5〜6％程度だという．

5 在来知

5-1 播種と植え付け

復興農業に見られる特徴は，人手を増やさず栽培面積を拡大した農家が出現したことである．彼らはどのようにそれを実行しているのか，先行研究で説明した稲作技術における3つの作業過程である播種（田植）・成長管理（除草）・収穫に即して，その技術を民族誌的に記述しながら，農業復興における在来知の役割を明らかにしたい．

2人の農家は震災後になって従来行ってきた移植つまり田植えに加えて，

図 1：2014 年 7 月 4 日時点の高橋氏管理水田の多様性

直播栽培を行うようになった．ただそれはいずれも部分的な導入であった．高橋氏は，その理由を次のように説明している．

> （直播と田植えをまぜて行う理由は）収穫時期が異なってくるため．移植（田植え）は 10 月はじめから刈り取りが出来る．これに対し直播は 10 月 20 日ぐらいからとなる．時間差で仕事の分散が出来る．時間差を作るためには，もう 1 つの方法がある．品種をかえる事．しかしこちらは難しい．消費者は品種の区別に敏感なので，コンタミ（品種が混じっていること）だと売れない．しかし完全に分離するのには，機械を掃除しないといけない．ちょっとでもまじっていればダメ．だから結果として品種をいろいろと変えることは難しい（2014 年 7 月 4 日）．

高橋氏は 2014 年の播種において，3 品種の種籾を選択し，2 種類の植栽方法を採用した．図 1 は 2014 年 7 月 4 日の水田の写真を，地図で表示したものである．写真には GPS 情報があるため，それぞれの水田状況を地

坪あたり70株
株間9cm

坪あたり40株
株間14 cm

坪あたり37株
株間20 cm

図2：1坪あたりの株数の違い（2014年7月24日）

図で表示した．写っているのは移植によるツヤヒメとマナムスメである．高橋氏が最も多く生産しているのはヒトメボレだが，これを移植と直播に分けている．

　植栽法や種籾の種類によって，農作業の時間をずらすという作業は，一見今日的な農業技術開発に依拠しているように思われるが，これは正しくない．安達氏は1960年代の機械化以前に存在した2つの育苗法を教えてくれた．これらの方法を用いることで，農作業の時間シフトが可能だった．1つは保温折衷苗代法といい，苗代となる特定区画の田に種籾を直接植え，苗を油紙等で10から15センチメートルに育つまで覆う方法である．もう1つは水苗代法といい，特定区画の水田で種籾を植え育てる方法である．苗が高さ10から15センチメートルになるまで生育してから，苗代から取り出し，別の水田区画に植え付ける．保温折衷苗代法は水苗代法よりも発芽が2週間短い．安達氏によると1960年代に稲作機械が導入される以前は，このような時間管理の能力が重要であった（2014年7月24日）．

　稲作農家は，米を植えた後の水田において若い米が根を張っているかどうか確認する必要がある．2015年5月21日に安達氏が見せてくれたのは，田植え後3日後の水田の苗である．そこには2色の根があった．白い根は育苗箱で伸びたものであり，茶色の根は苗が水田に根付いたことを示している．2種の根を目視することで田植えの成功を確認するのである．

　農家が可能なもう1つの選択肢は，稲の株と株の間の幅を決めることである．現在農家は，田植え機を利用するが，その機械において株間の幅を設定することが出来る．これは1坪単位において投入する種籾量が反映する．株間を狭くして一区画に多くの種を植えることは，当然購入コストが

高くなる．図2は高橋氏の水田において選択された3品種の株間幅を示している．農家の人々はこの幅の選択を幅の長さによって表現するのではなく，1坪に何株を植えたのかによって表現する．1坪につき70株を植えた場合，田植えの2カ月後の苗の幅は9センチメートルになっていた．40株で14センチメートル，37株で20センチメートルだった．山元町の農家のほとんどが，地元農協による推奨値である70株を選択している．

しかしながら，本研究のインフォーマントは，坪あたりの株数を減らすことを選択した．安達氏は40株，高橋氏は37株である．彼らは種籾のコストについて非常に敏感である．高橋氏は，その理由を次のように説明している．

> 今回挑戦しているのは，1坪に37株植えるというやり方…このあたりでは50から60株が平均である．37株がなぜ普及しないかといえば，収穫量が減るから．これはデメリットでもあるが，メリットもある．成長しやすい，太りやすい．株がよくなる．その意味では50から60株と比べて，結果的には収穫がべらぼうにおちるということはない．また経費的には楽というメリットもある．また隙間があくので，病気になりにくいというメリットもある．（2014年7月4日）

この知見は高橋氏が自らの経験から得たものである．彼は坪面積あたりの株を少なくすることが，多くするよりも優れていると結論づけた．上記に加え，70株を植え付ける方法の採用は，稲同士が高さに関して厳しい競争状態をもたらし，肥料の必要量も増やさなければならなくなるという．（2014年8月25日）

農家による株数の選択は，田植えの機械化によって始まったと思われる読者もいるかもしれない．しかしながら，この選択もまた在来技術にも根ざしている．1930年代の熊本県農村を調査したイギリスの人類学者ジョン・エンブリーは，ラインマンと彼が名付けた田植え作業者の役割についての興味深い民族誌的記述を行っている．

> 田植えの仕事はつらいが，社会的なものである．十人及至十五人の若い男女が田を横切って一列に並ぶ．線を引く男（ラインマン）が五イ

ンチ毎に指導線をひくと，人の列は速くしゃがんで，苗を泥の中に差し込み，それから立ち上って後ろへ下る．線を引く人が「はいっ」と叫んで五インチあまり糸を動かす．すると人間の列はまたしゃがみそして苗をぽんと植える．単調な仕事は，絶え間なく冗談をいったり，時には卑猥な話をして救われる．（エンブリー 2005: 122-123）

　この時代にラインマンは労働の指導者として苗の間隔を決定したが，現代の農家は機械化された水稲栽培において自ら幅を選択することが出来た．機械化は在来技術の効率的な形態を反映しているのだ．

5-2 成長管理と除草

　田植え後，農家は苗から出てくる分蘖(ぶんげつ)に注意を払う．分蘖とは，イネ科の食物の根元付近から新芽が伸びて株分かれすることである．新芽そのものは「蘖(ひこばえ)」と呼ばれる．分蘖が進むにつれて，1粒の種から成長した茎の数は根元から15から20に増加し，これらが1株となる．農家は水田の水量を管理することで，分蘖した稲の生長が最適な形で進むように努める．特に分蘖した新芽の成長速度は，茎の節と節の間の長さに現れる．節と節の間が長ければ成長速度は速く，短ければ遅い．最適な成長した稲は，収穫までに倒れにくくなる．5月上旬に田植えをすると，水が張られた稲の根元から新芽が出てくるが，水が排水されると，分蘖と新芽の成長は停止する．高橋氏によると一時的な排水は米の成長に影響を及ぼす．

　　田植えして水を深くすると，苗が長くなる．苗も苦しいので伸びる．
　　そうすると節間(セツカン)が伸びる．これは茎のなかにあるもの．これが伸びて
　　しまうと秋に倒伏しやすくなる．だから深水は注意しないといけない．
　　（2015年7月9日）

　農家は根の付近の節間が短い茎が，風雨に対する抵抗力があると考えており，水田の水位を注意深く管理し，時に排水するのである．
　成長管理に関するもう1つの重要な側面は，出穂時期の予測である．出穂とは穂がでることである．穂は成熟後に実となる．農家は7月下旬から8月上旬にかけて，圃場の稲の葉を観察しながら出穂状況を確認する．一

番上の葉はトメハと呼ばれ，そこが曲がってくると，葉の中には穂が作られていると見なすのである．曲がったトメハは，他の葉と色が異なっている．曲がるのは，稲の穂の重さゆえである．播種や田植えにせよ，播種は区画毎に一斉に行われるので，出穂も同時に起こると考えがちだが，実際には同じ圃場区画のなかでも，出穂の時期はずれる．一区画でトメハが曲がっているのを見つけたら，同じ区画内の稲すべてが同じ状況になるのに通常5日程度かかると彼らは見なしている（2014年8月5日，安達氏）．

　水田区画の稲の出穂がそろった状態，つまり稲の葉の先端トメハが曲がった状態が区画内の水田の稲ですべて見られるようになった状態は，ホソロイとこの地域では呼ばれている．この時期，若い黄緑色の葉にまじって穂のなかに小さな白い花が出てくるが，こうなると受粉である．水田でホソロイを確認すると，農家は安心感を感じ，続く稲刈りを心待ちにするようになるという．

　6月から8月は除草期間である．除草剤を使っていても除草は必要であり，この作業はつらいものである．彼らは稲の生育が雑草の繁殖と競合すると考えている．安達氏は水田の畦に注意を払っている．田んぼを囲む畦は，圃場の他の部分と比較して除草しにくいからである．畦が十分に除草されていないと，畦に近い稲は太陽の光を「失わない」ように，畦の雑草に対して高くなろうとするという．雑草からの影は，稲の背が高く成長するのを刺激するため，田んぼの稲の背丈が凸凹になる．背の高い稲は，風雨の影響を受け倒れやすい．

　農家は肥料が米の成長に及ぼす影響にも敏感である．使用量の多寡はコストに関わるが，それ以外に稲の茎の脆弱性に影響するという．肥料を多く与えるほど茎の背が高くなり，風や雨で簡単に倒れる典型的な弱い「足腰」となる．農家にとっての稲の理想的な茎は，低く太いものである．しかしある時点で好ましい状態であることがわかったとしても，その時からその後の成長を修正することは出来ない．この経験は翌年の栽培に生かされるのである．

5-3　収穫

　農家は稲刈りに最適な時期をどのように判断しているのだろうか．稲穂の成熟度は1本単位で目視すれば分かるかもしれないが，水田全体を確認

図3：稲におけるシコウ（2014年8月29日）

するのは技術が必要である．山元町の農家は独自のやり方で適切な時期を推測している．彼らはシコウと呼ばれる稲の茎の先端からやや内側の葉の色に注目する（図3）．シコウが稲穂の先端と同じように黄色に変わっていれば，米が成熟しているという．成熟は稲穂の先端が緑色から黄色に変わるときに始まり，さらに色の変化が茎の下方に進む．この過程が完了するまで数週間かかる．安達氏によると，図3の状態だと完熟するまでにさらに20日間ほどかかる．この知識によって，農家は水田区画全体の米の成熟期間を推定することが可能となる．黄色のシコウが水田の約70％を占めると，米収穫＝ミノイリの準備が整うと見なしている．黄色のシコウが水田区画100％に達すると，一部の米は成熟しすぎてしまうという．成熟しすぎた米粒は，真ん中に線のような切れ目が入り，機械で精米されたときに割れる．「田んぼの米は同時には成熟しないので，収穫量が最大限になる時期を見極めることが大切だ」（2014年8月29日，安達氏）．シコウに関する在来知は，適切な収穫スケジュールを見計らうためのものである．

　一般に日本の稲作農家は，水田の景観の美しさに敏感である．彼らは同

じ背丈の稲がきれいに並んだ田んぼを好む．美しい田んぼを整備できる農家の力は，地域社会に対する社会的価値と考えられている（渡部 2005）．これは山元町でも観察出来る．彼らは収穫前の最後の段階で，稲の成長で田んぼが美しくなるかどうかに敏感であった．例えば米の成熟に対する太陽光の影響という観点から，米の成長の違いを注意深く見極めている．例えば日当たりがよく稲穂の先端のほとんどが十分に曲がっている場合，十分に成熟していると評価された．しかし例えば畦に近いところで，土手の雑草が遮る形で日陰を作っている場合，成熟は遅れるか十分成長しないと考えられている．こうした環境条件がもたらす生育への微妙な変化を，農家は毎日圃場を観察することで把握していた．

　農家によって，種籾（ブランド米）の選択，播種の方法（直播または移植），坪あたりの株数の選択は様々に可能だが，どれかを選び組み合わせるかで，収穫時期は微妙に異なってくる．農家の選択は収穫時期の水田の稲穂の色に反映する．生育シーズンでは青田として同じに見えた水田は，各区画毎に明るい緑色から黄色まで異なる色のグラデーションを同時に見せるようになる．秋の田園風景に広がる色合いは農家の選択の結果なのだ．2014年9月26日に秋の田園で安達氏は以下のように語った．「明るい緑色がツヤヒメ種籾の田んぼ，黄色は遅めの中稲．黄色のさらに後ろの田んぼには，早めの中稲の種類のヒトメボレが植えられている」．安達氏によれば，後ろの区画を所有する隣人は，安達氏が前方で植えたよりも2日早く種籾を蒔いていた．その結果，この日の時点で手前の緑色は収穫までさらに2週間，黄色は後数日，一番後ろの隣人の区画は刈り取りの準備が整った状態だった．もしここで直播を選択していれば，収穫時期はさらに差異を作り出すことになる．インフォーマント2人の農家の種籾と田植えの日程の複雑な選択は　それぞれの区画で10日以上の収穫日の差異を生み出していた．

6　考察

　農家は種籾の種類や播種方法の選択によって現れる稲の成長速度の差異を計算する一方で，稲の生育過程を分節的に把握し，民俗語彙として表現しながら水田毎に異なる成長条件の違いを認識している．こうした諸知識

は，労働時間管理に関わるものと要約することが出来よう．植物としての稲の成長は，降水・温度・日光・土壌・風などの自然条件と同時に，光合成により進行する．農家は彼らの在来知を通して稲の生育の差異を作り出し，そのことは彼らの労働効率を最大化させるのである．

あくまで理論的な話ではあるが，山元町の農民は農法の選択肢の違いに応じて45通りの作業日程を組むことが可能である．まず農家は，早稲・中稲・晩稲の中から製品化された9品種の種籾を選べる．稲の播種には5種類のパターンがある．播種には直播と移植（田植え）があり，直播の場合は鉄コーティング種籾を使いながら，機械による播種とヘリコプターによる全面散播があるからである．移植の場合，植え付けの株数に関して，少なくとも本章の調査においては1坪あたり37, 40, 70の株数の選択の3つがあった．種籾9と播種法5を掛ければ，選択肢は全部で45となる．それぞれを組み合わせることで，水田区画毎にわずかに時間的に異なる稲の成長過程を作り出すことになる．

差異が作り出される背景には，山元町の土地利用構造がある．震災後の復興政策に呼応し大規模経営として農業を再開した農家は，登録上は土地面積が増えたが，それは水田区画の再編による増大，すなわち機械での作業がしやすくなったことを意味しない．彼らの水田の物理的構造は震災以前と同じであり，労働力は震災前と変わらないにも関わらず，耕す水田は増えたというのが現実なのである．農業に戻った彼らが直面するのは，自分たちの労働力を考慮しながら，播種・成長管理・収穫の最適な方法を検討することである．労働力に制約のある農家は，最も効率的な経営方法を見つける必要がある．機械の導入が無意味とはいわないが，農家はむしろ彼らの保持する稲作の在来知を駆使することで時間管理を行い，生育の時間差を作り出し，その差異を利用することで，限られた労働力をそれぞれの水田区画に投資している．いうまでもなくこうした在来知そのものは津波前にも存在していたが，知識の重要性は偶然にも災害後に増大したのである．

災害後の状況へ適応するために，農家は稲作に関する在来知をどのように利用したのだろうか．筆者は在来知を分類することで，その動態性と複雑性を提示したい．本調査から指摘出来るのは，稲作に関する在来知が(1) 環境条件，(2) 成熟過程，(3) 生物学的応答，という体系性をもつこ

とである．環境条件知識は，土壌・水供給・太陽光・風と稲の成長の相関性に関わるものである．これは稲の成長の物理的条件に関わる処方的（prescriptive）知識である．具体的には太陽光や雑草，水量や沿岸部ゆえに海水が時折逆流する水質等の影響である．加えてハマと呼ばれる沿岸部の砂質土壌と国道6号線をはさんだオカと呼ばれる内陸部の粘土土壌との間の土壌条件による収穫の潜在的な違いもある．これらは地域の人々に共有されており，それをもとに水田区画毎にどのくらいの収穫が可能か，大凡の収穫容量の概算を可能にしている．

　成熟過程知識は，稲作にとって根源的なものである．具体的にこの地域の方言でありトメハ・ホソロイ・シコウ・ミノイリ等の概念として具体化されている．この知識は米の生育過程を人々が明確に弁別し，次に何をすべきかを示すという点で，稲作作業における認識基盤を提供するものである．農家同士のコミュニケーションの媒体としても機能する．農家はこれらの用語と肥料の日付または量によって，米の生育と収穫に関する情報を交換している．環境知識と同様に成熟過程に関する知識は，本質的に在来的であり地域のなかで集合的に共有されている．

　生物学的応答知識は，人間と植物との相互作用に関するものである．この知識は予想される結果についての条件節による言明という形で表現される．農家が田んぼで何か行ったときや，何らかの気象現象等が発生した場合に，具体的または特定の結果をもたらすであろうことを，農家の聞き取り資料のなかで確認することが出来た．例えば，稲の種籾の種類の選択，直接播種または移植の選択，区画あたりの株数の設定等が該当する．雑草や肥料の作用に関する知識や成長管理における分蘖への水供給効果も含まれる．農家はそれぞれ独自の形で特定の行動や技法について自分の意見を持っている．熟練した農家つまり経験を踏めば踏むほど，この種の知識は増えていく．重要なことは，この種の知識は個人主義的でイノベーション（革新）的な指向を持っていることである．農家は常に様々な気候―土壌条件または経済・技術変化に応じて適応し，自らの知識を蓄積していくからである．

　政府は災害復興を目的としての新生産技術（生産手段）と土地財産（生産関係）の再配置に関わる政策を実施した．人類学的観点から見ると，災害後の稲作農家の適応の成功は，上記に分類した3つの在来知をどのくら

い持っているか，使いこなせるかに依存する．最初の2つ，環境条件と成熟過程に関わる知識は，地域社会において伝統的で集合的である．一方，生物学的応答知識によってもたらされる革新的でかつ個人によって大きく差の出る知識は，震災後という新しい状況に農家が適応する上で決定的なものであった．稲作農家は最初の2種類の在来知を家族などから学んで耕作を行っていく．そして同時に生物応答的な知識については個々人のレベルで発達させていくのである．

この意味で現代農業であっても地域毎に培われた在来知は継承されている．ただそれはかつてあったはずの食料確保の観点からの農業の持つ複合性（漁労や小動物猟・可食植物採取）に関わる在来知ではなく（梅崎2018），生産性向上を目的として変化し，練り上げられるものなのだ[3]．

7　結論

本章の目的は，災害後の条件下での稲作復興に関わる在来知の役割を探ることであった．筆者が提示してきたのは在来知がいかに複雑で動態的に構造化されているのかということであり，そこには伝統的かつ現代的要素双方が含まれている．在来知は，伝統的な知恵が世代を超えて伝わってきたものであるが，同時に未知の困難に対処するための柔軟で適応的な側面も持っている．それは集合的な性質を持つと同時に，個人主義的な性質も備えており，その2つが組み合わされることで常に更新される．

本調査から分かったのは，稲作に関わる在来知が多種多様なものであることであり，それらは総じて時間管理を可能にすると要約することが出来る．在来知によって農民は，一定の土地区画における労働効率を最適な条件にするための選択が可能となっていた．本章の調査で明らかになった農業の在来知は，(1) 環境条件，(2) 成熟過程，(3) 生物学的応答，に体系化出来る．これら3系統の知識は，当該植物の気候および環境に関する周期的・季節的自然現象についての知識を含んでおり，民族生物季節学（エスノ・フェノロジー）と見なすことが可能である．この知識こそが，災害後の条件における農業復興つまり農民のレジリエンスに寄与するのである．

災害リスク軽減と在来知に関するこれまでの研究は，防災効果のある在来知の起源的文脈と世代を超えた継続性に焦点を当てる傾向があった．本

章では，環境と成熟過程に関わる在来知はそれであり，いわゆる典型的な在来知である．しかし生物学的応答の知識は，むしろ現場の個人によって刷新されるものであり，それゆえ新技術導入や社会的制度の変化に応答する形で個人が蓄積していくものである．この種の在来知は，従来知られてこなかったものである．しかし，この知識の強力で適応的な側面こそが重要であり，これが未知の状態に対処する新しい能力を創出する．

　3体系からなる在来知は，農家の心のなかでは統合的なものとして認知されている．したがって，災害リスク低減に関わる研究者や政策立案者は，在来知の動態性と複雑性の特質を注意深く見極め，その利用について考えていく必要がある．農業政策の文脈では，政策立案者は，環境と成熟過程の知識が世代を超えて伝承されるよう促すべきである．他方，より重要なのは生物学的応答知識の普及と利用の強化である．生物学的応答に関わる在来知は個人差が大きい．この分野の知識が豊富な農家にしてみれば，この種の知識は農業経営に直接関係しているため，他人との共有を躊躇するかもしれない．災害リスク低減研究に携わる政策立案者は可能な限り，個人に蓄積されてきた生物学的応答の知識を地域の文脈において共有できるような機会を調整する役割を果たすべきである．これらの3つの体系化されたタイプの知識を全体として増加させることは，災害後の農業環境での地域社会の適応能力の強化に貢献するからである．

　最後になるが，震災後の農業復興のために公共人類学的立場から提言したいのは，農民の在来知の管理と農業運営に関わる民族誌的情報を政策に連結させることの必要性である．もし政府が大規模農家の育成が必要だと強く考えている場合，土地所有制度やこの制度に関わる物理的・財政的支援をすることによって変化を促すだけでは不十分である．抜本的な解決の1つは，機械化農業のために水田区画を拡張する土木計画である．しかしながら時間的な要請と水田と農家の土地に対する複雑な感情を考えると，即実行可能ではない．現実的解決策としては，在来知と農業実践の民族誌的情報を用いて，人々によっての選択可能な行為をパターン化し，それらと復興政策との連動の道筋を示すことである．もちろん本章で示した高橋氏らのように自らそれを実現してしまう人もいる．しかし復興政策においては，まず農業の担い手全体に復旧してもらうというのが肝要なはずである．小規模経営も視野に入れる必要があるし，大規模経営を志す場合で

あったとしても様々な条件がある．その際に，例えば，政府や地方行政・地元農協などが農家に対し，本章で示したような理論上45にも渡る生業カレンダーを提示すれば，いずれの立場であっても自らにとって最適な規模と効率を勘案する機会となるだろう．　人類学者による民族誌的アプローチは，ある文化過程における全体像を把握することに長けており，そこから想定出来る人々の行為の帰結を政策の目的に結びつけることが可能なはずである．そのことによって公共人類学は復興という改変された未来を見通す力を持つはずである．それは同時に，住民の視点からより好ましい政策は何か，あるいはすでに既定となった政策に住民はどのように対応するのが好ましいのかを明らかにする力でなくてはならない．

付記：本論文は Asian Ethnology 77-1&2（2018 年）に掲載された拙稿「Agricultural local knowledge as time manipulation in the post-tsunami process: the paddy field farmer and Great East Japan Earthquake of 2011」の日本語訳である．字数制限もあり翻訳にあたって大幅に修正したが主旨は変えていない．

注
1) 　レジリエンスとは，自然災害の影響に対処・抵抗・回復するための個人または集団の能力を意味する（Oliver-Smith 2009：14）．
2) 　http://www.town.yamamoto.miyagi.jp/site/fukkou/324.html
3) 　環境条件・成熟過程・生物学的応答に関わる在来知について，現代農業のみならず，在来農業も含めて進化生態学的観点から考察することは今後の課題である．

参考文献
【和文文献】
石本敏也（2014）「棚田稲作の継承」『日本民俗学』279: 1-32.
岩田慶治（1966）『日本文化のふるさと――東南アジア稲作民族をたずねて』角川書店．
植田今日子（2013）「なぜ大災害の非常事態下で祭礼は遂行されるのか――東日本大震災後の『相馬野馬追』と中越地震後の『牛の角突き』」『社会学年報』42: 43-60.
梅崎昌裕（2018）「食べものをつくりだす技と場」『総合人類学としてのヒト学』，高倉

浩樹（編），pp. 96-110, 放送大学教育振興会.
エンブリージョン（2005）『日本の村 須恵村』植村元覚（訳），日本経済評論社.
大泉一貫（2014）『希望の日本農業論』NHK出版.
大貫恵美子（1995）『コメの人類学――日本人の自己認識』岩波書店.
小川直之（1995）『摘田稲作の民俗学的研究』岩田書院.
小川直之（1997）「稲作」『講座日本の民俗学』5, 野本寛一（編），pp. 19-51, 雄山閣.
ギルトム・シテーガブリギッテ・スレイターデビッド（編）（2013）『東日本大震災の人類学――津波，原発事故と被災者たちの「その後」』人文書院.
下坪訓次（2014）「水稲直播栽培はどこまできたか」『農業』1582: 28-46, 大日本農会.
杉山晃一（1996）『稲のまつり――アジアの村々を訪ねて』平楽寺書店.
滝澤克彦（2014）「祭礼の持続と村落のレジリアンス」『宗教研究』87: 436-437.
竹内利美（1976 [1959]）「稲作」『日本民俗学大系』5, 大間知篤三（編），pp. 13-48, 平凡社.
田中耕司（1987）「稲作技術の類型と分布」『稲のアジア史』1, 渡部忠世（編），pp. 213-276, 小学館.
早川孝太郎（1973 [1958]）「稲作の習俗――種選びから刈り上げまで」『早川孝太郎全集』7, pp. 497-543, 未来社.
林勲男（2016）「災害に関わる在来の知と文化」『災害文化の継承と創造』橋本裕之・林勲男（編），pp. 14-28, 臨川書店.
ベフハルミ（1977）『日本――文化人類学的入門』栗田靖之訳，社会思想社.
ホフマンスザンナ・オリヴァー＝スミスアンソニー（2006）『災害の人類学――カタストロフィと文化』若林佳史（訳），明石書店.
安室知（2012）『日本民俗生業論』慶友社.
柳田国男（1969 [1955]）「稲と水」『稲の日本史（上）』柳田国男・安藤光太郎・盛永俊太郎（編），pp. 60-96, 筑摩書房.
山内稔（2010）「鉄コーティング湛水直播と種子の大量製造技術による稲作の省力・規模拡大」『農業および園芸』40-1: 70-75.
矢守克也（2012）「津波てんでこの4つの意味」『自然災害科学』31-1: 35-46.
山元町（2015）「主な復興復旧事業の進捗 平成27年3月31日」．
http://www.town.yamamoto.miyagi.jp/uploaded/attachment/3246.pdf
渡部鮎美（2005）「田の美しさ」『日本民俗学』242: 64-79.
渡部鮎美（2008）「農家の兼業はいかにして続いてきたか――農業と臨時雇いを兼業する人びとの労働観」『国立歴史民俗博物館研究報告』145: 253-274.
渡部鮎美（2011）「機械化転換期における稲作技術の多様化とリスク」『国立歴史民俗博物館研究報告』162: 223-238.

【欧文文献】
Delaney, A. (2017) Waves of Change: Adaptation and Innovation among Japanese Fisheries Cooperative Members in the Post-3.11 Era, *Northeast Asian Studies* 21:

111-129.
Hiwasaki, L., Luna, E., Shaw, R. (2014) Process for Integrating Local and Indigenous Knowledge with Science for Hydro-Metrological Disaster Risk Reduction and Climate Change Adaptation in Coastal and Small Island Communities, *International Journal of Disaster Risk Reduction* 10: 15-27.
Kimura, Toshiaki (2016) Revival of Local Festivals and Religion after the Great East Japan Earthquake, *Journal of Religion in Japan* 5-2&3: 227-245.
Lahournat, F. (2016) Reviving Tradition in Disaster-Affected Communities: Adaptation and Continuity in the Kagura of Ogatsu, Miyagi Prefecture, *Contemporary Japan* 28.2: 185-207.
Marin, Andrei (2010) Riders under Storms: Contributions of Nomadic Herders' Observations to Analysing Climate Change in Mongolia. *Global Environmental Change* 20 (1): 162-176.　https://doi.org/10.1016/j.gloenvcha.2009.10.004
Oliver-Smith, A. (2009) Anthropology and the Political Economy of Disasters, *The Political Economy of Hazards and Disasters*, Eric C. Jones and A. D. Murphy (eds.), pp. 11-28, Altamira Press.
Oliver-Smith, A. (2013) Disaster Risk Reduction and Climate Change Adaptation: the View from Applied Anthropology, *Human Organization* 72-4: 275-282.
Pasupleti, R. S. (2013) Designing Culturally Responsive Built Environments in Post Disaster Contexts: Tsunami Affected Fishing Settlements in Tamilnadu, *India, International Journal of Disaster Risk Reduction* 6: 28-39.
Speranza, C. I., Kiteme, B., Ambenje, P., Wiesmann, U., Makaliet, S. (2010) Indigenous Knowledge Related to Climate Variability and Change: Insights from Droughts in Semi-Arid Areas of Former Makueni District, Kenya, *Climate Change* 100: 295-315.
Ueda, K., Torigoe, H. (2012) Why Do Victims of the Tsunami Return to the Coast? *International Journal of Japanese Sociology* 21 (1): 21-29.
UNISDR (2008) *Indigenous Knowledge for Disaster: Good Practices and Lessons from Experiences in the Asia-Pacific Region*.
　http://www.unisdr.org/files/3646_IndigenousKnowledgeDRR.pdf

第 10 章

震災とデス・ワーク
―― 葬儀業による死後措置プロセス支援の展開

田中　大介

1　死と遺体を受けとめる

　本章は東日本大震災における死後措置プロセス，すなわち災害発生時における死亡事象と遺体の扱いをめぐる各種の対応過程を題材として，その中心となった葬儀業の支援活動を捕捉することを目的としたエスノグラフィックな事例研究である[1]．

　上記の目論見は，おそらくこの論集に寄せられた各稿の議論とはいささか性質を異にすると看做されるかもしれない．仮にそうであるとすれば，防災・減災・救助といった危機管理や，災害によって破壊された生活の営みを取り戻そうとする被災者・被災地の復興，あるいはそれら双方にまたがる社会－文化的ファクターの諸相といった「公共的な生」を取り巻く命題から，死という出来事が乖離したものであると感じられるからであろう．それはまた，東日本大震災によって甚大な被害が生じたと誰もが語り，誰もが死傷者の量的規模と分布に言及するところから議論を始めつつも，無数の死が其処彼処に遍在して対処が求められていたという光景に可能な限り接近しようとする学術的視点が震災から7年余を経た現在でも希薄なままに留まっていることの背景でもある[2]．

　災害に照射する取り組みのなかに多様かつ多元的な眼差しと関心が内包されていることを考えれば，それは全く不当ではない．しかし死者もまた被災者であったという生々しい現実が，あたかも存在しなかったかのように災害研究に取り組む者の意識をすり抜けてしまうことがあるとすれば，それをつなぎとめる試みには意義があるはずだし，公共性をめぐる問題群にも連なるはずだ．なぜなら本章で見つめるのは，死の遍在と前述したように否応なく「公共的な死」の世界が開かれ，多数の死と遺体が剥き出しになって生の領域と溶け合いながら現れるときに社会的な呼応を要請されている人びとのはたらきであるから[3]．

　一方，東日本大震災に限らず今までに生じた数々の災害に対して葬儀業従事者は職能的なスキルと経験を用いて支援活動に当たってきたのだが，その規模と重要性に比して具体的な実践と内実は十分に描写されてこなかった．そのことは，たとえば震災発生当時から現在に至るまで各種媒体を通じて盛んに「遺体安置所に並んだ無数の棺」といった光景が伝えられているものの，誰がその棺をほぼ瞬間的とも言える時間で用意し，誰がその

棺に遺体を納めていったのかといった問いがさほど発せられなかったという事実からも察せられよう．だが，震災の発生直後から各地に入り込んで活動を展開していた彼らは，自らの存在を殊更に隠していたというわけではない．現地の被災者を含めて多くの人びとに彼らの仕事が見えなかったとすれば，それは後述するデス・ワークという葬儀業の日常労働で中核を占める特質そのものが，本来的には極めて公共性を持ちつつも「現場の可視化」を避けるという流儀を伴うからである．

これらの視点に基づき，本章では「多くの人びとが死んだ」という端的な事実から出発して，支援活動に当たった葬儀業関係者の実践に限定的ながらも一定の整序を与えながら，彼らがどのように無数の死と遺体を受けとめたのかという事実関係を追っていく．

2　葬儀業の概要

葬儀業は免許事業ではない[4]．したがって法令と社会倫理に沿う限り，原理的には誰でも遺体の引き取りや処置，死亡から埋火葬に至る各種の手続，葬儀に関する諸便宜の手配などを行うことができる．しかし葬儀が血縁・地縁の互酬的関係のなかで自給自足されていた時代と異なり，特に葬儀業が全国的かつ急速な浸透を見せ始めた高度成長期以降，死後のさまざまな実践に関する知見と能力は急速に一般消費者から急速に消失し，葬儀業へと集約されてきた（山田 2007; 田中 2017: 33-61; 玉川 2018）．そのことはまた，かつての葬儀業が色濃く有していたアルチザン的な職業意識と職業技能に対して「社会の要請に応える専門家・特殊技能者」といった新たな性質が付与されると同時に，先に述べたデス・ワーク，すなわち「死と遺体に接する仕事」[5]の社会的意義が確立されていった過程とも重なっている．それでは，今日の葬儀業の活動はどのような広がりを持っているのだろうか．以下，個別の事例提示に入る前に葬儀業に関する基本情報を示しておくことで，調査対象の全体像を把握しておきたい．

葬儀業という産業カテゴリーを構成する事業者は一般的に葬儀社ないしは葬儀屋と呼ばれているが，そのなかには葬儀関連サービスを主要な事業とする専門葬儀社と，会員が支払う積立金を原資として冠婚と葬儀の双方にまたがるビジネスを展開する冠婚葬祭互助会という2つの主要な業態が

存在する．また，この他に農協や生協などの各種協同組合，そして多角的な事業の一部に葬儀部門を有するコングロマリット型企業なども葬儀業を手掛けているが，いずれも葬儀関連サービスを供給する事業者である点に違いはないため本章では便宜的に全て葬儀業・葬儀社として扱い，各々の記述で業態の違いを示す必要がある場合のみ説明を付す．尚，「葬祭業」も一般的な名称の1つであるが，本章では日本標準産業分類の表記に準じて葬儀業の語を用いた．

　葬儀業に関する統計は官民を問わず不正確な推計に留まるものも多いのが現状だが，これは葬儀業が上述の通り免許登録などの制度に基づいていないため悉皆調査による実数把握が困難なことに加え，葬儀以外の事業を併せて経営している事業者では葬儀関連の数値のみを切り離して算定することが難しいといった事情にも起因している．このような前提を踏まえつつ，現時点で最も網羅性が高いと思われる「平成27年特定サービス産業実態調査報告書」（経済産業省 2016）によれば，葬儀業の年間規模は売上高1兆3,739億円，事業所数8,550社，就業者数144,607人，取扱件数1,201,341件（内，互助会を活用した件数241,613件）であった．その売上高のみに着目しても，単一の産業カテゴリーとしては相対的に巨大な市場を

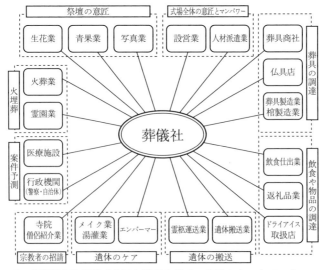

図　葬儀社を取り巻く主要な関係事業者・組織のネットワーク
※田中（2017：78）より再掲．

形成していると言える（田中 2017: 64）．

　だが本章の趣旨からすれば葬儀業の量的な趨勢よりも，その業務が構成するネットワークの質的な関係性に注目することによって，その仕事の広がりを視野に収めることができよう．現代的な葬儀業の仕事は，図のように葬儀社（または個別の案件を統括するディレクター個人）を中心とした放射状のネットワークが案件の遂行に向けて回転するというイメージとして捉えられる．つまり葬儀社は多岐にわたる事業者・組織間のコーディネーターとして位置づけられると同時に，災害時の緊急対応に際して文字通り生命線となる複雑な連絡調整の業務が，今回の東日本大震災で十全にその機能が果たされたか否かは別としても彼らの日常労働のなかにはすでに埋め込まれているのである．

　このように，本章冒頭に述べた死後措置プロセスに職業的な領域から携わる者としては，葬儀業従事者は医療従事者と並び立つ存在として社会的な受け皿となっており，また遺体を日常労働のなかで扱うデス・ワークという見地からすれば，葬儀業は遺体を請け負う独占的とも言える地位を確立している状況にある[6]．そのため，大規模広域災害によって多数の死者が発生した際の迅速かつ適切な死後措置プロセスを期して，特に1995年の阪神・淡路大震災以降に業界団体と地方自治体が事前に災害支援協定を締結しておく動きが拡大しており，専門葬儀社については全日本葬祭業協同組合連合会（以下，全葬連）と，その地方組織で「単組」と呼ばれる各地の葬祭業協同組合が，そして互助会の場合は全日本冠婚葬祭互助協会（以下，全互協）が，それぞれ各地の都道府県・市区町村と協定を結んできた[7]．

　ただし災害協定の有無によらず，あるいは業界団体中央の指揮があるか否かによらず，災害発生直後は各地の葬儀社が独自判断で初動態勢に入り，現地支援に向かうことが多い．また，それぞれの資本規模と設備に応じて独自に棺をはじめとする関連資材を備蓄しており，たとえば「棺をほぼ瞬間的とも言える時間で用意した」と先に述べたのは，全国の葬儀社に備蓄されていた大量の棺が震災直後から被災地に向けて緊急輸送されたためである[8]．ここで東日本大震災において葬儀業が展開した支援活動を概括すると，以下の項目となるであろう．

① 棺・納体袋[9]・葬具などの輸送・提供
② 各種生活物資の輸送・提供
③ 遺体の処置・保全・搬送などに関する活動
④ 埋火葬に関する活動（仮埋葬，およびその後の火葬を含む）
⑤ 被災者の住民，および被災地の同業者に対する金銭・金融援助

写真1　遺体安置所となった陸前高田市立矢作小学校（上：ドライアイスの破砕，中：遺体番号票が貼られた棺，下：遺族による身元確認）
※IFSA 撮影・提供
※画像を一部加工

だが上記はあくまで列挙に過ぎないものであり，葬儀業による災害支援は単なるヒト・モノ・カネの拠出に回収できる取り組みではない．それでは，たとえば写真1に挙げたような[10]広範囲にまたがる被災各地の「死の現場」で無数の遺体と接した人びとは，どのような現実と直面し，どのような問題と向き合ったのだろうか．

次節から記述する事例では，各地で展開された葬儀業による活動と，彼らが対峙した現場の内実を描写していく．事例提示にあたっては死後措置プロセス支援の展開を捕捉するという本章の眼目を踏まえて，「甚大な死傷者を生じた被災地の中心地域」「被災したものの甚大な死傷者を生じなかった地域」の双方にある葬儀社を選定し，被災地からの地理的な遠近によって彼らの多角的な取り組みに一定の整序を与えることを試みた．

3　福島県南相馬市——鎌田商店

南相馬市原町区を営業圏とする株式会社鎌田商店（写真2）の創業は，商工会議所の記録によれば1887（明治20）年である．かつては荒物・雑貨業を営んでいたが第二次世界大戦中から徐々に葬具を扱うようになり，

その後に葬儀専業となった．鎌田商店は全葬連と，その単組である福島県葬祭業協同組合（以下，福島単組）に加盟しているが，全葬連加盟各社にはこのような100年を超す歴史を有した地元密着型の葬儀社が多い．

五代目に当たる社長の鎌田淳一氏，そして四代目で会長の直文氏によれば，一時的な断水などはあったが原町の中心地では基本的に震災後も電気・ガス・水道などのライフラインは維持され，社屋も損壊に至るような被害はなかったという．しかし市内の他地区にあった同業者のなかには社屋だけでなく自社保有の会館まで津波に飲み込まれたため廃業を余儀なくされた者もあり，単に市区町村といった行政区域の類別だけでは千差万別な被害の質的状況を収めきれないことが窺える．

写真2　鎌田商店（上：鎌田淳一氏・鎌田直文氏，中：本店前景）
※筆者撮影

だが直接死636名と震災関連死506名を合わせて計1,142名に上る死者を生じた南相馬市の状況には，死後措置プロセスという見地からすると，1つの特徴があった（南相馬市2017）．とりわけ三陸地域において多数の遺体を一時的に土葬する，つまり仮埋葬せざるを得なかった状況と異なり，南相馬市をはじめとする福島県内ではほとんどの遺体を火葬したのである．とは言え，それは多数の遺体を荼毘に付すに足るキャパシティが地域内で常時から万全に備わっていたというわけではない．結果としてそのようになったとしても，その背後には鎌田商店をはじめとする葬儀業の活動が存在していた．

情報の断絶・錯綜に加えて放射能汚染の不安と対峙した鎌田商店では，まず震災翌日に淳一氏の家族を横浜市の避難所に向かわせた後，淳一氏も3月15日には家族の元に向かっている．淳一氏によれば「地元を離れるのは苦渋の決断だったけれど，進学や就職を間近に控えた子どもたちに付き添うことがどうしても必要だった」とのことであるが，被災地から被災

者が避難するのはむしろ当然であったと言えよう．しかし，会長の直文氏と数名の従業員は現地に残り，淳一氏もまた3月20日前後には各地で遮断された交通ルートを迂回しながら南相馬市に戻った．以下，両名に行ったインタビューを参照してみたい．

筆者：　（避難した横浜から）戻らない，という選択肢は……．

淳一：　なかったですね，全く．誰かがやらないと，とんでもない状況になるのは目に見えている．だから親父（直文氏）は最初から残った．逃げちゃった人もいるけど[11]，もうそこは……当たり前だけど絶対に責めることなんてできっこない．

筆者：　震災直後というよりは，ご遺体の収容とか安置，そして火葬が本格的にフル回転し始めたのは社長（淳一氏）が戻ってきたあたりですよね？

淳一：　そうですね．でも別にそこに合わせたわけじゃなくて．海沿いはグチャグチャですし，そもそも入れないし，入っちゃいけない状況で……遺体を捜索したり収容したりできない．それでも亡くなった方々を安置する場所はすぐに設置されたんですが，地震から数日後ですかね．本当に，次々に運び込まれてきたのは．

直文：　最初は原町高校．でもすぐに相農（相馬農業高校）に変わって……他には，後は，武道場（栄町柔剣道場）か．いくつかが安置所に．

筆者：　収容して，安置して，お医者さんや歯医者さんもDNA確認したり歯形確認したりしましたよね．で，納棺して身元確認して，（火葬場に搬送）．そのときに現場を統括したのは，やっぱり（市）役所の職員さんですか？

直文：　警察ですね，県警さん．全て，圧倒的に，そうです．もちろん市役所の皆さんも大忙しで働いている．ただ，ここ（南相馬市）の場合は……市役所はやっぱり避難と救助で手一杯，と言いますか．後は，私…地震のすぐ後に市役所に行ったんですよ．それからも，何度も．

筆者：　歩いて5分くらいですもんね．

直文：　ええ．で，もう大混乱になっている．というのは，お葬式だけじ

    ゃなくて，火葬したり搬送したりするでしょう？　みんな市役所に押しかけてくるんです．
淳一： お金（料金）はどうなるんですか，ということで．
直文： 激甚災害のときは，法律的に免除されるんです[12]．それを直談判しにいった．「こういうときは，（料金を）頂かなくていいんです，頂いちゃいけない」と．でも，それを私が告げに行かなかったら，もっと混乱していたかもしれません．市役所の職員さんも，こう言ってはナンですが……災害のときの，特にこういう業務の知識があんまりない，というのもありますから．

<u>インタビュー記録 1．鎌田直文氏，および鎌田淳一氏との会話</u>
※敬称略．音声記録・筆記録による再構成．

 この記録にあるように，南相馬市では死後措置プロセスを統括する主体は県警であった．震災直後に全国から緊急輸送されてきた棺も，基本的には発送元の葬儀社や業界団体から一度県警に手渡され，その後に市内各地の遺体安置所へと運び込まれている．それだけでなく，遺体の捜索と収容を終えた後の清拭[13]から納棺までも，震災発生から約1ヶ月間は鎌田商店や全国から駆けつけた葬儀業従事者とともに警察官が行っていた．おそらく警察の業務としてはイレギュラーであるが，それらの連携活動もあって南相馬市では遺体の収容と安置が着々と進行したものの，次に別の課題が生じることとなった．

 それは，遺族による身元確認を終了した後の搬送および火葬である．先述の通り南相馬市中心部ではライフラインが維持されていたため，市内にある火葬場の「原町斎場」は通常操業の状態を保っていた．しかし市区町村営の火葬場としては比較的大型とは言え，原町斎場の火葬炉は4つしかなく，備蓄している燃料（重油）にも限りがある．そのため，3月15日の時点で原町斎場は燃料が底を尽いて稼働中断を余儀なくされた．その後，緊急時優先対応として燃料の供給を受けて3月19日から24時間体制で再稼働することになり，原理的には1つの火葬炉を1日に6回転させて4炉×6回転＝24体／日の遺体を荼毘に付すことができるようになったものの，当然ながら南相馬市および近隣地域で生じる遺体を全て受け入れるキャパシティはない．それでは，遺体はどこで火葬されたのだろうか．

葬儀業の活動では，連鎖する仕事のなかでいくつかの重視される局面がある．その内の1つが「搬送」であり，遺体を運ぶ際の光景は葬儀業従事者以外の誰も目にすることがないにもかかわらず，死者の尊厳を守るために細心の注意を払う．また，効率性を考えればトラックなどの運送車両で大量搬送することが理に適っていると言えるが，東日本大震災における遺体の搬送活動においては遺体搬送車または霊柩車が用いられた[14]．つまり1体の遺体につき必ず1台の，平時の葬儀と同じ専用車両が充当されたのである．そのことは，法令としては遺体が「貨物」とほぼ同じ扱いとなるとは言え[15]，葬儀業が遺体を決してモノとして扱わず，「人格のある存在」として接することを意味している．

　そして原町斎場だけでは受け入れ切れない多数の遺体は，震災直後に全国から駆けつけた葬儀社の人員と，速やかに各地の所轄警察署で緊急車両指定を受けた専用車両によって，福島市・郡山市・会津若松市など県内各地の火葬場や，場合によっては県外の火葬場にピストン方式で搬送された．現地の鎌田商店でさえも「連絡手段が全く閉ざされてしまって，市役所や警察にも自ら出向いて調整や相談をしなければならなかった」という状況が数週間は続いたとのことだが，多くの葬儀社はメディアで伝えられる死傷者数と，現地における同業者の分布を即座に考慮して，独自判断で震災当日または翌日から支援展開の初動を見せている[16]．

　一方，そのような同業者の支援を受けつつも，鎌田商店は震災直後から遺体の安置・納棺・搬送は言うに及ばず，その後の葬儀も次々に引き受けていたため，淳一氏によれば数名の僅かなスタッフで「1年間，そして24時間，全く休みのない状況」を，交代要員ゼロというローテーションで操業せざるを得なかった．それは全く誇張ではなく，単純に鎌田商店の受注記録から筆者も確認できたが，そのような過酷な状況下で一時は「財務とか収支の状況が云々ではなく，このままの勤務体制ではとてもやっていけない」と思い廃業や権利譲渡も検討したとのことである．ここで，再び淳一氏の述懐から当時の光景を紡ぎ出してみたい．

筆者：　印象に残っている光景って，ありますか．
淳一：　うーん……．もう全て真っ白というか，覚えているけれど覚えていない，というような忙しさだったんですよ．ただ……強いて言

	えば，黒ずんだ，ご遺体．たぶん高校生……女性の，若い．安置所でね，そういうご遺体を見てきて．
筆者：	今（の状況）は，どうです？
淳一：	葬儀って，ちょっと「お祭り」のようなところもあるでしょう．葬儀をやっている内はお坊さんが読経して，みんなが集まって．でも，葬儀が終わって外に出るじゃないですか．そうすると……異様なほど静まり返っている．南相馬，天気がいいでしょう？雲1つない青空で，シン……って，静かで．でも無機質な世界，みたいなね．それは，震災の前と全く違う．活気がどうこうとか，それ以前の……．

<u>インタビュー記録2．鎌田淳一氏との会話</u>
※敬称略．音声記録・筆記録による再構成．

　鎌田商店は2017年にようやく震災前にほぼ近い従業員の陣容を回復したが，圧倒的に人手不足の状況が今も続いている．そして南相馬市の高齢化率，すなわち全人口に占める65歳以上の高齢者人口は震災直前では26.5％であったが，2018年3月1日現在では50.7％となった（東京新聞2018）．

4　福島県白河市――あおき，および福島県三春町――菊川屋

　鎌田商店のように被災の中心にありながら現地に留まって継続的な活動と操業を続ける葬儀社がある一方，先述の通り「被災したものの甚大な死傷者を生じなかった地域」からの支援を展開した葬儀社も多数存在した．本節では，いち早く福島県内で独自の支援に取り組み，並行して鎌田商店をはじめとする県内各地の葬儀社を自社の営業圏を越えてバックアップした葬儀社の活動に注目してみたい．
　青木かおる氏（写真3）が会長を務める株式会社あおきは白河市に本社を置き，白河・郡山・矢吹のいわゆる「中通り」に属する広汎な地域に葬儀会館を展開する県内有数の葬儀社である．鎌田商店と同じく創業は明治中期に遡り，それ以前の幕末期から代々の先祖は白河で指物大工をしていたという．現在は息子で五代目の青木大氏に社長を譲ったが，加盟する全

写真3　青木かおる氏　　　　※筆者撮影

葬連では長らく福島単組の理事長を務めて県内の加盟各社をまとめ上げ，現在もその職にある．青木氏によれば白河市も被災はしたもののライフラインを含めて激甚と言えるような程度ではなく，あおきも各地に保有する会館で天井が崩落し，設備が落下するなどの損害はあったものの，家族・親族・従業員ともに人的被害はないとのことであった．

　ところで青木氏自身は，早くも震災翌日の3月12日には福島市にある県庁に向かい，行政との調整を開始するために動いている．それは福島単組と福島県が災害支援協定を締結しているということもあるが，「おそらくそれは協定の有無には全く関係なかった」と青木氏は語る．分断された道路を苦心して迂回しながら白河市から約100 km離れた福島県庁に急行したのは，もちろん協定に基づき速やかに折衝を実施して行政の指示を仰ぐという目的もあったにせよ，何よりもまず各地の状況と安否の情報を確認するという目的が背景にあった．というのは，葬儀業に携わる者は概して「事前に情報を確認しないまま動く」ということが良い結果をもたらさないことを経験則として意識しているからである．

　だが予想に反して，緊急時に各種情報が集約されていると思われていた県庁は，過去とは明らかに異なる被害規模と，その時には未だ県庁・県警すら把握できていなかった福島第一原発の事故を受けて混乱状態に陥っていた．その時の状況を青木氏は次のように語る．

図2　福島県 中通り・浜通り地域

筆者：　協定，単組と県で締結していましたよね．県の窓口って，どこになるんですか？

青木：　食品（生活）衛生課だね．

筆者：　えっ……？　ああ，でも考えてみればそうですね[17]．宮城（県）とかもたしか．

青木：　うん．ただね，だからってわけじゃないんだけど，彼らも，もうよく分かってないことが多いから「指示を受ける」どころではないんだよね．こっちもただ指示待ちで「何しますか」ということで行ったわけじゃあないんだけど，あれはこうです，これはどうですって延々と会議している場合じゃないし．でも，それはさ，しょうがないことなんだよ．だってあんな状況なんだもん．

筆者：　震災の翌日にもう県庁に行っていますよね．そこからは……．

青木：　ほぼ毎日，数日連続で行った．でも最初の時点で，すぐそんな状況だってことだけは分かったから，「できることだけはこっちで進めます」と引き取った感じかな．でも，それ（を）やって良かったんだよ．

筆者：　何で，ですか？

青木：　内藤さんと会えたんだ．最初に，3月12日に行ったときに，県庁で．

インタビュー記録3．青木かおる氏との会話
※敬称略．音声記録・筆記録による再構成．

　インタビューの最後にある「内藤さん」とは，三春町にある株式会社菊川屋の会長，内藤忠氏のことである[18]．内藤氏もまた，福島単組で長らく副理事長を務めてきており，理事長の青木氏とは旧知の仲であった．期せずして単組の中心となる両者が出会えたというのは偶然には違いないが，同じ目的，そして葬儀業従事者が有する同じ感覚で直後に同一の行動を起こしていたという事実には言及できよう．

　いずれにしても，震災直後は被災地に限らず県内各地で通信手段がほとんど遮断された状態であったため，前節の鎌田商店もそうであったように，青木氏や内藤氏も既存の通信網に固執せず自らの足で出向くという方策を瞬時に選んだのである．そして青木氏と内藤氏によれば「たしかに大変だ

ったが，そんな状況になることも織り込み済み」であり，それは県外の葬儀社にとっても同様であった．

3月13日には早くも，神奈川単組に所属する葬儀社の社長自ら青木氏のもとに駆けつけ，手短に協議を行った後で相馬市の遺体安置所に向かっている．また，その翌日には京都単組および栃木単組に属する葬儀社の社員数名が駆けつけるというように，福島単組の理事長である青木氏や現地の葬儀社と連絡がついたか否かにかかわらず，各地の葬儀業従事者が続々と現地入りを進めていった．それらの行動のほとんどは，言葉の上では「独自判断」である．一方，彼らの行動は現時点から省みるならば一定の統率が取れたものであり，基本的には白河市の青木氏をまず訪れて情報を収集し，携えてきた物資の種別と量，人員数や車両数の規模などを互いに確認しながら，浜通りの各地へ向かうという順序を辿っている．その後，震災発生から1週間弱が経過した時期には，あおきが保有する施設・倉庫などが自然に全葬連各社の物資集積地となり，同時に東京の全葬連事務局が全国の各単組との調整を進めて支援活動のネットワーク化が展開していくことになった．しかし全てが円滑に進んでいたわけではなく，その裏側では単純な効率性や戦略性といった概念には収めきれない種々の問題も生じていたのである．

ここで，青木氏とともに福島県内の支援活動で中心的な役割を果たした上述の菊川屋に関する調査にも触れておきたい．これまでに示した葬儀社と同じく，菊川屋もまた明治初期に創業を遡る老舗の葬儀社であるが，現在では内藤忠氏の息子で六代目の耕力氏（写真4）が社長を継いでいる[19]．

写真4　内藤耕力氏　　　　※筆者撮影

耕力氏は遺体安置所における処置・納棺の他，被災地の域外にある火葬場への遺体搬送を精力的に行った．それらの火葬場は県内でも比較的大規模な施設に限られ，福島市・郡山市・二本松市に加えて，場合によっては会津若松市まで搬送するケースもあったという．そして耕力氏をはじめ搬送支援に当たった葬儀業従事者がどの遺体

安置所に車両を移動させ，どの火葬場に遺体を搬送するかという，鉄道ダイヤの管理にも似た複雑極まりない火葬場・自治体・支援スタッフ間の連絡調整は，あおきの女性従業員が一手に引き受けていた．「もう，あの方には本当に頭の下がる思いです」とは耕力氏の談によるものだが，その一方では葬儀業の側が制御できない問題に加え，葬儀業による支援に携わった者のほとんどが各地で経験した苦悩も存在していた．以下，耕力氏へのインタビューを参照してみよう．

内藤： 震災のすぐ後，うち（菊川屋）から一番近くにある田村（市）斎場なんかは外部からの（遺体の）受け入れをストップしたんですよ．小さな規模の火葬場には運ばない，と．それは県内どこも共通してますね．

筆者： 大きなところ（火葬場）だけですよね．

内藤： そう．福島（福島市斎場），二本松（あだたら聖苑），あとは郡山（東山悠苑）．場合によったら会津（会津若松市斎場）まで[20]．郡山もね，当初は「外部からの受け入れはしない」と拒絶する方針だったんです．二本松は初めから受け入れていたんですけど，これは震災直後に浪江なんかからの遺体をどんどん，言葉は悪いけど，なし崩し的に受け入れちゃってたから……後になって断ることができなかったってこともあるんだと，そう思いますよ．

筆者： 搬送は，でも震災の直後とかだけじゃなくて……その後も延々と続きましたよね？

内藤： ええ．1ヶ月……いや，3ヶ月ほど過ぎても，検案は済んだけど身元不明なご遺体がやっぱりあるから．で，順次県警から火葬OKをもらって搬送して，火葬するわけですけど，でも，その数は多くて1日に5体ぐらい……じゃないですかね．

筆者： ちょっと話変わりますけど，（災害）協定（が）あって良かった，って思いました？ こんなこと聞いてすみませんが．

内藤： メリット，ってことでしょ？

筆者： ええ．

内藤： それはね……うん，まあ，ありますよ．一番は，うちら（葬祭業）の側が協定を前提にして，主導権を握ることができるってこ

とで．たとえば火葬場行くでしょ．「県からの指示で来ました」って説明をすれば，大義名分が立つ．間に入る市区町村とか，他の関係者との調整を省くことができる．そういう，まあ，ストレスの減少にもつながるんですよ．その意味では……ありますよ，メリット．意義は．

筆者： 逆に言うと，(火葬場に) 連絡してから搬送してるのに「ダメです，帰ってくれ」とか言われること，あるんですか？

内藤： そこまで露骨じゃないけど．でも，ある．朝一番に来い，とか．ずっと待たされたり……とか，「なんで来た」って言われたり．分かるんですよ．だって，普通に亡くなってる方（の遺体）も火葬しなきゃいけないから，割り込みになるというのも．こう言っちゃなんだけど，「なんで来るんだ」っていう態度を受けたのは一度や二度じゃないもん．でもねえ，もっとキツいことがある．

筆者： 青木さん（青木かおる氏）は，「キツいとか思ったことはないけど，切ないと思ったことは何度もあるよ」って言ってましたよ．

内藤： ああ，それですね．キツいっていうよりもね，切ない，悲しい．火葬場行くでしょ？　一般のお客さんと一緒に手続とかで並ぶとするじゃないですか．言われるんですよ．「お前ら，こんなときにまで金稼ぎしやがって」って．「いえ，全部ボランティアで」とは言い返したかったけど……．

<u>インタビュー記録4．内藤耕力氏との会話（その1）</u>
※敬称略．音声記録・筆記録による再構成．

　葬儀業の支援活動展開で可能な限り統制をとったとしても，自治体や火葬場では対応や手続の進め方がそれぞれ違っていることが多く，要するにその場で相対した職員の解釈と流儀でどうにでも変わってしまうケースは無数にあった．その点も含めて内藤氏は「今後の災害のことを考えるときには，まず自治体間の調整システムを確立しなければならない」とインタビューの後に強調していたが，先述の青木氏のインタビューにもあったように「『できることだけはこっちで進めます』と引き取った感じ」になった一方で，それが葬儀業従事者への「丸投げ」になってしまって混乱を生じた場合も少なくなかったのである．また，上記インタビューの最後で耕

力氏が触れたように，行政や支援関係者ではなく一般市民から，特に被災者から非難の言葉を浴びせられた葬儀業従事者は多数に上る．支援活動に当たった彼らは特に対価を得ることはなく，それ以前にヒト・モノ・カネなど全ての側面でボランティアを通り越した「持ち出し」の状態であったのだが，そのことを知る者は少ない．最後に，再び耕力氏の言葉を借りて，筆者の知る限りで福島県内における支援活動に携わった葬儀業従事者に共通した述懐を提示しておく．

内藤：　僕ね，震災の前の年に……三春（町）の商工会の，青年部で「災害を考える委員会」っていうのを立ち上げたんですよ．

筆者：　へえ……．

内藤：　でもね，そこで出る話は，もう物資や連絡手段の話ばかりだった．それが悪くはない．でも，「人がたくさん死ぬ」ってことを前提にした計画を立てておかないといけない，と．僕自身はそう，かなり強く思ってたし，言ってたんですけど，今回の震災が起きちゃったわけで．そういう「人が死ぬ」という最悪のケースを踏まえておくって，本当はすごく大事でしょ．でも行政の側はそれを避けて，ほとんど考えていない……って，やっぱり思っちゃいますね．だから今回みたいな，丸投げ的なことになっちゃうと，「だったら，こっちの言うことにも耳を傾けてくれ」って言いたくなる．

筆者：　それは，まあ……そうですよね．考えたくないけど，考えなきゃ，っていうか．

内藤：　よく72時間って言うでしょ．

筆者：　うん，言いますね．救助（活動）が72時間過ぎたら，（被災者の生存は）もう絶望的っていうか，そういう意味で．

内藤：　福島じゃ，その72時間すら，もらえなかったんですよ．

筆者：　それは……？

内藤：　放射能（汚染事故）があったでしょ．入域制限で．だから，「探してすらもらえなかった人」だとか，「助けてもらえなかった人」とかがいて，「そこに行きたくても，行けなかったという状況」があったわけですよ．よく仲間内でも言うんですけど，「福島は

(原発のために)72時間すら,もらえなかったね」ということ.あとは今回(の震災)にしても,たとえば,もし郡山の斎場が使えなかったら……と思うとゾッとしません? 最悪のケースは考えておかなきゃ(いけない)なのに,行政の計画はちょっと中途半端な気が.「生きている人が大事」っていうのは,よくよく分かるんです.でも死んだ人を大切にしないと,結果として生きている人がもっと大変になっちゃう.歴史でも,そうなってるでしょ.災害の対応って,生きている人が助かるための場所と,その手立てを確保するだけで良いってわけじゃないから.あっちこっちに死んだ人が転がってる光景が次に起きたら…….

筆者: 戦争と同じ状態ですね.死にっぱなしで.

内藤: というか,田中さん(筆者)のやってる,文化とか,社会とか……そういうのも完全に終わりじゃないですか.

<u>インタビュー記録5. 内藤耕力氏との会話(その2)</u>
※敬称略.音声記録・筆記録による再構成.

5 震災におけるデス・ワークの社会的位置づけ

　これまでに示してきた事例の内容を踏まえ,ここで本章の目的と焦点に立ち戻って死後措置プロセスに関する葬儀業の支援活動と,そのなかで発揮されたデス・ワークの社会的位置づけについて考察し,より広汎な災害研究および公共人類学の議論に敷衍することを試みたい.

　まず整理しておかなくてはならないのは,死後措置プロセスとデス・ワークとは必ずしも同義的・親和的となる関係ではないという点である.デス・ワークとはあくまで死と遺体を日常のなかで扱うという「仕事」の職能的特質を強調する際に用いられるターミノロジーであり,災害対応の実践である死後措置プロセスをデス・ワーカーが請け負う必然性は,究極的には存在しない.たとえば第3節において警察官が遺体の処置や納棺を行う場合もあったことを示したように,そして第2節で「法令と社会倫理に沿う限り,原理的には誰でも(中略)行うことができる」と述べたように,死後措置プロセスは必ずデス・ワーカーが引き受ける「仕事」であると定められているわけでないのである.

たしかに，現在の葬儀業では福島単組のように自治体と災害支援協定を結んでいる場合が多く，また筆者が全葬連事務局に確認した限りでも内閣府・経済産業省・厚生労働省・防衛省・警察庁から震災の当日または翌日に担当官から同事務局に対して公的に支援要請が発せられている[21]．だが，その要請に協力しないと何らかのペナルティがあるというわけではなく，また葬儀業に属する組織や個人のなかで法令と行政の監督による義務感・圧迫感を覚えて支援に動いたという者も，おそらく一人として存在しない．それでは，本章で示した事例のように葬儀業従事者が震災直後から動き始めたのはなぜか．

そこには，彼らも日常労働のなかで殊更に言語化するわけではない，それでいてデス・ワークを常に取り巻く1つの規範感覚が背景にあったと筆者は考える．それはすなわち，死と遺体を前にしたときの，あるいは亡き者を弔うという出来事に対峙したときの諸局面で感じる「そうすることになっている」という，自分以外の誰かと共有することが前提になっている規範感覚であり，人が死ねば葬儀を「することになっている」という反射的情動にも通じている．したがって，「そうすべきである」という準則的な規範感覚とは微妙にずれるものといってよい．

一方，支援活動に取り組んだ葬儀業従事者たちが，そのような感覚を通じて自らの活動を概念化するときには，インタビュー記録4で示した内藤耕力氏との会話にあるように，多くの場合「ボランティア」という用語が引き合いに出されていた．だが，観察者が当事者の語用を恣意的に塗り替えていくことの危惧を弁えつつも，一応は葬儀業の内的機制に関する観察を続けてきた筆者にとっては，「手頃な他の言葉が単に存在しなかったからだけではないか」という違和感がある．もちろん葬儀業の活動で発揮されていた専門性を考えれば，まさにそれは専門職のボランティア化，すなわち「職能ボランティア」（似田貝 2008b: 131-155）に含むこともできよう．だが，葬儀業が展開した支援の質量と，そのネットワーク性や継続性がごく一般的なボランティア活動の印象にそぐわないというだけでなく，とりわけ災害におけるボランティア活動が「救済→生活支援→復旧→復興→社会再生」という諸段階に関わるものだとするならば（似田貝 2008a: 13），葬儀業従事者は誰かの生を救済・支援したり，復旧・復興・社会再生に向けた取り組みを果たしたりすることは直接的にはなかったと看做すことも

できる．それでは誤解を恐れずに言えば，彼らの取り組みは，端的に生命活動が途切れてしまった者たちを相手にして「遺体を片付けていただけ」ということになるのだろうか．

もちろんそれは，本章冒頭に述べた「『公共的な生』を取り巻く命題から，死という出来事が乖離したものであると感じられる」ことからくる拙速な矮小化に違いない．そのことは，次の極めて単純な事柄から導くことができる．社会構造の規模と複雑性によらず，死と遺体がそこかしこに放置されている社会で，それ以降も生き続ける者が自らの生活を取り戻すことは，歴史上のどの時点においても成り立ち得なかったのだから．

だからこそ，同じく本章冒頭で「公共的な死」というフレーズを持ち出したのは単なる言葉と観念の遊戯ではなく，常に誰かがどこかで死と遺体を受けとめているということが，まさに公共性の極致ではないかという主張を打ち出したかったがためである．だが，これまでに見てきた葬儀業の支援活動は，おそらく公助／共助／自助の各境界にまたがって，それでいて支援する側の当事者が積極的にボランタリズムや公共性の理念を打ち出すことはなかった．そればかりか，耕力氏のインタビュー記録で触れられたとおり，実際には無償という程度を通り越して自社の操業を圧迫しかねないヒト・モノ・カネの負担を請け負っていたにもかかわらず，「お前ら，こんなときにまで金稼ぎしやがって」といった言葉を被災者から向けられたこともあったのだ．

そのような「ふれあい」以前の過酷な現実と対峙しつつ葬儀業従事者がひたすら目の前の惨状と向き合ったのは，第2節で述べた通り彼らが「遺体を請け負う独占的とも言える地位を確立し」た後の社会システムでは自他ともに，つまり葬儀業の内部者／外部者であるかを問わず，「そうすることになっている」と認識されているからである．しかし警察や自衛隊の活動が，あるいはボランティアとして携わった多様な人びとの活動が「一種の参加型メディア・イベント」（吉井 2007: 204）になっていた裏側で，葬儀業従事者は自身の現場を披歴することはなく，その経験を美談として語ろうともしない．彼らの日常労働の根幹にあるデス・ワークという特質を考えれば，その理由が察せられるであろう．遺族が死者を美談化するならば何も問題はないが，葬儀業従事者の側が「どうです，よくできたでしょう？」と自賛した瞬間に，死と遺体の尊厳は破壊されてしまうのだ．そ

のことはまた，第1節の最後に述べた「現地の被災者を含めて多くの人びとに彼らの仕事が見えなかった」という理由でもあり，彼らの取り組みが公共性を有しながらも成功物語には決してなり得ないというアンビヴァレントな社会的位置づけを物語っている．

6　おわりに

　岩手・宮城・福島の被災3県における死因の90％以上は，溺死である（内閣府2011）．だが，そのような共通傾向はあくまで分類上の枠組みに過ぎず，各地で葬儀業が向き合った死の有様も，各地で葬儀業が展開した死後措置プロセスの内容も，極めて多様であったと言える．それらの現場で対峙してきた葬儀業への注目が，今後も起き得る災害への対処を考える際に何がしかの知見を提供してくれるとすれば，それは彼らが災害で生じる「危険」と相似した出来事を日々経験しているからなのかもしれない．そのことについて，辛島恵美子による以下の意見を参照してみよう．

> （前略）日本社会は「危険」の言葉を見るのも聞くのも嫌う傾向にあり，そうした中で災害だけは冷静に見つめて知恵を集めるという発想や姿勢は根づくものなのだろうか．さらには，仮に防災を加味した独特の生活スタイル構築を実現させたとしても，それを「災害文化」と呼ぶであろうかとの疑問である．惨事の記憶の消去を好む傾向がたしかにあるからである．（辛島 2012: 290）

　多くの人びとにとって最大の危険が「死」であることを考えると，上記引用にある「危険」の語を「死」に置き換えても，おそらく含意は保たれるであろう．そして辛島の言う傾向が実証的に捕捉できるか否かはさておき，全ての葬儀業従事者はその傾向の正反対を，つまり「死を冷静に見つめ，考えるという発想や姿勢」を否応なく内面に摂り込みながら日々の仕事を果たしている．だからこそ彼らは震災のときも，「多くの人びとが死ぬ」という言葉の，そのさらに先にある危険へと想像力を馳せていた．それは「多くの死と遺体を受けとめる人が，誰もいない」という危険である．
　本章では紙幅と事例提示の密度を勘案して，福島県内の活動のみに光を

当てたものの，たとえば三陸地方沿岸部では福島と異なり多くの遺体が火葬されずに仮埋葬することとなったため，葬儀業従事者はまた別の困難な状況と対峙することとなった．さらに，その裏では被災地から遠く離れていながらも震災直後から現地入りを進めてきた全国各地の葬儀社や，中央および全国の行政機関や関係組織との複雑な調整を進めてきた業界団体なども積極的な活動を展開していた．調査を通じて得たこれらの内容については限定的ながら過去の論稿でも扱ってきているが（例として，田中 2018），別稿の機会を通じて災害研究・公共人類学の領域に与する新たな事例と議論の提示を期したい．

付記

本稿に関連する調査研究活動は下記の助成により行われた．

① JSPS 科研費「東日本大震災の死後措置プロセスに関する人類学的研究」（JSPS24820057，研究代表者：田中大介）

② JSPS 科研費「ライフエンディングを支援する多職種連携スキームの人類学的研究」（JSPS26520109，研究代表者：田中大介）

③ 国立民族学博物館共同研究「現代日本における『看取り文化』の再構築に関する人類学的研究」（研究代表者：浮ヶ谷幸代）

④ 冠婚葬祭総合研究所委託研究「葬儀の標準化と個別化」（研究代表者：山田慎也）．

注

1) 本章に関連する現地調査は福島県福島市に常駐した 2014～2016 年度を含め，2012 年 9 月から本書執筆時点の 2018 年 3 月まで断続的に実施された．

2) 本章と同じ題材と焦点を共有する試みが皆無であったわけではない．たとえば阪神・淡路大震災を事例としたものについては船木伸江他による「大規模災害時における遺体の処置・埋火葬に関する研究」（船木他 2006）が，そして東日本大震災については横田勇を研究代表者とする厚生労働科学研究費補助金プロジェクト（健康安全・危機管理対策総合研究事業）「大規模災害時における遺体の埋火葬の在り方に関する研究」の活動と，その報告書（横田編 2014）などが研究事例として挙げられる．学術成果物以外では，石井光太による『遺体』（石井 2011）や，碑文谷創が編集長をつとめる季刊誌『Sogi』に掲載された記録（碑文谷 2011a, 2011b）が精緻な現地取材に基づくルポルタージュとして東日本大震災直後に刊行された．さらに，非公刊ではあ

るが業界内部の記録類として宮城県葬祭業協同組合（2012）および清月記（2012）がある．
3）　ここで「開かれる」「現れる」という言葉を用いたのは，公共性の概念を「（前略）人びとがさまざまな要素を利用しながら試行錯誤のなかで生み出しつつある，連携と問題共有化の動き」（木村 2013: 11）と指定した木村周平の見解と，その考察に用いられたハンナ・アレントの語用（木村 2013: 31-33）に拠っている．
4）　ただし本文中で後述する冠婚葬祭互助会のみ，割賦販売法における前払式特定取引業に該当するため，公的規制を受ける許可登録事業となる．
5）　デス・ワーク（death work）という言葉を用いた最初期の研究としては Sudnow（1967）が知られているが，その題材は医療施設内の機制であって特に葬儀業に言及しているわけではなく，また「死につつあること（dying）」に比重を割いた記述となっている．一方，葬儀業に対してデス・ワークの語を用いた研究としては Howarth（1993, 1996）が挙げられるが，語用を伴わないものの同じ焦点を持つ葬儀業研究はすでに 1950 年代から存在していた（例として，Habenstein 1954）．いずれにしても，このようにデス・ワークという言葉は内容が一義的に定まるというよりも，緩やかな広がりを持っているという点に注意されたい．
6）　この「独占的」とは優越的地位の行使ということではなく，あくまで葬儀業しか引き受ける事業者が想定されていない，という意味である．尚，図1下部にある「遺体のケア」と「遺体の搬送」については専門業者も一定数存在するが，葬儀社が自社で行っている場合も多いだけでなく，葬儀社を介さず独自に業務を受注することは極めて異例と言える．
7）　全葬連は 2017 年 11 月時点で 192 自治体（内，11 の東京都特別区を含む）と，そして全互協は 2017 年 3 月時点で 139 自治体と災害支援協定を締結している．
8）　たとえば名古屋市にある互助会の1つは，独自に専用倉庫を設けて約1万本の棺を備蓄していた．同社関係者によれば，その背景には伊勢湾台風の教訓があるという．
9）　遺体を一時保管または搬送するときなどに用いる大型の袋．ボディ・バッグとも呼ぶ．
10）　ただし厳密には，この遺体安置所で作業をしているのは葬儀業従事者ではなくエンバーマーによるものである．遺体衛生保全（エンバーミング）の専門技術を有するエンバーマーは葬儀業の出身か，あるいはその双方を兼ねている場合もあり，写真にもそのようなスタッフが含まれている．尚，この写真はエンバーマーの職能団体である日本遺体衛生保全協会（IFSA）から震災直後に派遣されたスタッフが撮影したものである．
11）　淳一氏と直文氏によれば，近隣の同業者のなかには営業車両に「ご自由にお使いください」という貼り紙をして経営者・従業員全員が県外に避難したケースもあったという．また，鎌田商店でも若手従業員の一部が震災直後に避難所から退職を連絡してきた．当然ながらその行動は，決して非難されるものではない．
12）　災害救助法第四条に基づく．ただし，その運用はそれぞれの自治体で差があり，東日本大震災でも自治体ごとに住民の費用負担に差が生じる場合があった．

13) 遺体を消毒して清めること．場合に応じて体液・血液などの流出を防ぐ処置を伴う．
14) 筆者がこれまでに行った東日本大震災に関する調査では，葬具運送用トラックで2つの遺体を同時搬送した事例を確認している．しかし，それは「緊急時に1回だけ，ご遺族の許しを得て」とのことで，かつ荷台の内部に白幕を張った上にパーテーションで内部を区切って行っており，その他に同種の事例を聞き及んだことはない．尚，2004年の新潟県中越地震の際には，緊急対応として大手運送業者のトラックで複数の遺体を同時搬送したケースがあったとされている．
15) 霊柩運送は貨物自動車運送事業法に基づく許可事業である．ただし個人が自家用車を用いて，死亡届などを携行し，かつ対価の収受を伴わずに行う場合はその限りではない．
16) 原発事故の汚染状況が把握できないため，一旦は出動態勢に入ったものの上層部から支援活動にストップをかけられたという事例もあった．
17) 埋火葬や葬儀が公衆衛生上の問題として捉えられてきた歴史的経緯があるため，このように食品衛生・生活衛生の関連部署が窓口となる場合も多い．尚，宮城県葬祭業協同組合が協定を締結している県庁側の窓口は「食と暮らしの安全推進課」である．
18) 内藤氏，および菊川屋はこれまで筆者が断続的に調査を進めてきた対象であり，過去の拙著にも別の内容に関するインタビューを採録している（田中 2017: 38-39, 193-194）．
19) 菊川屋の沿革については上記の註18にある田中（2017: 38-29）を参照されたい．
20) 他が全て市営であるのに対し，あだたら聖苑のみ二本松市・本宮市・大玉村の3市村で構成された「安達地方広域行政組合」が管理・運営する火葬場である．
21) 筆者がこれらの省庁の関係者にオフ・レコーディングで調査したところ，各省の局長クラスが震災対応に関する調整会議を行ったのは震災から約2ヶ月後の5月2日であったという．つまり，そのときまで省庁間で綿密な調整が図られていなかった可能性が窺える．

参考文献
【和文文献】
石井光太（2011）『遺体――震災，津波の果てに』新潮社．
辛島恵美子（2012）「震災と安全の思想」『検証 東日本大震災』関西大学社会安全学部（編），pp. 279-300，ミネルヴァ書房．
木村周平（2013）『震災の公共人類学――揺れとともに生きるトルコの人びと』世界思想社．
経済産業省（2016）「平成27年特定サービス産業実態調査報告書（冠婚葬祭業編）」，http://www.meti.go.jp/statistics/tyo/tokusabizi/result-2/h27.html を2018年3月20日付にてインターネット上で参照．
清月記（2012）『3.11東日本大震災 清月記 活動の記録――鎮魂と追悼の誠を捧げて』

非公刊.
田中大介（2017）『葬儀業のエスノグラフィ』東京大学出版会.
田中大介（2018）「冠婚葬祭互助会の事業展開にみる変化と特質――葬儀の標準化と個別化に関する調査研究から」『冠婚葬祭総合研究所論文集（平成29年度事業）――冠婚・葬祭編』
玉川貴子（2018）『葬儀業界の戦後史葬祭事業から見える死のリアリティ』青弓社.
東京新聞社（2018）「帰還9市町村の44%が高齢者――福島，若い世代戻らず」，http://www.tokyo-np.co.jp/s/article/2018032590065855.html を2018年3月25日付にてインターネット上で参照.
内閣府（2011）「平成23年版防災白書：図1-1-4 東日本大震災における死因」，http://www.bousai.go.jp/kaigirep/hakusho/h23/bousai2011/html/zu/zu004.htm を2018年3月25日付にてインターネット上で参照.
似田貝香門（2008a）「市民の複数性――現代の〈生〉をめぐる〈主体性〉と〈公共性〉」『自立支援の実践知――阪神・淡路大震災と共同・市民社会』似田貝香門（編），pp. 3-29，東信堂.
似田貝香門（2008b）「職能ボランティアの成立と可能性――ながた支援ネットワーク」『自立支援の実践知――阪神・淡路大震災と共同・市民社会』，似田貝香門（編），pp. 131-155，東信堂.
碑文谷創（2011a）「特集 3.11 東日本大震災」『Sogi』21（3）: 13-28.
碑文谷創（2011b）「特集 現地発 東日本大震災」『Sogi』21（4）: 17-35.
船木伸江・河田惠昭・矢守克也・川方裕則・三柳健一（2006）「大規模災害時における遺体の処置・埋火葬に関する研究」『自然災害科学』24（4）: 447-471.
南相馬市（2017）「平成23年東日本大震災による被害状況及び復旧状況について」，http://www.city.minamisoma.lg.jp/index.cfm/10,35416,c,html/35416/20171115-133214.pdf を2018年3月20日付にてインターネット上で参照.
宮城県葬祭業協同組合（2012）『3.11 東日本大震災 弔鐘――宮城県葬祭業協同組合の記録』非公刊.
山田慎也（2007）『現代日本の死と葬儀――葬祭業の展開と死生観の変容』東京大学出版会.
横田勇（編）（2014）『大規模災害時における遺体の埋火葬の在り方に関する研究』厚生労働科学研究費補助金（健康安全・危機管理対策総合研究事業）平成24・25年度総括研究報告書.
吉井博明（2007）「防災システムのフロンティア」『災害社会学入門』（シリーズ災害と社会11），大屋根淳・浦野正樹・田中淳・吉井博明（編），pp. 204-210，弘文堂.

【欧文文献】

Habenstein, Robert. W.（1954）*The American Funeral Director: A Study in the Sociology of Work*, Ph. D. dissertation, University of Chicago.
Howarth, Glennys（1993）Investigating Deathwork: A Personal Account, *The Sociolo-*

gy of Death: Theory, Culture, Practice, David Clark (ed.), pp. 221-237, Blackwell.
Howarth, Glennys (1996) *Last Rites: The Work of the Modern Funeral Director*, Baywood.
Sudnow, David (1967) *Passing On: The Social Organization of Dying*, Prentice- Hall.

むすび

高倉 浩樹

東日本大震災以降，日本において文化人類学・社会人類学者（以下，人類学者）は公共性や社会実装という点において，これまでとは異なる考え方をもつべきだと筆者は認識している．人類学の応用性や社会実装性という点においては，今までも経済開発や医療看護，映像記録などの分野でその必要性が述べられ検討が行われてきた．これらの場合，例えば，経済開発についてはよりよい開発を模索するという意味での応用的指向と開発現象そのものの解明や理論を探求する基礎研究志向の二つが併存する形で存在していた．しかし，そうした併存ではなく，何らかの形での応用的指向への貢献を前提とした研究構想と実践が求められているのが，東日本大震災に関わる人類学的研究なのだと思う．

　言うまでもないが，これは人類学者なら災害支援をすべきだということではない．むしろ従来型の学術調査すなわち人類学理論や方法論の開発，社会過程における民族誌記述にあって，その目的の1つとして社会支援や政策といった社会への介入・改善という問題意識を挿入することが求められていると主張したいのである．単に研究のための研究という立場は存在しえない——そのような研究領域が日本における人類学において固有に出現していると筆者は感じている．

　この主張はある意味で，研究対象と研究者との倫理に関わる時間的・空間的距離に依存すると言ってよい．基礎と応用の併存という意味では災害人類学一般という意味ではこれまでも存在してきたし，これからも併存していくだろう．また応用的な問題関心に根拠づけられる東日本大震災の人類学が，未来永劫まで続くべきだと言うつもりはない．おそらく十数年後には別の立場も出てくるだろう．また日本から遠く離れた場所に研究拠点を置く人類学者にしてみれば，現時点でも東日本大震災を災害人類学一般に還元する研究を行うのも当然である．そのことを批判したいわけではない．むしろ日本国において研究拠点を置く人類学者にとっては，基礎と応用が併存するのではなく，応用性に根拠をおくアプローチが少なくとも当面の間は必要だと言いたいのである．逆に言えば，東日本大震災から8年が過ぎた現在にあっても，日本の人類学者が研究のための研究を標榜し，被災地に入っていくことはできるだろうかと問いたいのである．現実としてそれは無理だと思うし，仮に偽悪的な構えでもあったとしても，そのようにするべきではない．この点で，日本国における東日本大震災の人類学

者は，何らかの形での震災復興への貢献が必然化されているという現実を認識するべきである．

　通常の学部教育において，典型的な人類学者のイメージは，単独で異国・遠方の村を訪れ，その片隅で展開するミクロな社会文化的過程に遭遇し，これを全体論的に解明することで，未知の人類文化の可能性を探究するというものであろう．このような条件とは全く異なる中で人類学研究を行い，かつそれは短期的にせよ，長期的にせよ震災復興への貢献という目標につらなる倫理が課せられるという事態が出現したのである．言い方を変えれば，日本国に暮らしている研究者であれば，その日常世界の延長に地続きの形で，様々な震災に関わる話題が存在していることに気づくことが出来るということである．東日本大震災の人類学として研究しなければならない領域が途方もなく大きい形で広がっている現実が存在すると筆者は認識している．編者の一人としては，このような現実を前にして，社会実装性という目標を内在させた調査研究を東日本大震災の公共人類学と呼びたいのである．

　本書の執筆者が私の主張に同意するかどうかはさておき，しかしながら結果として彼らは被災地の復興と被災者の幸福を願い，そこに向かって何らかの学術的貢献をすることを前提にして論考を進めている．本書が示したのは，そうした人類学者たちがこれまでどのような研究を行ってきたのか，つまりその学問的領域の広がりである．

　それは第一に震災復興過程の映像記録化の方法とその社会的意義についての議論であった．従来，震災の記録の重要性は指摘されてきたが，復興過程・支援過程の記録化の重要性についてはほとんど言及がなく，本書の取り組みは先駆的である．また支援をどう行うかと言うことは防災的観点からもきわめて重要なことである．第二に福島原発事故被災者に寄り添う支援が，訴訟や被災地観光そして当事者自身の語りの社会発信という形で可能であることを示すことが出来た．法的訴訟の当事者・支援者という形で関わることによってでしか得ることの出来ない個々の被災者の語りが当然，存在するのでもある．人類学者は一定の立場性を選択し支援に関わることで学ぶことが出来る．第三に岩手県や宮城県も含めた被災地での町づくりや農業などの復興過程，さらに膨大な死者がどのように埋葬されたのかの過程の解明を含む研究を支援・政策に向けていくことの困難さと，そ

の重要性を示すことが出来た．これらは通常の民族誌的記述と人類学的分析を含めた論考であるが，その先に支援や政策に対する貢献という問題意識が存在しているのである．いずれの領域も従来知られてこなかった社会過程の解明であり，と同時に復興過程をどのようにより良いものにすればよいのか，についての考察が含まれている．

　本書は，もう1人の編者である関谷雄一さんが代表となって行った科研費プロジェクト「震災復興の公共人類学―福島県を中心とした創造的開発実践」(2014-2016)の研究成果を基盤としながら，これに続く活動の中で関わった様々な研究者にも呼びかけて編まれたものである．この科研費プロジェクトでは，東日本大震災特に福島県における原発事故の復旧と復興の過程が何が起きているのかの解明を目指した．同時に，調査研究はどのような支援や社会介入が可能かという実践的な問題意識を持って進められた．科研費プロジェクトが始まる前の2012年だったと思うが，筆者は関谷さんと事前準備の打ち合わせを行った．彼の名前は知っていたがその時までには親しく話したことはなかったと思う．執筆者の1人である山下晋司さんから紹介を受けて会うことになった．最初の打ち合わせで関谷さんからは，彼が暮らす都内への福島県からの避難者の支援活動を行おうとしていることが伝えられた．その中で，被災者の震災の記憶を彼ら自身のために保存し利用できるように試みたいと話されたことを覚えている．正確には思い出せないが，そのような中で本書の執筆者となった武田直樹さんや田部文厚さんの活動を筆者に教えてくれた．当時，私自身は宮城県教育委員会から委託を受け津波被災地の無形文化遺産の調査研究をしており，いくつかの公共人類学的な調査研究活動を行っていた．ただ出身地である福島県での神楽などの地域文化の役割を調査したいという気持ちもあり[1]，関谷さんの呼びかけに応じて動き出したのだった．

　科研費プロジェクトの3年間は，私には新しい経験の連続だった．福島原発事故後の現状を理解するためにメンバーで合同調査が何度か試みられた．筆者自身その中で茨城県つくば市や福島県郡山市の避難者や支援団体と出会うことができた．また実際に福島第一原子力発電所の見学も行い，解体作業を請け負っている企業の方から聞き取りをする機会も得た．また関谷さんが運営に関与する東京大学の人間の安全保障プログラムとして学生向けの福島県でのスタディツアーが同時並行して組み込まれたこともあ

り，時折，調査団は大人数になった．当初は，こうしたあり方は，被災地であるがゆえの，通常の人類学調査とは異なる変則だと理解していた．しかし，後にこうした現場や当事者の人々の関わり方そのものが，被災地での人類学のあり方だと思うようになったのである．科研費プロジェクトという年限の限られた外部予算を執行するプロジェクトゆえに，関谷さんは必死で現場との関わり方を創られ，我々はそれに巻き込まれていったのである．その後，このプロジェクトの一部は，東北大学東北アジア研究センターの共同研究に引き継がれ，現在では同大の指定国立大学災害科学世界トップレベル研究拠点災害人文学領域のなかで実施されている．

　言うまでもないが，本書のすべての執筆者たちは自分なりの模索をへながら，東日本大震災の被災地に入っていった．あるいは自らの生活圏に被災者が避難してきた事実と向き合うことになった．そうした震災後の社会変化の中で，彼らとの関わりを作り上げ，遅々とした歩みであったかもしれないが，被災者・被災した地域社会・支援団体などと関係を作り上げ，研究を続けてきたのである．人々との関係の作り方そのものが，執筆者それぞれのブリコラージュであり，それ自体，この新しい人類学のあり方を象徴している．なお，論考の中には人類学を専門としない論者の原稿も含まれている．今回はインフォーマントを共著者にした論考も複数ある．編者が理解する限り，それは東日本大震災の公共人類学がその展開の中で必然的に協働するようになった現地の人々であり，また連携するようになった異分野の専門家である．もちろん限られた論者の執筆者による限られた紙面の議論ではある．しかし，現時点における福島県の原発事故に端を発する公共人類学の領域とその学問的潜在性を示す論集になったと，編者の一人としては考えている．

　東日本大震災による津波は福島第一原子力発電所の爆発と深刻な放射能汚染をもたらしたが，その復旧・復興は以前として終わりが見えていない．被災地や被災者への支援は今後も必要であり，むしろ新しい事態が生じているのも現実である．編者としては，今後より多くの人類学者が東日本大震災の公共人類学に関わることを呼びかけながら，この結びを閉じたいと思う．

注

1) この点についての成果は拙著「福島県の民俗芸能と減災無形文化遺産 ── 災害復興政策になぜ無形文化財が必要なのか」(高倉浩樹・山口睦(編)『震災後の地域文化と被災者の民俗誌 ── フィールド災害人文学の構築』新泉社,2018)で論じた.

索　引

あ 行

アーカイブ　18, 19, 20, 29, 31-53, 55, 61, 62, 70, 71, 84, 85, 87-104
アイデンティティ　80, 158, 164, 240, 243, 246
アレクシエービッチ，スベトラーナ　32, 39, 49, 50, 52
いいとこ2泊3日　107-108
イエ　246
移動する村　164, 165
岩手県　10, 22, 161, 163, 216, 217, 241, 291
インタビュー　10, 18, 19, 20, 31-53, 56, 62, 69, 70, 71, 80, 87-104, 106-108, 110, 112, 119-121, 125, 126, 127, 138, 139, 140, 162, 270-286
映像　15, 18, 19, 20, 24, 25, 26, 29, 31-53, 55, 61, 62, 70, 71, 84, 85, 87-104, 226, 290, 291
映像記録　290-291
エンブリー　244, 251, 252, 261
応急仮設住宅　58, 59, 63, 75, 85, 86, 166
応答する人類学　26, 135, 166

か 行

仮設　43, 47, 55-86, 97, 100, 160, 166, 180, 182, 183, 186, 198, 209, 213-238, 245
仮設住宅　43, 47, 55-86, 97, 100, 160, 166, 180, 182, 183, 198, 209, 216, 218, 219, 230, 232, 237, 245
上賀茂神社　102
観光　22, 129, 148, 196-212, 242, 291
関東・東北豪雨災害　85
官民協働　71
関与する人類学　4, 14, 135
機械化　244, 250, 251, 252, 259, 261
帰還困難区域　40, 42, 43, 81, 136, 140, 171, 182, 185, 193, 204, 210
絆　74, 125-127, 160, 182, 183, 191
強制避難　21, 24, 39, 81, 89, 92, 101, 125, 169
協　働　i-ii, 5, 10-25, 61, 71, 105-130, 135, 136, 137, 138, 140, 153, 163, 215, 216, 219, 220, 222-229, 234, 235, 293
協働型コモンズ　16, 17, 18, 24, 110-112, 115, 124, 126, 127
協働の民族誌　ii, 14-16, 17, 19, 21, 22, 24
原子力災害　14, 25, 83, 145, 166

広域避難　19, 56, 60, 61, 62, 78, 81, 83, 85, 86, 124
公共人類学　i-ii, 3-5, 14-19, 21-27, 49, 52, 56, 127, 134-135, 164, 166, 170-172, 197, 199, 204, 208, 209, 211, 234-235, 237, 259-260, 280, 284, 286, 291-293
公共ツーリズム　22, 24, 195, 196, 203, 204-205, 208, 210
公助・共助・自助 or 自助・共助・公助　20, 24, 71, 84, 282
抗する　3-5, 17, 20, 24, 25, 26, 105-112, 127-128
交流会　57, 61, 62, 64, 65, 66, 67, 68, 69, 72, 73, 78, 126, 139, 140, 161
国連国際防災戦略事務局（UNISDR）　240
個人情報　71, 77, 85, 97
戸別訪問　57, 61, 62, 65, 66, 68, 73, 74, 78, 82, 83

さ 行

災害　i-ii, 3-27, 39, 44, 45, 46, 48, 51, 52, 53, 55-86, 99, 101, 102, 104, 105-129, 133-167, 196, 201-211, 219, 232, 237, 239-262, 263-288, 290, 293, 294
　災害公営住宅　219
　災害ボランティアセンター　64, 65, 73, 75, 77, 85, 99, 104
　災害ユートピア　106-109, 110, 127, 129
　災害リスク低減政策　241
再帰的ツーリズム　203, 206-207
埼玉県共助社会づくり支援事業　21, 136, 137, 138, 163, 164
在来知　23, 24, 239, 240, 241, 243, 244, 245, 246, 248-260
サロン　37, 60, 66, 74, 96, 103, 120, 124, 125, 126, 136, 137, 161
　サロン活動　60, 66
産業遺産　207, 208
直播　247, 248, 249, 250, 255, 256, 261
時間管理　250, 256, 258
死後措置プロセス　23, 263-264, 267, 268, 269, 271, 280-284
自主避難者　20, 24, 39, 43, 49, 57, 75, 81, 87, 88, 89, 90, 94, 97, 125
自助組織　33, 60, 69, 70, 79, 80
自治会　35, 38, 42, 46, 68, 69, 73, 76, 80, 92, 103, 156, 160, 205, 216, 218, 220, 221, 225, 228,

295

230
市町村合併　217
東雲の会　112, 124-126, 127
資本　16, 17, 19, 43-45, 48, 49, 51, 101, 110, 111, 158, 206, 267
地元学　45, 53
社会実装性　ⅱ, 290-291
集団移転　216, 220, 221, 222, 228, 237
住民票　78, 80, 81, 100, 101, 184, 192
出穂　246, 247, 252, 253
昭和三陸津波　218, 220, 224, 226, 228, 231
職能ボランティア　281, 287
水田の景観　254
杉戸町　21, 136-140, 143, 144-157, 158, 159, 161, 163-166
スマトラ島沖　10, 13, 196, 201, 240, 211
生活再建　9, 16, 18, 22, 60, 61, 79, 84, 160, 163, 213, 232, 237
精神的賠償　62, 188
生物学的応答　256-260
生物学的市民権　123, 128
セーフティネット　18, 19, 20, 36, 55, 56, 60-62, 70-86
葬儀業　23-24, 263, 264, 265-268, 268-287
ソーシャル・キャピタル　21, 133, 157-163, 164, 165, 166
訴訟　184-185, 291

　　た　行

ダークツーリズム　116, 201, 203, 204, 205, 208, 209, 210
立場ごとの正義　20, 34, 37, 38, 39, 43, 50, 87-104
田中正造　48, 52
タルド，ガブリエル　19, 43-45, 51
チェルノブイリ　20, 26, 32, 38, 39, 50, 52, 79, 109, 121-124, 127, 128, 129, 202, 203, 204, 206, 210
つくば映像アーカイブ　18, 19, 20, 31, 32, 33, 34, 35, 36, 39, 40, 42, 46, 47, 49, 50, 61, 89, 90, 91, 92, 95, 97
デス・ワーク　23, 263, 265, 267, 280-283, 285
東海村　102
東京電力福島第一原子力発電所　4, 22, 50, 56, 88, 106, 116-117, 196
東京電力福島第一原発ツアー　201-203
当事者　5, 9, 13, 17, 19, 20, 21, 24, 33, 36, 49, 70, 71, 76, 77, 78, 91, 92, 108, 114, 135, 140, 161, 169, 170, 171, 172, 234, 281, 282, 291, 293
富岡町　21, 60, 80, 106, 116, 118, 136-158, 163-167, 199, 200, 204, 205, 209, 210

　　な　行

ナラティブ・ベイスト・メディスン　134, 135, 166
新潟県中越地震　11, 60, 286
人間の安全保障　22, 112, 114, 127, 198, 209, 292
ネング　245
農地中間管理機構　243
農地復旧計画　242
能動的主体　123, 124

　　は　行

灰色地帯　19, 31, 32, 33, 38, 45, 47, 49
ハイテク種籾　246, 247
阪神・淡路大震災　ⅰ, 60, 84, 86, 102, 158, 160, 161, 166, 232, 267, 284, 287
東日本大震災　ⅰ-ⅱ, 4, 10-15, 21, 22, 23, 25, 26, 51, 52, 60, 77, 81, 85, 86, 108-109, 111, 112, 113, 114, 124, 126, 127, 128, 129, 134-139, 147, 158, 161, 163-165, 166, 170, 193, 196-198, 207, 209, 216, 218, 225-228, 237, 240, 260-261, 264, 267, 272, 284-287, 290-293
東日本大震災と原発事故災害に学ぶ災害弱者対策事業　138, 139
避難指示区域　57, 75, 141, 187, 199, 204
避難者受け入れ　21, 85, 117, 133, 148, 149
避難所　10, 42, 55-86, 92, 93, 98, 99, 106, 107, 108, 111, 128, 133-167, 178, 220, 232, 236, 269, 285
福島県地域づくり総合支援事業　136, 137
復興計画　210, 218
復興災害住宅　60
復興支援　18, 26, 60, 68, 73, 80, 83, 84, 86, 161, 165, 198, 205, 210
復興支援員　60, 68, 73, 80, 83, 86, 161, 165
分蘗　252, 257
別雷皇太神　102
ヘテロトピア　22, 203-204
防災グリーンツーリズム　156, 159, 166
防潮堤　118, 219, 223, 236
保温折衷苗代法　250
ボランティアツーリズム　197, 211

　　ま　行

まちづくり　10, 21, 60, 133, 153, 155, 156, 157, 161, 162, 165, 219, 221, 222, 223, 226, 228, 233, 237
まなび旅　18, 19, 22, 103, 112, 115-119, 127, 195-212

まなび旅・福島　18, 22, 112, 115-119, 195-212
水苗代法　250
未来　22, 40, 52, 114, 204, 206, 207, 215, 228, 233, 260, 261, 290
民生委員　66, 71, 77, 96, 161
民俗語彙　255
無形文化遺産　244, 292, 294

や　行

山元町　242-243, 244, 245, 246, 248, 251, 254, 255, 256, 261
友好都市協定　143, 147, 151, 152, 158, 166

ら　行

ラ・アーグ再処理工場　47
レジリエンス　23, 240, 241, 258, 260

わ　行

ワールドカフェ　139, 153-157, 159, 160, 165

執筆者一覧

関谷雄一　東京大学大学院総合文化研究科准教授［はじめに・序章・第4章］

箭内匡　東京大学大学院総合文化研究科教授［第1章］

武田直樹　筑波学院大学経営情報学部ビジネスデザイン学科講師／社会力コーディネーター［第2章］

田部文厚　有限会社田部商店代表取締役［第3章］

辻内琢也　早稲田大学人間科学学術院教授、早稲田大学災害復興医療人類学研究所所長［第5章］

滝澤柚　早稲田大学人間科学部辻内琢也研究室（執筆当時）［第5章］

岩垣穂大　早稲田大学人間総合研究センター・招聘研究員、早稲田大学災害復興医療人類学研究所・招聘研究員［第5章］

佐藤純俊　NPO法人全国福島県人友の会代表［第5章・研究協力］

トム・ギル　明治学院大学国際学部教授［第6章］

庄司正彦　福島県飯舘村長泥行政区住民［第6章］

山下晋司　東京大学名誉教授・帝京平成大学教授［第7章］

木村周平　筑波大学人文社会系准教授［第8章］

西風雅史　［第8章］

高倉浩樹　東北大学東北アジア研究センター教授［第9章・むすび］

田中大介　東京大学大学院総合文化研究科学術研究員［第10章］

編者略歴

関谷雄一
東京大学大学院総合文化研究科准教授．2000 年東京大学総合文化研究科博士課程中途退学．00 年早稲田大学アジア太平洋研究センター助手．03 年青山学院女子短期大学専任講師・准教授を経て，11 年より現職．著書に『東大塾　社会人のための現代アフリカ講義』（東京大学出版会，編著 2017）．

高倉浩樹
東北大学東北アジア研究センター教授．1992 年上智大学文学部史学科卒業．98 年東京都立大学大学院社会科学研究科博士課程単位取得（社会人類学博士 1999 年 2 月）
2000 年東北大学東北アジア研究センター准教授．2013 年より現職．著書に『展示する人類学――日本と異文化をつなぐ対話』（昭和堂，編著　2015）

震災復興の公共人類学
福島原発事故被災者と津波被災者との協働

2019 年 1 月 31 日　初　版

［検印廃止］

編　者　関谷雄一・高倉浩樹
　　　　せきやゆういち　たかくらひろき

発行所　一般財団法人　東京大学出版会
　　　　代表者　吉見俊哉
　　　　153-0041　東京都目黒区駒場 4-5-29
　　　　http://www.utp.or.jp/
　　　　電話 03-6407-1069　Fax 03-6407-1991
　　　　振替 00160-6-59964

印刷所　株式会社精興社
製本所　牧製本印刷株式会社

Ⓒ 2019 Yuichi SEKIYA and Hiroki TAKAKURA et al.
ISBN 978-4-13-056118-1　Printed in Japan

JCOPY〈出版者著作権管理機構　委託出版物〉
本書の無断複写は著作権法上での例外を除き禁じられています．複写される場合は，そのつど事前に，出版者著作権管理機構（電話 03-5244-5088，FAX 03-5244-5089, e-mail: info@jcopy.or.jp）の許諾を得てください．

編者	書名	判型	価格
高橋哲哉・山影進 編	人間の安全保障	A5判	二八〇〇円
山下晋司 編	公共人類学	A5判	三二〇〇円
長谷川公一・保母武彦・尾崎寛直 編	岐路に立つ震災復興	A5判	六五〇〇円
根本圭介 編	原発事故と福島の農業	A5判	三二〇〇円
内尾太一 著	復興と尊厳	四六判	三八〇〇円

ここに表示された価格は本体価格です．ご購入の際には消費税が加算されますのでご了承下さい．